What's in a Word?

A Dictionary of Daffy Definitions

Rosalie Moscovitch

Illustrated by Andy Myer

Houghton Mifflin Company   Boston   1985

Library of Congress Cataloging in Publication Data

Moscovitch, Rosalie.
  What's in a word?

  Summary: Offers unusual definitions using puns
and illustrations including "Finite: Lovely evening" and
"Beriberi: A double funeral."
  1. American wit and humor. 2. Wit and humor,
Juvenile. [1. Wit and humor. 2. Puns and punning]
I. Myer, Andy, ill. II. Title.
PN6163.M64   1985   818'.5402   85-5174
ISBN 0-395-38922-4

Printed in the United States of America

V   10   9   8   7   6   5   4   3   2   1

Dedicated with special affection to a certain Cheshire Cat in brown cords.

—R. M.

To Mom—who loved her puns almost as much as her son.

—A. M.

Foreword

What's in a word? You'd be surprised! There's often more to a word or phrase than initially meets the eye — or ear — and you may see or hear something unexpected. That's what happened to me, and that's how I gradually discovered hundreds of ordinary words and phrases that now have very different meanings, many of which you'll find collected here.

This little book is for fun and for sharing with others who enjoy a good groan. I hope you enjoy it as much as I enjoyed creating and compiling it. But be careful: you may become addicted to this kind of word—twisting and come up with a few "daffies" of your own!

—Rosalie Moscovitch

What's in a Word?

A

Abyssinia: *So long!*

Accommodating:

Acrostic: *An angry little parasite.*

Affable:

Ancipital: *. . . which is why I'll never share my milkshake with Ann again.*

Anther: *Rethponth to the quethtion.*

Anticlimax:

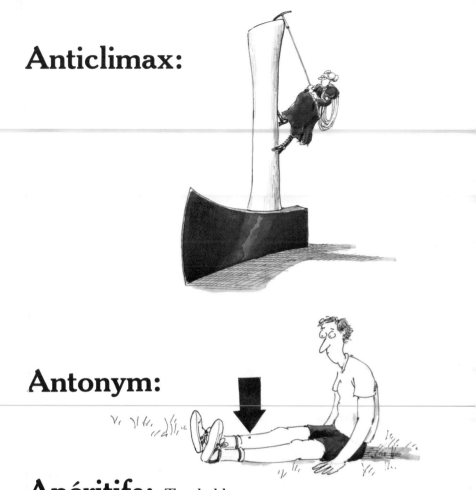

Antonym:

Apéritifs: *Two holdup men.*

Archaic: *What we can't have and eat it, too.*

B

Balsam: *Cry a little.*

Banquet: *It rained on the Savings and Loan.*

Benign: *What eight will do if you add one more.*

Beriberi: *A double funeral.*

Bobby sox: *Blows struck by a British policeman.*

Bonaparte:

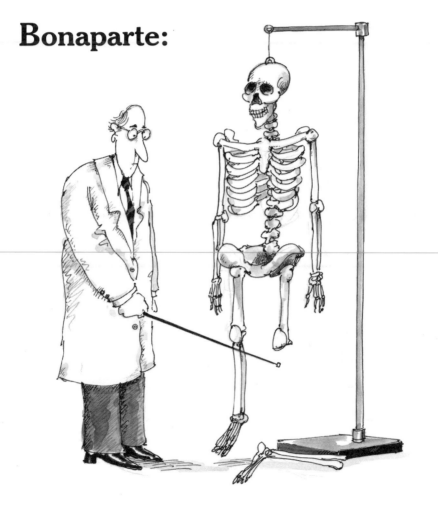

Buckshot: *Another dollar wasted.*

Bulletin: *The gun is loaded.*

Bulwark:

C

Cabinet:

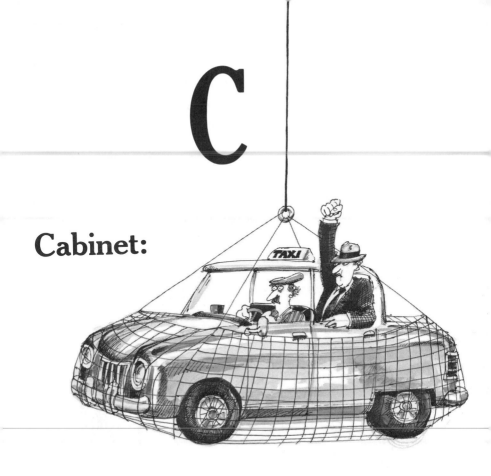

Caesar: *Grab that woman!*

Camelot: *Where used desert animals are sold.*

Candies:

Cantaloupe: *They forgot the ladder.*

Cantankerous: *Our captain can't stop the boat from drifting away.*

Castanet: *Go fishing.*

Catsup:

Cauterize: *What Pa did when he flirted with Ma.*

Champagne: *Artificial window glass.*

Classic: *All the students are ill.*

Combat: *Very relaxed flying mammal.*

Condescending: *The prisoner is going downstairs.*

Coward: *Moo!*

Curtail: *The part of a mutt that wags.*

D

Dead Sea:

Debate: *What goes on de end of de fishing rod.*

Deceitful: *There's no room to sit down.*

Deduce: *It follows de ace.*

Deliberate: *What a messenger must do with a telegram.*

Denial: *Egypt's river.*

Dialogue:

Dilate: *Live to a ripe old age.*

Directorship: *The Princess of Wales did a terrible steering job at sea.*

Disdain: *The Viking right here beside me.*

Dogma:

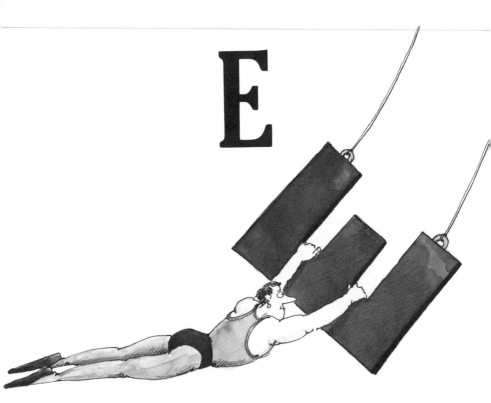

"He flies through the air with the greatest of ease."

Eclipse: *What the barber does.*

Elapse: *How a dog drinks his water.*

Enterprise:

Entity: *N, O, P, Q, R, S, T.*

Erasing:

Escalator: *. . . if she's too busy to answer you now.*

Ethereal: *Rithe Krithpies, for instance.*

Euthanasia: *Teenagers in Mongolia, China, etc.*

F

Felonies: *Prepared to pray.*

Finite: *Lovely evening.*

Flippancy:

Forborne:

Formaldehyde: *What the outside skins of cows do.*

Fulgent: *A man who has eaten all he can.*

Furlong: *That dog needs a haircut.*

G

Gallup poll:

Gangrene: *A group of kids smoking cigars.*

Gangway: *Many people on the scale at one time.*

Germinate: *Two quartets from Berlin.*

Gladiator:

Gruesome: *A little taller than before.*

H

Hemlock:

Hierarch:

Hirsute: *What the sloppy dinner guest spilled soup on.*

Histology:

Hominy: *What amount?*

Homogeneous: *Einstein's residence, for instance.*

I

Ideal: *My turn to hand out the cards.*

Implies: *The little devil is not telling the truth.*

Income tax:

Infantry:

Infer: *How Eskimos are dressed.*

Innuendo: *Where you might keep some of your plants.*

Instinct: *What happened after the skunk wandered into the little hotel.*

Intense: *Where Indians sometimes lived.*

J

Jacket: *What you do to your car before changing a flat tire.*

Jacquard: *It follows the ten in a deck.*

Jargon:

K

Kidnap:

Kindred spirits: *My relatives absolutely detest alcoholic beverages.*

Kiwi: *That door opener is really tiny!*

L

Laccolite: *Be in the dark.*

Lactic: *The clock isn't working.*

Lambaste: *Marinade for shish kebab.*

Laminate:

Lawsuit:

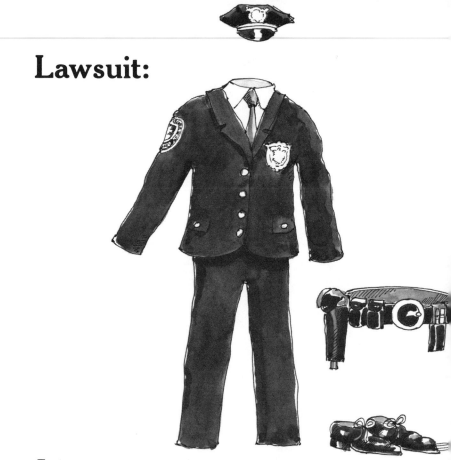

Literate: *What some thoughtless people do to a highway.*

Livelihood: *Very frisky criminal.*

M

Malign: *What I wish the fish would bite.*

Maximum: *A very fat mother.*

Metaphor:

Miasma: *What's making it difficult for me to breathe.*

Migraine: *These oats belong to me.*

Minimum: *A Maximum who dieted successfully.*

Misinform: *Young woman in good shape.*

Mistletoe:

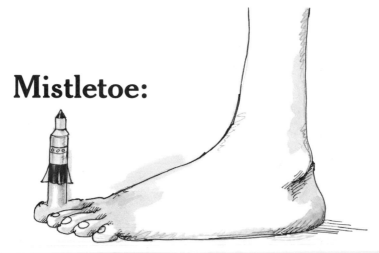

Moralize: *Additional forces from friendly countries.*

Mutilate: *What alley cats do.*

Mysticize:

N

Nitrate: *Sir Lancelot's fee for services.*

Nomad:

O

Offense:

Orienteering: *A piece of jewelry from China.*

Ottoman: *Car dealer.*

P

Pacifier: *Give me a light, please.*

Paradise: *You need this in Monopoly and other games.*

Parasite: *The Eiffel Tower, for example.*

Pastilles: *Dad's a shoplifter.*

Pectose:

Perverse: *Poetry by a very contented cat.*

Polytechnical: *The parrot stole five cents.*

Populate:

Portend: *The last drop of wine in the bottle.*

Prestidigitate:

Prophecy: *University lecturer on a cruise.*

R

Ransom: *Jogged a little.*

Razorbill: *What the doctor had to do when she didn't pay the first time.*

Rehearse: *Furnish the mortuary with a new limousine.*

Rodent: *A crack in the highway.*

Rugby: *An insect found in carpeting.*

Russian dressing:

S

Scold: *I'm freezing!*

Shamrock: *Fake diamond.*

Sign on the dotted line:

Silicone:

Sorbonne:

Soupçon: *Come and get it!*

Strew: *That's a fact!*

Subdue: *The Nautilus should arrive any minute now.*

Surveys:

Swiss fondue: *There's a pregnant deer in the Alps.*

T

Tangent: *Sunburned fellow.*

Tapestries: *What the owner of sugar maples does each spring.*

Tectonic: *Swallow medicine.*

Tenantry: *Thirteen.*

Theodicy: *One of Homer's epics.*

Tolerant:

Toupee: *The hardest part about a bill.*

Toxophily: *Speaks very badly.*

Tyrannize:

V

Vanity: *Truckload of orange pekoe.*

Versifier:

Vertigo: *What I don't know whenever vacation time comes around.*

Viper: *It cleans your vindshield.*

Vitamin: *What to do if a guest appears at your door.*

W

Weedy: *A very small letter.*

Well bred:

Window: *Hit the jackpot.*

Z

Zeolite: *What one may do at the end of a tunnel.*

Zero: *The worst seats at the theater.*

Zulu: *Bathroom at the London animal park.*

But What Does It All Really Mean?

Abyssinia: *the former name of Ethiopia*
Accommodating: *obliging*
Acrostic: *a word puzzle in which certain letters (usually the first in each line) form names, titles, etc.*
Affable: *friendly, easy to talk to*
Ancipital: *two-edged*
Anther: *the part of a flower that makes and holds pollen*
Anticlimax: *a disappointing conclusion*
Antonym: *a word having an opposite meaning to another word*
Apéritifs: *appetizers*
Archaic: *ancient*

Balsam: *a type of evergreen*
Banquet: *a feast*
Benign: *benevolent, kindly*
Beriberi: *a disease caused by a vitamin deficiency*
Bobby sox: *ankle socks*
Bonaparte: *Napoleon's last name*
Buckshot: *large leaden shot for shotgun shells*
Bulletin: *a brief news statement*
Bulwark: *a defensive wall*

Cabinet: *a cupboard for displaying or keeping a collection*
Caesar: *the family name of the early Roman emperors*
Camelot: *where King Arthur had his court*
Candies: *sweets*
Cantaloupe: *a kind of melon*

Cantankerous: *cranky, ill-natured*
Castanet: *a rhythm instrument*
Catsup: *a sauce, usually made with tomatoes*
Cauterize: *to sear*
Champagne: *a sparkling white wine*
Classic: *an outstanding example of a type*
Combat: *fighting, battle*
Condescending: *patronizing*
Coward: *a person lacking courage*
Curtail: *shorten*

Dead Sea: *the salt lake between Jordan and Israel*
Debate: *discussion*
Deceitful: *dishonest*
Deduce: *conclude, reason*
Deliberate: *done on purpose*
Denial: *a refusal to admit the truth of a statement*
Dialogue: *a conversation between two or more people*
Dilate: *widen*
Directorship: *the position or office of director*
Disdain: *scorn*
Dogma: *authoritative teachings*

"He flies through the air with the greatest of ease": *a line from the song "The Man on the Flying Trapeze," by George Leybourne*
Eclipse: *a cutting off, or dimming, of light*
Elapse: *to pass or slip away, as time*

Enterprise: *a daring project*
Entity: *a being*
Erasing: *rubbing out*
Escalator: *a moving stairway*
Ethereal: *delicate, spiritual*
Euthanasia: *mercy killing*

Felonies: *serious crimes*
Finite: *having a definite end*
Flippancy: *disrespectfulness*
Forborne: *refrained, held back*
Formaldehyde: *a preservative and disinfectant*
Fulgent: *shining*
Furlong: *a measure of length equaling ⅛ of a mile*

Gallup poll: *a public opinion poll*
Gangrene: *death or decay of a part of the body caused by lack of blood*
Gangway: *a passageway*
Germinate: *to start to grow*
Gladiator: *a person who fought in the arenas of ancient Rome*
Gruesome: *horrible and repulsive*

Hemlock: *a poisonous plant*
Hierarch: *the chief of a sacred order; high priest*
Hirsute: *hairy*
Histology: *the study of animal and plant tissues*
Hominy: *coarse corn meal*
Homogeneous: *of the same kind*

Ideal: *perfect*
Implies: *suggests*
Income tax: *a tax on the earnings of a person or business*

Infantry: *foot soldiers*
Infer: *to deduce*
Innuendo: *a hint, insinuation*
Instinct: *a natural aptitude*
Intense: *extreme, strong*

Jacket: *a short coat*
Jacquard: *fabric woven with an intricate pattern*
Jargon: *the technical language of a special group; lingo*

Kidnap: *to carry a person off*
Kindred spirits: *people who are attuned to one another's feelings*
Kiwi: *a flightless bird native to New Zealand*

Laccolite: *a mass of igneous rock intruded between layers of sedimentary rock*
Lactic: *pertaining to milk*
Lambaste: *to beat or scold severely*
Laminate: *overlay, cover with thin sheets*
Lawsuit: *a case before a court*
Literate: *able to read*
Livelihood: *means of earning a living*

Malign: *to slander*
Maximum: *the most*
Metaphor: *the use of a word or phrase to imply a comparison*
Miasma: *an unhealthy fog or atmosphere*
Migraine: *a type of headache*
Minimum: *the least*
Misinform: *to give wrong information*
Mistletoe: *a parasitic shrub*
Moralize: *to explain the moral meaning of a lesson*

Mutilate: *to deface or maim*
Mysticize: *to make mystical*

Nitrate: *a chemical compound (NO₃)
made of nitrogen and oxygen*
Nomad: *a member of a wandering tribe*

Offense: *insult, transgression*
Orienteering: *a type of race, in which
participants have to make their way
across land they're unfamiliar with,
using just a map and a compass*
Ottoman: *a sofa or footstool*

Pacifier: *something that soothes or calms*
Paradise: *heaven*
Parasite: *something that lives off
something else*
Pastilles: *flavored or medicated lozenges*
Pectose: *protopectin (a pectic substance
found in plants)*
Perverse: *contrary*
Polytechnical: *a school offering
courses in many industrial arts and
applied sciences*
Populate: *to people, or provide with
inhabitants*
Portend: *foretell*
Prestidigitate: *to perform magic tricks*
Prophecy: *a prediction*

Ransom: *a payment demanded for the
return of a kidnapped person or
stolen property*
Razorbill: *a diving bird inhabiting the
Northern Atlantic*
Rehearse: *practice*
"Rhapsody in Blue": *a musical work by
George Gershwin*

Rodent: *a mammal of the* Rodentia
*order, such as a mouse, rat,
mole, etc.*
Rugby: *a kind of football game*
Russian dressing: *a type of
salad topping*

Scold: *berate*
Shamrock: *a type of clover*
Sign on the dotted line: *a direction given
on a form or contract*
Silicone: *a compound used in insulation,
coatings, paints, etc.*
Sorbonne: *a university in Paris*
Soupçon: *a very small bit*
Strew: *scatter*
Subdue: *tame, calm down*
Surveys: *detailed examinations*
Swiss fondue: *a dish made of cheese,
wine, etc., melted together*

Tangent: *touching at one point*
Tapestries: *woven rugs or wall hangings*
Tectonic: *pertaining to structure*
Tenantry: *tenants as a group*
Theodicy: *a work attempting to justify
the ways of God to man*
Tolerant: *permissive*
Toupee: *a small wig covering a bald spot*
Toxophily: *love of archery*
Tyrannize: *to oppress*

Vanity: *conceit, pride*
Versifier: *a poet*
Vertigo: *dizziness*
Viper: *a poisonous snake*
Vitamin: *a component of most foods,
necessary for proper nutrition*

Weedy: *full of weeds*
Well bred: *well brought up*
Window: *an opening in a wall*

Zeolite: *a mineral naturally occurring in
    lava cavities*
Zero: *nothing*
Zulu: *a member of a Bantu nation of
    southeastern Africa*

Alina.
Memorias de la hija rebelde de Fidel Castro

ALINA FERNÁNDEZ

Alina

Memorias de la hija rebelde de Fidel Castro

PLAZA & JANES EDITORES, S. A.

Diseño de la portada: Albert Milà
Ilustración de la portada: Josep Ramon Domingo
Fotografía de la autora en la solapa:©Javier Salas

Primera edición: mayo, 1997

© 1997, Alina Fernández
Editado por Plaza & Janés Editores, S.A.
Enric Granados, 86-88. 08008 Barcelona

Printed in México - Impreso en México

ISBN: 0-553-06068-6
Distributed by B.D.D.

A todos los que fueron, son y serán cubanos.

ÍNDICE

EL ÁRBOL GINECOLÓGICO   9

Primera parte 27
Segunda parte 107
Tercera parte 205

NOTAS DEL EDITOR 243
ÍNDICE ONOMÁSTICO 247

EL ÁRBOL GINECOLÓGICO

Érase una vez un inglesito del nordeste de Inglaterra, en el pueblo de Newcastle-under-Lyme. Herbert Acton Clews se llamaba.

Y érase una vez Ángel Castro, un muchacho en un pueblo de Lugo, en Galicia, España. Y érase, nuevamente, un niño que vivía en Estambul de robarle a los ciegos, aunque tenía memorias de un imperio más grande, cuando su familia de judíos renegados le había borrado una letra a su apellido, dejándolo en Ruz.

Todos ellos se rascaban la comezón de una nueva vida.

Lo mismo le pasaría a un adolescente santanderino, Agustín Revuelta y San Román, descendiente de un hombre que en la corte de España tuvo el rango de «caballero cubierto ante la reina». En algunos países de habla hispana, el que un caballero sea «cubierto» significa que dicho señor conserva intacto su prepucio. En este caso se refiere a que no tenía que descubrirse la cabeza cuando se hallaba ante su majestad.

(No. ¡La cabeza kaput! ¡La que manda arriba!) Por favor, no nos pongamos verdes todavía.

Por los más variopintos motivos, esos machos decidieron correr su aventura por el ancho mundo. Eran aventureros todos y no daban demasiada importancia a sus raíces. El poder siempre se ha llamado buena fortuna y la buena fortuna se llamó siempre dinero.

Fue durante un amanecer cuando abordaron sus respectivos barcos. La mar océano se dejaba surcar tranquila, abierta a la libertad de todos los destinos.

Y casi puntualmente, siguiendo el uno la estela de espuma abierta por el otro como una huella recurrente en el mar, llegaron al puerto de La Habana capital, ese lugar que el pirata Morgan había evitado para ir a enterrar su tesoro en la carne más pulposa y llamativa de la playa de María *la Gorda,* una hetaira tropical que con los jadeos apopléjicos de sus orgasmos le regaló el secreto de un valle escondido que sigue inexplorado todavía.

El inglesito Herbert tenía un apéndice olfativo considerable para oler la fortuna, pero era aniósmico.

Uno de los españoles, el gallego Ángel, llegaba como quinto del Ejército español y había sido capturado en una leva medioévica que no supo eludir.

El turco se llevó un chasco entre tanta confusión de guerra coloniativa y adoptó el nombre castizo de Francisco.

El santanderino traía una carta de recomendación. Se estableció como comerciante en el ramo de los paños y se casó con María. Poco después les nacería Manolo Revuelta.

En Cuba los esperaban, en un punto del futuro incierto, las hembras con las que iban a iniciar su descendencia. En los albores del siglo las había hermosas, mezcladas de abolengos y de razas, hijas mulatas de gallego con negra escultural, o de nariz arrogante y porte apacible cuando algún indio autóctono revelaba su sangre a través de los siglos; hijas de chino con mulata, o de francés terrateniente con haitiana, cruces que iban blanqueando su sangre poco a poco.

No pasaron muchos años antes de que las familias Clews, Castro, Ruz y Revuelta cruzaran sus destinos. El destino es promiscuo.

Uno solo de ellos tuvo que volver derrotado a su terruño. Era Ángel. La guerra de independencia de Cuba lo había vencido. Una guerra heroica que duró tres años, del 95 al 98, y que dejó libres a los esclavos y arrasadas las provincias orientales, porque los insurrectos quemaron sus cañaverales y las mambisas incendiaron sus casas en la gesta libertaria.

Cuando el gobierno de España desmovilizó a las tropas coloniales, se le concedió a Ángel un dinero de retiro, que él aprovechó para volver a la isla deseada. Tenía una vocación de astucia imparable y traía muy bien pensado cómo usarla.

Compró un pedazo de tierra exiguo en algún lugar de la provincia más oriental y empezó a crear un fundo en un sitio llamado Birán. Poco a poco, a base de cercas removidas y vueltas a sembrar con la cómplice noche, empezó a ejercer un cacicazgo. Casó con María Luisa Argote y tuvo dos hijos, que se llamaron Pedro Emilio y Lidia.

Más interesante resulta el modo en que se aseguró la mano de obra más gentil y barata: contrataba a sus lejanos conocidos del pueblo galiciano por tiempos de cuatro años. Les prometía cuidarles los ahorros, haciéndolos comprar con vales en bodega propia. Y después, cuando ya habían cumplido su temporada, los llevaba a un lugar apartado y los mataba.

El inglés nada tenía que ver con aquella guerra, pero acabó en ella por pura casualidad. Era ingeniero naval y aprendió entre viaje y viaje el valor de las maderas preciosas. Se había comprado un aserradero, cuando inició un incipiente tráfico de armas para venderles a los cubanos insurrectos en lucha contra España. A los mambises. Tras una delación a las autoridades españolas, que lo venían cazando, tuvo que arrancar huyendo para la manigua y terminó la guerra con grados de coronel.

Un viejo daguerrotipo lo muestra en pelotas dándose un baño de río.

El prestigio de mambí le alcanzó para ser encargado, junto con otros ingenieros, de fabricar la parte inicial del Malecón de La Habana, el paseo costanero que arranca desde el puerto preciso que el pirata Morgan evitaba. Sus andares lo llevaron a Artemisa, en Pinar del Río, en el extremo de la isla opuesto a aquél donde Ángel tenía su señorío. Allí instaló una fábrica de electricidad y casó con Natalia Loreto Álvarez de la Vallina. Tuvieron cuatro hijos varones y una niña. A la niña le decían Natica y era una consumación perfecta. Fue una belleza agorera que llegó al mundo con la nueva Era.

A Francisco Ruz, por más que hubiera nacido y vivido con sus memorias, los destinos en esta encarnación le eran adversos. La desidia total se describe sola. Tenía el hábito de darse por derrotado y fueron el viento del fracaso, los caracoles, los pedazos de coco de la adivinación y los huesos y palos duros de la prenda conga de su mujer Dominga, los que lo pusieron en movimiento una mañana para recorrer la isla de un extremo a otro huyéndole a la miseria.

Salieron desde cerca de Artemisa. En una carreta tirada por un par de bueyes encaramó a su mujer y a sus tres hijas. Tuvieron que recorrer más de mil doscientos kilómetros hasta llegar al Birán de su destino. La menor de las hijas se llamaba Lina.

Revuelta no era un apellido de próceres, a pesar de contar con caballeros cubiertos ante la reina. Sin embargo, en el pueblo santanderino, desde la botica a la ferretería habían llevado el mismo nombre próspero. Pero el hijo Manolo, ya isleño y criollo, ni siquiera tenía la compulsión de la fortuna. Era un hombre ante el que las mujeres se relamen, y las rendía con unos ojos achinados, «dormidos», de esos que parecen ver debajo de la ropa.

Tenía una belleza intensa y desprotegida, y una personalidad avasalladora. Andaba por la vida con una guitarra y su voz de trovador.

Pero Manolo, para ser ciertos, no veía mucho más allá de su bruma. Se había aficionado a la mezcla del ron isleño con hierbabuena y azúcar. A ese veneno inefable conocido como «mojito». Siempre que podía estaba borracho.

Andaba el siglo XX haciendo sus primeros pinitos y por la misma época Lenin, inspirado por el querido Marx y su corte de Engels celestiales, se sentó a la sombra de los castaños de la fuente de Médicis, en un extremo de los jardines del palacio de Luxemburgo, en París, y se hizo la siguiente pregunta: «¿Qué hacer?»

Había agotado todos los placeres de los prostíbulos y hasta tenía la gloria de una enfermedad que en otras épocas sería tildada de vergonzosa. Estaba al amparo y buen recaudo del gobierno francés, que le pagaba cortésmente una pensión de exiliado. «¿Qué más hacer?», pensaba. Conectado al murmullo universal de la fuente, encontró una inspirada respuesta. Empezó a escribir como un poseso y descansó con el ceño tranquilo de quien se sabe con el poder de torcer los destinos. Poco después regresó a Rusia.

Francisco y Dominga habían atravesado la isla entera encimados en su carreta del infortunio.

Llegados a Birán, poco más les quedaba que echarse con la familia al mar.

Dominga se alambró el corazón y fue al encuentro de su última esperanza:

—Don Ángel, lo único que tenemos son mis brujerías y estas hijas. Escoja una de las tres, y déjenos vivir en el bohío de arriba...

Don Ángel había apreciado la viveza de la más chiquita, que tenía la edad de su hija Lidia. Ni un solo escrúpulo tenía esa niña, pero se le desbordaba una energía de alegría rebelde que no era la de esas guajiras sumisas y vencidas a las que él había preñado con numerosos hijos sin pena ni, mucho menos, gloria.

—Me quedo con Lina.

Lina, hija de turco y de cubana hechicera mezclada con mandinga, congo o carabalí, lloraría el dolor de sus primeras lunas y el desconcierto espantado de ver sus pantaloncitos babeados de sangre fresca, confundiéndolo con el dolor del momento en que perdió la inocencia.

Mientras tanto, el inglés mambí, ya instalado con su familia en la capital habanera, intentaba convencer a esa maravilla incongruente que resultó ser su hija Natica, y que interrumpía las funciones de los teatros y el tránsito de los tranvías a su paso, de no casarse con un inspector de obras públicas alcohólico. Adornando el castellano con relentes anglosajones, le predijo: «Ésa va a ser la desgracia de tu vida.»

Natica, una de las mujeres más bellas y asediadas de La Habana, musa de modistos y motivo de persecución de sátiros, se casó con un hombre borrachón y sin fortuna, Manolo, dejando destrozados un sinfín de corazones. Poco después les nacía una niña, mediado Sagitario.

Don Ángel, cacique gallego en un rincón perdido de la isla de Cuba, que había arrancado las ropas de una niña con zarpa tierna, lentamente fue prendándose de ella y siguió haciéndole los hijos con amor. El tercero le nació una madrugada, bajo el signo de Leo. Después de otear las estrellas, Dominga se arrodilló, besó la tierra y le dijo a Lina: «Éste es el único de tus hijos que va a ser algo grande en la vida.»

Los niños se llamaron Natalia y Fidel. Habían nacido en los extremos de ese caimán escorado en la arena que es la isla de Cuba. Los separaban cuatro meses de distancia en el tiempo, y la ancha sucursal de la vida que selecciona y define los avatares y los destinos.

A Naty la bautizaron debidamente. A Fidel no se pudo, porque era hijo natural y nació bastardo.

Pero Ángel tenía la hidalguía oculta en alguna parte de su orgullo. Habló con su esposa María Luisa y le dijo que no era justo con esos niños que le seguían naciendo de Lina a montones. Sin embargo, no estaba dispuesto a compartir su feudo. «¿Qué hacer?», se preguntó a su vez el gallego con preocupación inmediata y no filosófica.

Un tiempo antes de acceder al tribunal que resolvía los entuertos de los matrimonios mal avenidos, don Ángel le traspasó a su compadre del alma, Fidel Pino, el total de sus propiedades. Cuando se divorció, estaba legalmente arruinado.

María Luisa se quedó, según la ley, con una exigua pensión; el cacique gallego, con la mitad de los hijos: Pedro Emilio.

Después de un período prudencial, Fidel Pino, el compadre, volvió a ingresar en las arcas propietarias de Ángel lo que le había sido traspasado antes del divorcio. No hay nada como un buen amigo.

Lidia se convirtió en perfidia desde el punto y momento en que tuvo que abandonar los espacios inalterables de la finca para crecer en una casona desvencijada junto a su madre, abandonada por la querida.

La niña Naty fue creciendo sola en un hogar extrañamente dividido entre la conducta matriarcal de su madre Natica y la desesperanza existencial de Manolo. Tenía unos ojos verdes que le comían la cara y una mirada de vieja triste. Era una fuerza de la naturaleza: a los dos años sobrevivió a una peste que depredaba niños por centenares: la acidosis. Natica había dado el viaje de ida y vuelta a la desesperanza viéndola consumirse en un vómito continuo. Una mañana la dio por muerta y se sentó a llorar el desconsuelo en la sala, cuando vio pasar un ángel negro. Era Naty cubierta por el barro de unos frijoles que había trasegado a punta de cazuela en la cocina. Había roto la dieta líquida a que la tenían condenada desde hacía tantos días. Fue el primer caso en sobrevivir y revolucionó los tratamientos de la medicina pediátrica.

Repitió ese récord cuando a los quince años contrajo la brucelosis y tuvo que pasar meses de fiebre delirante metida en una bañadera de hielo.

Sobrevivió a la leptospira, a la hepatitis y a un perro que le mordió con saña el cielo de la boca.

Se convirtió en una adolescente bella y pronto en la mujer de moda, invitada por su risa de campana, su cintura de bailadora, rubia de piel trigueña con cuerpo de criolla, a todo acontecer social que celebrara La Habana.

El niño Fidel, junto con sus hermanos mayores, vivió sus primeras anochecidas en el bohío de paja al norte de la finca en que su abuela Dominga y su madre Lina llamaban a los espíritus tutelares con una vela en una mano y un vaso de agua en la otra, en unas cantilenas interminables.

Sin un solo amago de mala salud, sobrevivió sin embargo a los numerosos intentos de volar que hizo antes de los cinco años.

Empezó a educarse en una escuelita de madera a varios kilómetros de la finca. Cada madrugada, los niños tenían que acometer la guardarraya, ese filo de tierra sin desbastar que se abre camino entre la hierba de guinea y el marabú, para llegar al aula. Los hermanos tuvieron que ponerlo al final de la fila porque contrajo la extraña manía de caminar tres pasos para adelante y uno para atrás a medida que avanzaba.

También le daba por echar apuestas con el sol y se ponía a mirarlo fijo, a ver quién podía más, hasta que se le requemaban las pupilas. Entonces le entraba una furia ciega, porque odiaba perder.

Cuando Lina les castigaba las travesuras a cintazos y los hermanos se desperdigaban para evitar la azotaina, Fidel era el único que se bajaba el pantalón, le daba las nalgas y le decía: «Pégame, mami», con lo que le desarmaba el brazo.

Su primera humillación fue ver a su medio hermano, Pedro Emilio, montando a caballo, orondo al lado de su padre, mientras ellos tenían que mantenerse aparte como una mancha oscura.

No tardó en descubrir los métodos de don Ángel para devolver braceros a la tierra. Fue un alivio cuando Lina ocupó el lugar de María Luisa y los niños pudieron abandonar la escuelita rural para ir como Castro a las mejores escuelas de Santiago de Cuba, la ciudad capital de la provincia de Oriente. Pero mejor fue cuando lo mandaron a La Habana y aquello se quedó atrás formando parte de un pasado irredimible y oculto.

La buena suerte perseguía a Naty con encono. Si agarraba una raqueta de tenis, ganaba la partida. Si se tiraba a una piscina, salía del club con una medalla al cuello. Si miraba a un hombre, no pasaba mucho tiempo antes de que se le pusiera de rodillas.

Ni pasó mucho tiempo antes de que una de sus enfermedades fulminantes la postrara y, gracias a su apéndice perforado y gangrenado, conociera al doctor Orlando Fernández-Ferrer, quien, prendado de esas entrañas perladas de perfección nunca vista, la pidió en matrimonio.

Con él tuvo una hija llamada Natalie.

Cansada de tanta suerte sin compartir, se dedicó a mirar a los desdichados y a las víctimas de una república como todas, corrompida. Se unió a la Liga de Mujeres Martianas, que se dedicaba a mantener vivos los preceptos del incurable romántico, luchador y apóstol José Martí, en una profunda convicción antiimperialista. Descubrió una voz meritoria en Eduardo Chibás, líder del Partido Ortodoxo. Sea lo que fuera, ahí estaban sus adhesiones. Chibás acusó a un ministro del gobierno en funciones de robar en el erario público. Cuando en agosto de 1951, en una de sus emisiones radiales, se confesó incapaz de aportar las pruebas que confirmasen su acusación y se pegó un tiro, Naty fue y se mojó las manos en la sangre del hombre que no quiso vivir con el honor tachado de infundio.

Concomitantemente, en la época en que el doctor Orlando sucumbiera a la belleza entrañable de Naty, Fidel había encandilado a una jovencita preciosa de nombre Myrta y apellido Díaz-Balart, ligada por familia al abolengo político de la isla. Uno de sus tíos era ministro de Gobernación.

Tuvieron un hijo, llamado Fidelito.

Con la carrera de Derecho sin terminar y ningún oficio, intentó Fidel todas las empresas comerciales posibles: desde criar pollos a granel en la azotea del edificio, hasta administrar una venta de fritangas en una esquina de La Habana Vieja. Ambas empresas se vieron malogradas por el fracaso.

Fue entonces cuando decidió usar la astucia en política. Supo quitarse a los rivales de arriba y, en un ascenso escalonado de accidentes convenientes, alcanzó el estatus de líder estudiantil. Llegó a ser candidato a representante, postulado por un hermano del propio Chibás, del Partido Ortodoxo. Tenía una estatura irreprochable y el encanto de la desvergüenza.

Repitiendo la coincidencia en el tiempo de otras dos mujeres, Myrta y Natalia casi alumbraron a la vez sus primeros hijos.

Y aunque un rumor sordo culpó a Fidel de componenda en el suicidio de Eduardo Chibás, siendo él uno de los sucesores eventuales a la cabeza del Partido Ortodoxo, tales rumores no llegaron a Naty y, si llegaron, no mellaron su eterna confianza en la probidad del ser humano.

La llave le llegó a Fidel en un sobre de papel de hilo, envuelta en un aroma misterioso que no era más que Arpegio, de Lanvin. Era una llave de la puerta principal de un apartamento en El Vedado, con la que se brindaba ese espacio y el corazón a la continuidad de la causa ortodoxa. Estaba firmada por Naty Revuelta, que, sin hacer distinción alguna, había mandado copiar la misma llave tres veces, enviando las dos copias restantes a otros dos hombres, pilares ambos del partido chibasista.

Naty siempre olvidaba o no tomaba en cuenta que su cara, su

talle y su clase ponían los corazones de los hombres a rebato. Tal vez se considerara anónima.

No pasaron muchos días antes de que, enfundado en su mejor guayabera almidonada, colgando oculto el amuleto abre-camino de su abuela Dominga, y con la línea de los pantalones recién planchada, se personara Fidel en la casa de Naty.

Tras pasar por la criba de una criada vidente y una madre inquisitorial, la dueña de la llave fue requerida.

Cuando Naty apareció en el recibidor, el *coup de foudre* los dejó sordos y ciegos.

Conectaron de inmediato y el mundo desapareció para los dos. Ella porque estrenaba su primera acción cívica y rebelde de adulta, y él porque estaba accediendo a un templo vedado. Naty lo invitó a su club, El Vedado Tennis, y él la invitó a una manifestación estudiantil en la escalinata de la Universidad de La Habana, en cuya cima se abren los brazos regordetes del Alma Mater cubana.

Él, por supuesto, no acudió al club, pues los clubes no se avenían con lo que el hombre pensaba de una sociedad justa y porque se vería tan desplazado como su antiguo administrador Cucaracha, más negro que un tizón, que lo ayudaba en los quehaceres del puesto de fritangas.

Pero ella no tenía nada que temer de una protesta de estudiantes; después de todo, lucía tan joven y bella como cualquiera de ellas y, además, estaba mejor vestida.

Así que en medio de una multitud vociferante de jóvenes desmandados que protestaban por un fusilamiento ocurrido más de medio siglo atrás, y casi por arte de esa magia que se disfraza a veces de coincidencia, supieron reconocerse y la mano de él aferró la de ella en medio del maremágnum hasta llevarla junto a una tribuna improvisada en la que soltó el primero y mejor de sus discursos públicos, que se vio interrumpido por una policía alebrestada ante la creciente acumulación del tráfico interrumpido que protestaba a bocinazos.

Naty llegó a la casa muy entrada la noche, pero no tuvo que dar explicaciones, porque Orlando estaba cumpliendo una de sus interminables guardias hospitalarias, y la niña Natalie dormía un sueño apacible a la vela de una de las criadas. De modo que ella pudo sumirse en un sosiego de iluminación que la llevó en andas hasta el nuevo día. La única que descubrió en su mirada un brillo de determinación que le había borrado la dulzura habitual fue Chucha, la cocinera, pero no dijo nada.

Batista había sido un sargento taquígrafo del ejército. Empezó a armar revuelo mediada la década de los treinta. Fue excitando a la casta militar con un rápido ascenso. En 1940 fue electo presidente y gobernó hasta 1944. Ya era general de éjercito y había podado a golpe de sangre al poder civil, segando vidas sin cortapisas, cuando en marzo de 1952 dio un golpe de Estado y se autonombró presidente de la República de Cuba. Cuba entera se sintió ultrajada.

Para Myrta, esa noche, como la mayor parte de ellas últimamente, estuvo repleta de inquietudes. Era su trasnochado esposo quien administraba las medicinas al niño Fidelito y precisamente esa noche tuvo visos de tragedia: el niño, que había nacido bajo de peso y enclenque, se le iba de las manos entre vómitos y diarreas. Fidel y el pediatra coincidieron en los bajos del edificio. El médico no tardó en comprobar que el niño estaba siendo envenenado por sobredosis de vitaminas que, según su padre, debían acelerar el proceso de normalización de su peso.

Al otro día el médico incumplió su juramento de discreción profesional y se quejó a la familia de Myrta, pero no hubo poder de convicción capaz de remediar el orgullo lleno de espanto tras el que ella se había refugiado siempre ante las irracionalidades de su esposo, y ni tíos ni hermanos pudieron convencerla de que vivía en un peligro continuo.

Fidel, tras la muerte del egregio Chibás y recién nombrado líder de un partido de ideas, decidió pasar a la acción. Se organizó una vida clandestina dividida en células y empezó un clivaje imparable. Escogió la ciudad de Santiago como sede de su primera algarada porque La Habana no le era tan bien conocida. Bajo pretexto de una maniobra práctica de fin de semana, llevó a todos los núcleos de sus células, ignorantes de su destino, al asalto del mayor cuartel militar de provincias.[1]

Naty, conocedora de todo el plan de ataque, que casi se fraguó en su casa, y al que contribuyó con la venta de todas sus joyas, para comprar las armas pertinentes, estaría encargada, a la hora precisa del asalto, de repartir panfletos políticos y prolíficos por las calles de La Habana. Hora, las cinco de la mañana.

Cuando eso, Naty había perdido ya la noción del bien y del mal, y más que enamorada, embrujada, era capaz de meterse por Fidel en los más inescrutables entuertos. Iría tras él adonde la llevara. Le escribió una carta a su esposo Orlando donde le confesaba ese amor impropio, y a todos los suyos la vida se les convirtió en un infiernillo sin que se dieran cuenta.

Mientras, esto fue lo que ocurrió en Santiago: Fidel se olvidaba siempre del factor humano y casi ninguno de los setenta y tantos hombres, involucrados en un ejercicio militar cualquiera, se estaba tomando en serio lo del ataque. Se perdieron los habaneros por las calles tortuosas de Santiago y llevaban un plan tan desquiciado que atacaron el cuartel precisamente cuando la mitad de la soldadesca estaba regresando de sus fiestas de carnavales y acabaron por verse cogidos entre dos fuegos. La cosa terminó en un desorden y un exterminio tales que nunca se supo bien quiénes eran los héroes y quiénes las víctimas ocasionales. Y como la derrota no estaba planificada, a todos los cazaron como a ratones.

Pero Fidel, con aquel ruidoso desorden, llegó repentinamente a la fama. Por algún motivo oscuro que precisa, tal vez, la intervención de los Santos de Lina y las prendas congas de Dominga, que no dejaron de sacrificar cabras y pollos desde que se enteraron de la noticia, muchos hombres murieron o fueron torturados, pero a él no le dieron ni un golpe.

Después de todo, estaba casado con la sobrina del ministro de Gobernación. Le tocó la pena de un encierro benévolo en el panóptico de la Isla de Pinos.

Precisa decirse que Naty sufrió su propio clivaje y en los dos años que estuvo Fidel detenido, se multiplicó hasta adueñarse de los espacios y los tiempos del presidiario. Lo condujo línea a línea hacia la libertad de ella, marcándole los hitos del día con descripciones minuciosas de la hora, la luz de los lugares, los olores, la gente... Todo inmerso en un idealismo romántico y educativo en cuanto a la justicia, la sociedad y el hombre.

Lo colmaba de atenciones, libros y golosinas.

Le escribió a Lina una carta que le llegó a la madre al corazón. Le escribió a Raúl, el hermano menor, que le devolvió el detalle en cartas tiernas dedicadas a «mi hermanita». Y hasta se ocupó de proveer por Myrta y el niño.

Era la Princesa de los Rebeldes. Se volvió omnisciente.

Precisa también decirse que Fidel le respondió de forma apasionada. Leía los libros de ella y los depuraba en una esencia comentada y elevada a unas altitudes del espíritu sorprendentes. Con una letra minúscula y apenas legible aprovechaba hasta los márgenes de las hojas blancas y cuando terminaba, imaginando la única entrada secreta de Naty que no conocía, se dejaba llevar por el onanismo.

Se escribían en un decurso tranquilo y con un tono conversacional que podía extenderse al infinito, de modo que cabía imaginárselos a los dos solos en la isla, como únicos sobrevivientes, el uno adoctrinando, escuchando la otra. Y hasta podía la isla soltar de pronto las amarras e iniciar un periplo azaroso con ellos dos recostados en la hierba, allá arriba, envueltos en la fragancia mística de Su palabra.

Mientras Fidel le contaba a Naty que estaba haciendo el mejor uso de su rimera de papel, le escribía a su esposa Myrta y, a veces, con la imaginación exhausta, duplicaba sus manuscritos. Hasta que una tarde el hastiado censor de la cárcel, que tenía que usar un cristal de aumento para descifrar aquellas cartas dobles, confundió, adrede o no, la que estaba dirigida a la una con la que estaba dirigida a la otra, y Myrta supo que Fidel tenía una amante o una mujer amada que no era ella. Se sintió y se dio por ofendida.

En cambio, Naty devolvió la de Myrta sin abrir.

El divorcio y la libertad condicional le llegaron al mismo tiempo al presidiario.

Naty, en cambio, permanecía casada con Orlando, el médico, que no veía motivo suficiente de divorcio en aquel enamoramiento ideológico y platónico.

Después de meses de furia epistolar en que el amor se les fue de las manos, sin otra casa abierta y amable más que los brazos de Naty, Fidel buscó y halló refugio en ese abrazo de mujer cálida y entregada a pesar de las circunstancias, y le prometió a aquella estrella de ojos verdes que se le había colado en el alma, todas las glorias de esta tierra o, cuando menos, las de ese trozo de tierra en que estaban parados.

Fue en un apartamento a nombre de terceros donde se vieron a escondidas y una tarde, sin esperarlo él, concibieron a Alina.

Estando en México meses después, en un exilio obligado, cuando supo de ese embarazo que Naty le achacaba con dulzura, tuvo sus dudas y le pidió que se reuniera en Nueva York con él, en un viaje relámpago, sin tener en cuenta que el embarazo no es un globo que pueda largar el lastre para emprender el vuelo.

Cuando Naty no acudió, se sintió defraudado. Pero ¿cómo desconfiar de Naty y de esa furia de sacrificio? ¿Qué haría ella, de no estar condenada a un reposo prenatal absoluto?

En efecto, tuvo que castigarse a la inercia, porque el feto luchaba contra las paredes y las opresiones mucosas a brazo partido, y como ningún feto, por muy inadaptado que esté al avizoramiento del futuro, es más fuerte que la gravedad, a fuerza de almohadones y una inmovilidad pétrea logró domeñarlo para hacerlo venir al mundo en tiempo y forma. Hasta que un pujo de sangre más fuerte que un terremoto, y más arrollador y aterrorizante, las dejó a ambas inermes, a la madre y a la niña, el 19 de marzo de 1956.

El limbo no existe y, por lo demás, el Alma no está un segundo sin empleo, siendo como es el único principio que se multiplica por su propia fuerza.

No hay nada más perseverante que el Alma. ¡Y que nadie venga a hablarme de capricho! Por eso escogí quedarme un tiempo en el cuerpo de esa niña que estaba por ganarse el premio de la vida con un destino azaroso.

Durante los meses de inmovilidad, la mujer había estado dedicada a escribirle al hombre día tras día, innumerables cartas rellenas con recortes de toda la prensa cubana.

¿Era acaso tan dudosa su buena fe? Pero Fidel necesitaba otra prueba, y mandó a la tía Lidia Perfidia, su medio hermana, ahora oportunamente abocada a la causa rebelde, para que inspeccionara las marcas de la recién nacida. Lidia no era la visitante habitual, con su aspecto de marimacho de sangre mezclada, pero Naty la recibió como a maná del cielo.

—¿Cómo le han puesto a la niña? —preguntó Perfidia.

—Alina. A Lina, por su abuela...

—¿Puedo verla? Fidel me pidió que la mirara bien.

—Claro. Claro que sí. ¡Tata Mercedes, trae a la niña!

Lidia Perfidia revolvió la camisa de algodón de hilo del brazo izquierdo de la bebita.

—Por lo menos, ahí están los tres lunares en triángulo. —A continuación viró a la bebita boca abajo para inspeccionarle la corva izquierda—. Aquí está la mancha detrás de la rodilla. Esta niña es una Castro —sentenció.

Por razones de soledad y debilidad, Naty, en vez de sentirse ofendida, se sintió agradecida.

—Aquí tienes un regalo que les manda Fidel.

Para la madre, unas argollas de circo y un brazalete, repujados en plata mejicana. Para la niña, unas dormilonas de platino rematadas en una perla con un brillante mínimo.

Como si hubiera recibido la aprobación del Olimpo, Naty descansó de su avatar en paz.

Cuando Fidel invadió la isla en un yate de juguete y lo dieron por muerto y ejecutado, ya Lina, la madre de él, era su mejor cómplice.

Se había desplazado a La Habana para conocer a su nueva nieta y le apretaría a Naty la mano diciéndole: «No tengas miedo, m'hija. Anoche se me apareció Santiago Apóstol en un caballo blanco y me dijo que mi hijo está vivo. No tengas preocupaciones. No me voy a despedir de esta vida sin dejarle algo a mi nieta. Empeñé unos diamantes con el cajero de la finca en Birán. Ahí estarán todavía. Serán para ella.»

Naty se recuperó adecuadamente de su etapa puerperal como había hecho siempre después de sus enfermedades catastróficas.

Le envió a Fidel todas las exquisiteces que pudieran consolarlo de su estancia de rebelde en las montañas de la Sierra Maestra, haciéndole la competencia a la revista *Life*. Algunas veces hizo la madre Natica de mensajera. A pesar de su desprecio por esa gentuza de pelo largo, apoyaba a la hija en la confirmación de una paternidad para su último vástago, aunque Orlando, conocedor de todo el intríngulis, había cedido caballerosamente su apellido para que la niña no se quedara sin nombre. Jugándose la vida, entregó Natica dinero y montañas de chocolate al pie de la montaña. La pobre mujer siempre tuvo el fatalismo resignado.

Fidel era goloso de los dulces franceses de Potin, la pastelería más famosa de El Vedado, del chocolate y de la literatura. Naty recibió a cambio algunos casquillos de bala de recuerdo. Había tenido que escaparse de la vida real para aguantar los rumores de oprobio sobre su vientre grávido, las dudas con el futuro, el duelo familiar y toda la tristeza ajena que su amor generaba. Se impuso de ese amor, tal como Carlomagno se impuso de la espada cristiana sin esperar el gesto del Sumo Pontífice.

En cuanto a Fidel, cuando casi tres años después de estos sucesos entró triunfalmente en La Habana, victoria que le revolcó todas las nociones sobre los seres humanos, se encontró con la inmutabilidad de una situación que hacía tiempo daba por trascendida.

La niña dejó de tener dimensión simbólica y se convirtió en una molestia, en un complejo de culpa y en la antítesis de esa llave que le había abierto el país de las maravillas.

Siendo como soy un alma viajera, cabe preguntarse por qué me demoraba siempre en La Habana. Y es que, señores, La Habana era un lugar para vivir toda la vida...

Desde cualquier parte se llegaba al mar, y el mar llegaba a todas partes con su fermento de salitre, y por eso era siempre una ciudad nueva, de pinturas y maderas estrenadas.

Aire de sol y sal. La Habana era una maga. Enamoraba con sus olores, sus humores y sus desvelos. No he visto por el mundo ciudad más hembra.

En la parte vieja de la ciudad —cantería patinada por el humo y el tiempo, con los vitrales de medio punto rematando las enormes ventanas y las rejas arqueándose entre balcón y balcón («guardave-cinos», se les llama)— la virilidad castellana queda oculta por esa exuberancia de curvas.

Recuerdo que desde esa parte vieja de la ciudad, el ombligo, desde las tejas, las maderas, las columnas y las sombras, las angostas calles de adoquines te llevaban en un tránsito de siesta a los colores pastel de las casas más nuevas, que te abrazaban con sus columnas. Columnas para dar pretexto a los portales.

El aire se quitaba en los portales el aspaviento del calor antes de colarse en las entrañas de las casas y en ellos pasaban los cubanos el camino de la noche jugando al dominó. Portales de fresco y de tertulias. Esquinas donde comprar ostiones. El olor de todas las frutas de la creación. Cafés al aire libre. Tenía un aire de disipación austera. Cualquier mulata podía venir de una novela de otro siglo. Desde un banco del Prado veías desfilar toda la Historia.

Era una ciudad cosmopolita. Tenía vida nocturna y alegría. Hasta los barrios de «nuevo rico» tenían la elegancia del buen gusto. Comodidad, espacio y luz.

Pero desde que llegó Fidel a La Habana la ciudad empezó una cuenta atrás en el tiempo, como esas mujeres en su esplendor que adivinan la ruina de su belleza y se van plegando a sus arrugas futuras.

Se entiende que mucha gente se dejara arrastrar por la excita-ción: algunos políticos necesitaban sacudirse la ceniza de los habanos de las perneras. Pero torcía el ánimo ver tanques de guerra en el Malecón. Y lo peor fue la gente. Cambiaron de la risa a la furia destructora de la noche a la mañana y aquel hombre los empezó a halar de la histeria: en menos de dos días no quedaba hotel sano, ni muro de propiedad, ni cristal, ni carro. Igualmente desguazaron los parquímetros. Eran, les arengaba él, «símbolos de la tiranía».[2]

Créanme, una revolución es como cualquier otra. No sé qué irá a decirles la autora de este libro. Yo la dejo comiéndose las uñas ante el compromiso y reemprendo mi vuelo.

PRIMERA PARTE

11-23-99

Me bautizaron Alina María José, como si con Alina sólo fuera poco.

No hubo un solo signo de mi nacida.

Ningún pródromo especial.

Ni un rey mago asomó su grasienta cabeza.

Pero esa madrugada sentí llorar las estrellas por todas las comisuras del cielo, y eso me encogió el alma.

Me refugié en un sueño de negación, sin hambre ni llanto.

Era un bebé manso y no una gritona pesadilla.

Y de entonces acá, cada vez que abro un ojo recibo una escupida. Porque despierto extremos en la gente.

Volviendo al *berceau*, pues, aderezada con agua de Portugal entre pañales de piqué blanco, busqué una teta, pero no había ninguna a la vista. Quise llamar la atención tosiendo, y tosiendo envenené años-noche de mi Tata Mercedes, mi estatua de canela y vainilla que me consolaba por la vida en una mecedora azul triste.

Tata no sabía cuentos ni le gustaba la gente. Pero era demasiado alta para ser un elfo.

Me hizo crecer, electrificando con ternura la calma biológica de la leche en los pomos.

Mi madre era un hada. Ustedes conocen algunas. Son muy ajenas y misteriosas. Cuando desaparecen se llevan los milagros. Son caprichosas.

Mi hada decidió enamorarse de la persona equivocada. Según las personas de los cincuenta, y en la sociedad cubana, eso no tiene perdón ni redención.

Ustedes saben.

Les gustan las piedras muy viejas y la gente muy puntiaguda. Les gusta habitar sus propias ruinas.

Yo me consolaba de sus ausencias desgarrando los entredoses de encaje de mis batas de hilo y chupando el tete desaforadamente. Y cuando se me acercaba, más esencia que presencia, y me miraba con unos ojos de esmeralda que le comían la cara como una fiebre alta, le tosía dulcemente.

Cuando aquello, mi papá era Orlando Doctor Doctor. Andaba con una bata blanca igual que Tata, pero sin alforcitas. Era hacedor y mago de corazones. *Cardióblogo,* creo. Tenía una frente abultadita de delfín.

Se agachaba para abrazarme cuando llegaba a la atardecida y el sol que se colaba por el cristal de la puerta le esmerilaba el aura.

En los bajos de la casona tenía la «consulta» donde remendaba los corazones de la gente.

Por él me enamoré de Diosa Medicina y de su mano conocí la magia palpitante de la vida a través de las lámparas fluorescentes y el calado frágil de las costillas; los secretos del Hacedor Supremo.

Mi hermana Natalie era su preferida. Tenía rara la vida. Lloraba dormida y no estaba contenta ni el domingo, que era el día que nos sentábamos a almorzar debajo de aquella lámpara, una araña de bacarat que lloraba mil lágrimas de cristal cuando se encendía.

Lo único que la hacía feliz era irse con papi al hospital las noches de guardia. «Y tú no puedes ir porque no dejan entrar niños ni perros.»

Chucha era mi cocinera de charol enmoñada. Se llenaba la cabeza de unos nuditos envueltos en trozos de redecilla y explicaba que lo de ella no era pelo sino «pasa de negra conga». Tenía verruguitas por todos lados. Me mecía en el sillón azul triste, abrazada a su opulento sudor de embeleso agridulce, panetela y cebolla. A Chucha sí le gustaban los cuentos. «Patakines», decía, donde mezclaba al Santo Niño de Atocha con la Caperucita Roja y Elegguá, el Oricha niño de los negros cubanos. Me regalaba los patakines esos mezclados con un reguerito de pólvora que explotaba en risa contagiosa.

—Elegguá le iba abriendo los caminos a Caperucita por el bosque. La abuela es Yansá vestida de muerte y Oggún el guerrero es el que mata al lobo.

Me abrazaba a la seda cruda de un vestido blanquinegro clamando: «¡Lala! ¡Lala!» sin que nadie entendiera por qué.

Era el que se ponía abuela Natica, el Hada Jardinera, con tal de aligerar la sed infinita de las flores.

Llegaba todos los días puntual como las lunas, daba unas cuantas órdenes, almorzaba y se recostaba en duermevela hasta que un reloj interior la sacaba de un brinco del sillón y con ese uniforme blanco amañado de flores negras se iba al jardín, donde inventaba injertos y plantaba semillas y retoños a destiempo y todo aquello enloquecía y crecía con furia descontrolada porque Lala tiene las manos verdes, dicen.

A ella sí le gustaba la gente, pero yo, no mucho.

Hada Natica, parece, había metido la pata una tarde, años antes de esta historia, cuando dejó entrar a un hombre en la casa.

Sonó el timbre a eso de las cinco de la tarde y Chucha miró por el ojo de la puerta:

—Señora Natica, ¡no me haga abrir! ¡No abra! ¡Eso que está ahí afuera es el diablo!

Hada Natica no sabía leer el aura ni gustaba órdenes de criados. Se propulsó hasta la entrada y dejó pasar al hombre vestido de punta en blanco, la guayabera almidonada y blanco añil. Lo único que la molestó fue un mentón recargado y débil. Una papada sujeta a los manejos de gente más perversa. Creía que Cristo se dejaba la barba para esconder una papada así.

—Busco a Naty Revuelta. ¿Ésta es su casa?

—¿Y usted qué? Tampoco tiene nombre y apellido. ¡Últimamente la juventud está toda por el estilo!

Lo mismo le diría a mis amigos años después.

Todo. Todo era mío. Las hadas y sus ausencias, los galgos en el jardín, la casa grandísima, la escalera trabajosa para mi torpeza, la galería de cuartos y terrazas, el jardín florecido, Tata y Chucha.

No tenía mucha preocupación, aunque el aire de la casa me molestaba a veces como un culero incómodo y los ojos de la gente se ponían estrechos y apuñalados y le gritaban al Hada más bella, que desaparecía y no se dejaba agarrar fácil. Andaba metida en cosas de «revolucionarios», decían.

Todo se echó a perder una mañana que recuerdo muy bien. Sentadita estaba yo con mi gorra de la Legión Extranjera mordiendo un hueso de goma de la casa del perro, que por eso nada me dolieron los dientes cuando se fueron los muñequitos de la televisión. Un «¡Viva Kuba libre!» atronó en la sala y la pantalla se llenó de hombres peludos. Racimitos de monos colgando de unos carros que daban miedo y aplastaban la calle toda. Tanque Sherman se llamaban los carros, y los peludos, rebeldes.

Traían palos en las manos y usaban uniforme verde quemado y collares de semillas, como los que Chucha sacaba de la gaveta cuando le daba por aquello de escupir aguardiente en un tabaco, fumárselo al revés y rezarle al santo.

Mujeres como flores les tiraban más flores.

Era enero de 1959 y aquello era el Triunfo de la Revolución. Así estuvo triunfando días de días hasta que el mono más importante llegó a alguna parte y se paró a hablar. Estuvo hablando cantidad. Hasta que se quedó ronco.

Rico McPato, sus sobrinos y el ratón Mikito se fueron para siempre jamás y hemos tenido peludos en la televisión por casi cuarenta años, figúrense.

Esa vez no hubo navidades porque el Hada en protesta cívica se prohibió toda fiesta, dijo. Ni Reyes Magos. Nada más que peludos de aquellos que se aparecieron en casa un tiempo noche.

Fue el Hada y no Tata quien me sacó de la cuna esa vez y me llevó a la sala de estar con sus muebles de junco imperecederos que siguen soportando el nalgatorio de las visitas.

En un tufo a tabaco me dejó el Hada en el suelo. Allí, con las alturas perdidas en una nube azul pestilente, estaba el peludo más puntiagudo. Se agachó como hacía Papi Orlando para estar de mi tamaño y me examinó.

—Parece un carnerito. Ven acá carnerito —dijo, y me dio una caja. Adentro había un muñeco bebé disfrazado como él mismo, con barba y todo y unas estrellitas en triángulos rojinegros en los hombritos, una gorra y botas.

No quería darle un beso con aquella cantidad de pelo parado en la cara, que nunca había visto una cosa así tan de cerca.

El peludo muy puntiagudo era Fidel Viva Fidel, que así era como le gritaban las mujeres flores y todo el montón de gente, cuando pasaba en esos automóviles tanques feos. Era la primera vez que un regalo no servía, así que agarré el muñeco y empecé a arrancarle los pelos de la cara para convertirlo otra vez en bebé.

Alguien gritó «¡Sacrilegio!», y pudo ser él, pero fue Tata la que me pasó un trapo con agua de Portugal para exorcizar el relente a tabaco babeado y me meció para que retomara la paz del sueño. Y también fue Tata la que dijo:

—¡Un fetiche! ¡Un fetiche de sí mismo es lo que se le ocurre regalarle a una niña!

Así se lo repitió a Chucha a la mañana siguiente. Chucha le contestó:

—Hace años le dije a la señora Natica que no lo dejara entrar en la casa, que era el mismísimo diablo.

Por esos días el televisor empezó a gritar «¡Paredón! ¡Paredón!». Ahora la gente estaba furiosa. A un hombre parado frente a una pared con los ojos tapados y las manos amarradas se le llenó la camisa blanca de unas manchitas y se cayó al suelo despacito, matado con esos mismos palos que traían los peludos cuando llegaron a La Habana y que hacían tap-tap-tap. Era un fusilamiento, y era triste.

Dos señores, uno muy fruncido que le decían el Che y otro, un chinito igual al vendedor de sayuelas o al del puesto de viandas, que le decían Raúl, eran los que mandaban las ejecuciones, y aunque los dos eran personas cortas, Raúl era hermano del peludo más puntiagudo.

Orlando Doctor Doctor empezó a desdibujarse. Tan así que sólo le recuerdo la sonrisa, como si fuera lo único que me dejó antes de desaparecer, igual al gato de Cheshire con Alicia su dueña.

Y a Diosa Medicina hubo que clausurarle el templo consulta, porque los peludos hicieron enseguida la «intervención» y los doctores no podían seguir llevando corazones a sus casas. Eso se llamaba «comercio privado», y estaba prohibido. Y así prohibieron al vendedor de sayuelas de tul, que un día se lo llevó la policía nueva frente a mi casa. Así que más nunca pude comprar con Tata pollitos de colores bajo los portalones de sombra en La Habana Vieja, ni frutas frescas ni helados ni durofrío, porque todo eso, parece, era comercio privado. Fue cuando le empezó a Papi Orlando una temblorina en las manos: ni siquiera el corazón del Hada le quedaba.

A Natalie se le pusieron grandísimos los ojos porque su mami mataba de amor y angustia a Papi Orlando.

La última vez que lo vi me dio una llave.

—Toma Chipi-Chipi. Es la llave del cuarto de las lámparas, donde duerme la señora Medicina. Cuídala y ojalá algún día puedas volver a abrirla.

Fidel se lo pasaba bien en la casa. Siempre de madrugada, lo precedían el frenazo de los jeeps en la calle y el retumbe de las botas. A veces iba solo, a veces con Barba Triste o con Barba Roja.

Tata hacía huelga para no contestar al timbre de la puerta y refunfuñaba cada vez que me llevaba de la cuna al salón ida y vuelta.

Y Fidel sería malísimo para Chucha y para el Hada Natica y para Tata, pero él solito le había ganado la pelea al tirano Batista, un demonio grande si los hay. Como San Jorge al dragón.

Batista tenía la cara llena de bolsitas y su mujer tenía que tener hijos todo el tiempo porque si no, se volvía gigante.

—Ahora que Batista se escapó, se acabaron los esbirros. No van a volver los hombres malos de noche a registrar la casa —decía Natalie.

A mí los esbirros me caían bien. Les gustaba mi sombrero de la Legión, y si los mandaba a hablar bajito me hacían caso. No quemaban el forro de los muebles ni dejaban en el salón un sahumerio insufrible con montoncitos de ceniza.

Para mí que a todo el mundo le molestaban más estos visitantes nuevos que los antiguos, porque los nuevos venían casi todas las madrugadas. En la cocina decían que esbirros y esbirros se parecen y a mí me tocaría esperar unos treinta años para esperar con miedo la llegada de otra policía secreta.

La única que levitaba contenta por ahí era el Hada. Del tiro se volvió locuaz, y eso se le quedó para toda la vida.

Una fiebre de actividad inmisericorde se había adueñado de ella, y aunque no se conocían todavía las palabras «emulación» y «vanguardia», ella como que las adivinó en el porvenir inmediato y empezó a aplicárselas a la cotidianidad.

Parece que ella y el barbudo Fidel también se veían fuera de casa, porque ella llegaba con la cara encendida por una sonrisa de piel adentro y los ojos en un misterio y estaba como ciega y sorda al descontento que rezumaban su familia y su casa.

A abuela Lala se le debilitaron los epicantos y los ojos de inglesa se le cayeron más de tanto llorar lo que le habían hecho a su hermano Bebo, que le quitaron su puesto de cónsul de Cuba y «hombre mejor vestido del año en Jamaica» y lo condenaron a no volver a la isla en un exilio perpetuo.

—¡Pero, Naty, por Dios, habla con ese hombre! ¡Tú sabes cuánto rebelde asiló Bebo en Jamaica y cuánta medicina mandó a la Sierra!

—¡Está bueno ya, mami! ¡Yo a Fidel nunca le he pedido ni le pediré nada!

—¡Pues él no tuvo reparo en vaciarte el joyero y el banco para que le compraras sus malditas armas del disparate ése del asalto al cuartel Moncada!

Una tarde le contó a su amiga Piedad:

—Ay Piedad. ¡Ese malnacido! Está lleno de basura. No le basta con Naty. Se ha acostado con muchas más de sociedad. ¡Desvergonzadas! Y cuando le dije el otro día que respetara a mi hija, ¿sabes lo que me contestó? Que no me preocupara, que con ésas se acostaba con las botas puestas. ¡Será cínico! Supongo que con el pantalón también, ¿no?

¡Ay Dios! ¡Ojalá no se haga daño en el gusanito con el zíper!, pensaba yo.

Yo quería consolarla, pero Lala Natica me miraba muy torcido, como si me estuviera poniendo feísima, no sabía yo por qué.

—Lala, ¿por qué estás triste? A tío Bebo no lo fusilaron por la televisión, como al tío de las hermanas Mora y...

Ahí sí se puso furiosa, y seguro fue cuando se le ocurrió lo de las inyecciones para cuando mis nalgas de duende se pusieran huesudas, como deben ser.

Yo estaba confundidísima. La gente lo mismo estaba contenta rompiendo cosas capitalistas en la calle que de pronto se ponía furibunda a gritar lo de «¡Paredón! ¡Paredón!», que era el muro grande de la muerte, pero en la casa todo el mundo estaba bravo o triste menos el Hada, elegante, iluminada y brillante. Era como un cuerno de la Fortuna.

—Oye, mami, ¿qué cosa es «los humildes»?

—Son los pobres. Los que se matan trabajando para vivir y viven muy mal.

—Pero tú trabajas en la Esotandaroil y tienes casa linda y carro nuevo. Esa revolución, ¿Fidel la hizo para ti también?

—Y para ti también, mi amor.

—Tata sí es pobrecita. ¡Y Chucha! Entonces, ¿Fidel vino para que se volvieran ricas?

—Ricas, no. Pero sí para que tengan una vida mejor y más justa.

Yo salí impulsada para la cocina, donde habían apagado la radio porque también se le habían escapado las novelas.

—¡Tata! ¡Chucha! ¡El peludo les va a dar una casa grande a cada una! Ya verán. Él vino para que ustedes no fueran más pobres.

Las dos me miraron con paciencia infinita.

—¿Quién le mete esas cosas a la niña en la cabeza?

—Quién le mete esas cosas a la niña en la cabeza —le preguntaría Fidel al Hada días después, cuando yo le pidiera educadamente que pusiera a Tata y a Chucha de primeras en la lista de gente que iba a dejar de ser pobre sin ser rica.

Algunas noches ése, Fidel, venía a jugar nada más. Me sacaban de la cuna y el desvelo me aliviaba la tortura de la tos.

Cuando jugábamos en el suelo y la nube del tabaco se iba diluyendo allá arriba, él olía bien, a limpio y hombre, y no se echaba esencias. Era bueno aquello.

Cuando no venía me mandaba a buscar con Tita Tetas, una chinita preciosa amiga del Hada que trabajaba en el INRA, Instituto de la Reforma Agraria, creo. Si no venía Tita, venía Llanes, que era el jefe de la Escolta del Comandante.

Pero a mí me gustaba más Tita Tetas, porque tenía ese par de melones frescos escondidos debajo del vestido y me llevaba en un carro rojo Buick al INRA ése y me encaramaba en los melones para que le apretara el botón del 7. Frente a la puerta había un soldado sin sonrisa, y no podía llevar mi gorra de la Legión porque me la escondieron.

Allí estaba el Che fruncido de cerca, con una frente de monito llena de lomas y un chiflido que le salía del pecho.

—Mirá, yo tengo una niñita como vos. —Y me enseñó un retrato con una chinita. Le decía Hildita. La mamá que estaba al lado parecía una rana grande.

Fidel le decía a Tita:

—Ven a recoger a la Chichi dentro de una hora.

No me hablaban mucho. El Che parece que era médico, porque estaba preocupado por algo de dorarle la píldora a los campesinos que si no, no se iban a tragar la cooperativa.

—Mirá lo que pasó en la Unión Soviética...

Y así seguían.

Una hora es mucho tiempo, pero menos del que pasamos la única vez que Fidel me sacó al aire libre y me montó en un tractor y luego en un caballito.

Por allí andaba mucha gente barriendo el piso de la Quinta de los Molinos.[3]

—¿Por qué están todos ellos barriendo a la vez?

—Están haciendo trabajo voluntario.

—¿Y eso qué es?

—Trabajo que la gente hace sin que le paguen. Que hacen porque quieren.

—¿Tú también vas a barrer el patio?

Pero él lo que hacía era barrerse gente de arriba.

—¿Quién es esta niña tan linda, Comandante?

—Ésta es una parienta... Mira, por ahí viene Tita a buscarte...

A mí Fidel me gustaba cantidad, pero los humildes eran de lo más molestos. Si no venía, no lo extrañaba, la verdad, porque siempre estaba en la televisión hablando sin parar delante de un montón de gente humilde.

Él les decía mucho que la Revolución se había hecho por ellos, y como le gritaban «¡Viva! ¡Viva!», pues seguía habla que te habla sin poder parar. Así que se me empezaron a confundir las verdades con la pantalla.

Una vez le pregunté:

—Oye, Fidel, ¿por qué hablas tú tanto?

—Para que se estén sin gritarme y aplaudirme un rato.

En casa, la mesa de comer no sirvió nunca más para nada. Ni en el resto de la isla, creo. Todo el mundo estaba ocupadísimo. Si no era en la plaza de la Revolución gritándole «¡Viva! ¡Viva!» a Fidel horas de horas, era en el trabajo voluntario o en lo de más allá. No había tiempo para hábitos burgueses. Hábitos burgueses era todo lo que yo tenía por sabroso y bueno.

Así que perdí mi precedencia en la mesa, donde reinaba en mi silla alta para duendes. Y nada siguió su curso regular excepto la aparición de Lala Natica en el almuerzo, al que asistía más seca que un higo, sin despegar los labios, que se le habían puesto como una rayita, nada más que para decir:

—No me molesten que voy a dormir la siesta.

Cuando aquello, no se había vuelto malvado todavía, inyectándome vitaminas.

Eso fue después, cuando a los demás niños y a mí nos sacaron los fideos de estrellas y letricas de la sopa y sin eso ya no había quien se tragara el invento mórbido.

Hice mi primera mudanza, muy personal, cuando empecé a vivir entre el patio trasero y la cocina, porque en el resto de la casona se desarticuló la vida.

En la cocina había un calorcito rico atemperado por el olor de Chucha.

Hasta le perdí el miedo a los galgos, y me ponía con Tata a meter las manos en el lavadero del patio para dejar la ropa limpia. Tocábamos a cuatro manos la música recurrente del agua y no hacía falta hablar.

Cuando el sol estaba a punto de caerse del cielo, corría para la puerta de la calle a ver si Papi Orlando regresaba, pero nunca más vino, y lloré un poco por eso, pero tampoco mucho.

El aire se puso muy difícil de respirar en la casona y de pronto ocurrió: el Hada se volvió «proletaria».

La palabrita empezaba a oírse en todas partes, sobre todo cuando la gente empezó a celebrar el final de los discursos en la plaza agarrándose las manos para cantar *La Internacional*. Se movían de un lado al otro como un maratón de borrachos, igual que abuelo Manolo cuando llegaba mojado de mojitos, antes de que un ataque fulminante al corazón se lo llevara.

El Hada decidió una mañana que no iba a usar más sus sayas de pérgola ni sus perlas, se enganchó un traje azul y verde de miliciana, una gorra como la del gallego bodeguero, decidió que no era buena la casa aquélla y se la regaló a Revolución con todo lo que había dentro.

Yo pensé que Fidel nos había dado por fin un castillo más grande para vivir, pero de eso nada: con lo que llevábamos encima y una rimera de cacharros de cocina para seguir la vida, nos mudamos a un apartamento de Miramar, Avenida Primera con calle 16. Frente por frente al mar.

Las protestas de Lala Natica por semejante estupidez siguen resonando como un eco en la atmósfera que rodea a esta familia de matriarcas.

La pobre pudo rescatar las lámparas con sus miles de lágrimas de cristal, pero no se podían colgar en el techo del lugar nuevo por culpa del puntal.

Creo que me sentí muy sola, porque a los tres años seguía abusando de mis chupetes.

Empecé a amanecer con los ojos más pegados que las valvas de una ostra, tenía retortijones secos de la barriga y tosía como una endemoniada.

La mar me servía de consuelo, junto con mi primera amiguita, que vivía en el edificio de al lado y no me quería tanto como yo a ella. Tenía delirio por dormir en su casa porque allí la madre nos hacía cuentos en la cama. Había huevitos frescos, porque tenían parientes con una granja, y ella tenía un hermano más pesado que Natalie, que estaba insoportable. Ya ni dormir con ella se podía. Gritaba «¡Papi! ¡Papi!», llorando y ni se despertaba...

No sé si Revolución Castro, Guevara, Pérez o como se llamara tuvo que ver con esto, pero desde que llegó muchas cosas empezaron a andar solas, como si fueran conejos saliendo de mágicos sombreros y no lo de siempre:

—¡Se fue la luz!

—¡Se está yendo el agua!

—¡Llegó la Libreta de Abastecimiento![4]

Igual se decía de la gente: «Fulanito se fue», o «A Mengano le llegó la salida».

La carne, los huevos, el azúcar y la mantequilla también se fueron o les llegó la salida, y había que ir con la Libreta a la bodega o no te daban «lo que toca». Que no era mucho, parece, porque aunque Tata se pasaba horas haciendo cola, la comida se volvió de un solo color y durante semanas tenía que comer una cosa verde que se llamaba puré de espinacas sin leche, y cuando las espinacas también se fueron, la comida se volvió carmelita y se llamaba «lentejas sin sal». Eso, ni Popeye se lo comía, así que yo tampoco.

La gente humilde se las arreglaba mejor que nosotros porque andaba con una maleta misteriosa llamada «la Bolsa Negra», donde había de todo: compotas, chocolate y hasta parece que los Reyes Magos tenían cosas escondidas ahí.

La única que no andaba en esa bolsa era el Hada, porque no era de revolucionarios, decía.

—Mira, hija, te traje unas galleticas que me dieron de merienda en el trabajo voluntario del INRA.

—¿Me las puedo comer con mantequilla?

—Pregúntale a Tata, pero creo que este mes no vino la mantequilla.

Así que ya no se podía decir «vamos a comprar esto o lo otro», porque las cosas andaban solas, «no han llegado» o «hace meses que no vienen». Y nadie ha podido decir hasta el día de hoy: «Vamos a comprar huevos para comer tortilla hoy», porque los huevos llegaban solos una vez al mes y a veces no llegaban. Igual los tomates y las papas.

Tampoco se ha vuelto a decir: «Vamos a la farmacia a comprar alcohol», porque ése sí que no ha vuelto desde que se fue cuando yo era una enana y un duende estudiando para elfo. Y del algodón de las compresas menstruales... Pero ¿de qué estoy hablando?

Malo fue cuando la comida se puso amarilla y se llamó harina, pero lo peor fue el gofio:

—Eso —dijo Tata— es comida de puercos.

Pero para el Hada el gofio y la harina eran lo mismo que comer ambrosía.

Fue así como los oficios de Chucha perdieron su razón de ser y con ellos la perdí a ella y a su mundo trastocado entre dioses de negritud emparentados con reinas vírgenes cristianas y niños malvados que eran hijos del mal y el bien.

Se le había terminado la pólvora de la risa y, para oírla, teníamos Tata y yo que atravesar el calvario de las guaguas escasas y repletas de los domingos para llegar a un cuartico en La Habana Vieja, donde vivían ella y su madre cieguita y arrugada como una pasita.

Volvió muy poco de visita y siempre a lo de escupir aguardiente en los rincones y echar humo con el tabaco al revés dando gajazos en el aire con un puñado de matojos. A eso le decía «despojo».

—Pa que se vayan los muerto oscuro de esta casa.

Le pedía que se quedara porque sin ella no había alegría en la mesa. Pero estaba negada.

—Yo no soy Nitza Villapol, esa blanca descarada que se sigue parando en la televisión como antes, pero con recetas de harina o lenteja hervida cada semana. ¡Mira que decirle «polenta italiana» a la harina hervida sin sal ni ajo! Yo no sé cocinar sin comida, m'hijita. Y menos pa gente que se ha olvidado de gozar la vida. A lo mejor la señora Natica me extrañe, pero la señora Naty se olvidó de comer hace tiempo.

Aquello no era mucha verdad, porque el fin de semana el Hada devoraba la harina hervida, con huevo o sin huevo arriba, y Lala Natica todos los días. Comer lentejas sin sal, presentadas por la sirvienta de turno en bandejas de plata y platos de porcelana pintados a mano, con mi abuela enseñándome a servirme a la rusa o a la francesa, era algo que no veía en ninguna parte, y primero muerta que invitar a mis amiguitos a la casa.

No me podía comer aquella caca insípida, pero no importaba mucho, porque los duendes nunca tenemos hambre.

La culpa de mi desnutrición era del peludo desalmado. Tata y Lala presionaron al Hada. Pero fue Fidel el que empezó con el asunto:

—¿Qué le pasará a esta niña? ¡Hay que verle el color! Parece una espina. Voy a llamar a Vallejo para que la vea.

—No creo que el doctor Vallejo haga falta.

Vallejo era el druida personal de él.

—Algo tiene que tener. Tiene que estar enferma.

—No creo que esté enferma.

—¿Ah, no? Entonces acaba de decirme, ¡por el amor de Dios!

—Lo que pasa es que no come.

—¿Que no come? ¿Y por qué diablos no come?

—Porque... Es decir. Yo...

—¡Porque no hay comida! —terció Tata como una furia sin permitirle al Hada ni un segundo más de posición bizantina en la discusión—. ¡Yo no sé en qué mundo vive usted pero hay que estar ciego y sordo para no saber que medio pueblo está pasando hambre!

Entre el Hada y Tata lo exasperaban a muchísima adrenalina, y eso era malo para él, que ya tenía bastante con diez millones de personas que le gritaban y lo aplaudían todo el tiempo. Para mí que ahí decidió no seguir molestándose con cosas así.

—¿Cómo que no hay comida en esta casa?

Y el Hada, avergonzadísima:

—Bueno, lo único que han dado este mes por la Libreta son lentejas. Ni leche ni...

Al otro día un soldadito contento trajo una cantina de leche de la granjita del Comandante.

Así las cosas, tuve mi primera tragedia trascendental: me mandaron a una maldita escuela y no hice más que orinarme y vomitarme encima todo el año. Margot Parraga se llamaba, y tenía que ponerme un uniforme blanco lleno de nudos y lazos enredados y un par de zapatos de dos tonos que me hacían llorar de rabia.

La vida social no me sentaba. Me puse autodestructiva y por la presión de la vergüenza ajena boté el tete una mañana por la ventana del baño.

—¡No más tete! —declaré.

Y abandoné en un gesto de cataclismo la mejor satisfacción oral de mi infancia.

Mi tierna y recién estrenada voluntad soportó apenas las ocho horas de tortura educativa, de manera que descendí del cacharro escolar mojada, apestosa y en desesperación total, para reconocer como un sabueso el césped bajo la ventana de mi desgracia.

No tete.

El Hada dijo:

—Tú decidiste botarlo. Cuando uno decide algo, tiene que mantener su decisión por encima de todo.

Para mi Hada la ideología era capricho.

Decidí ser indecisa el resto de mi vida y, además, me volví maniática.

Martin Fox era un hombre muy rico y para nada humilde, dueño de los cuatro edificios frente a la playita donde yo vivía. Era bueno porque hizo para nosotros los niños una piscina natural en la roca y nos puso columpios. Tenía un león y un mono que estaba amarrado al muro de su casa.

Ese año hubo Reyes Magos buenísimos. Aunque habían cambiado el pinito por una palma de mentira, parece que ellos no se

43

desorientan nunca y abajo de la palma había montón de cosas lindas para Natalie y para mí.

Así que todo no estaba tan mal cuando una noche me sacaron del sueño unos tiros y tremenda gritería: «¡Asesino! ¡Asesino!»

Y a la noche siguiente Fidel no vino a jugar conmigo sino a gritarle al Hada, ahogado en furia:

—¡Llanes trató de hacerme un atentado y tú todavía le abres la puerta y lo dejas entrar en esta casa!

—¡Pero si no le he abierto la puerta a nadie!

—¡No me digas! Se escapó del vivac y vino directamente para acá! ¡Lo que has hecho no tiene perdón!

El Hada tuvo que defenderse:

—¡De ninguna manera! Me desperté con unos tiros y un escándalo al lado. Por lo que estás contando, me doy cuenta de que pudo ser él. Ahora te digo otra cosa: si Llanes viene y toca, como ha hecho mil veces, claro que le abro la puerta. Es la costumbre que tú mismo impones, y si viene y toca, no voy a pensar que está fugado.

—Es imperdonable que le abras la puerta a nadie que me quiso matar, esté libre o no esté.

Llanes era su jefe de Escolta y su mano derecha. De la noche a la mañana lo acusaron de querer matar al Comandante.

El hombre estaba más puntiagudo que nunca y rojo y tremendo, se fue con la misma rabia que había traído y desapareció por mucho, mucho tiempo.

El Hada estaba desesperada.

—¡Ay Dios mío! —dijo abriendo los brazos, y fue la última vez que la oí hablar con Dios.

Pero Dios no le contestó. Para mí que se había ido del país con los curitas que el mismo Fidel botó de Cuba en un barco. Lala Natica se quejaba de que le costaba trabajo rezar en casa: le habían cerrado todas las iglesias, desde que la gente humilde rayó las puertas con palabras malísimas y dibujos feos de un par de bolitas con un bate cabezón en el medio, y otra cosa que parecía un mamey hendido.

La verdad es que el Comandante se lo llevó todo: con él se fue Llanes, que era gentil y me traía lo que yo quería, se fue el soldadito con la cantina de leche, y hasta mi hermana Natalie se fue.

Una mañana no amaneció en la cama.

—¿Dónde está mi hermana?

—Orlando la vino a buscar de madrugada. No quisieron despertarte.

—¿Y Papi no me dio un beso? Pero ¿adónde fueron?

—Se fueron del país...

¡Ay madre mía! ¡Casi me mata la impresión! Fidel no hacía más que repetirlo por radio y televisión: «Todos los que se van del país son gusanos.» Todos, todos los que se iban se convertían en gusanos en el avión. Estaba segurísima, aunque fueran niños o viejitos. ¡Mi papi Doctor y Natalie convirtiéndose en una cosa tan repugnante!

Tata tuvo que darme una fricción para sacarme el ataque de espanto y cortarme el llanto. Y fue Tata la que me explicó:

—Ésa es otra mentira, hijita. Como la de la buena vida para los pobres...

¡Qué salación! Cuando Fidel se fue, quedó un reguerito como de maldad por la casa. El Hada se enfermó de hepatitis y me miraba desde unos ojos amarillos y verde olivo y pensé que se me moría. Lala Natica se convirtió en Abuela Pesadilla. Andaba persiguiéndome hasta en sueños con un rimero de agujas melladas. Ponía a hervir un cacharro tenebroso donde higienizaba los instrumentos de mi tortura. Y, jeringuilla en ristre, me apalancaba en sus rodillas y me clavaba un pomo de vitamina B_{12}.

También perdieron el camino los Reyes Magos. Se convirtieron en «un juguete básico» y «dos juguetes no básicos», que se exhibían en las vidrieras despobladas de las ferreterías, entre martillos, alambres y flotantes de inodoro.

Eran para los menores de once años y venían en unos cupones de la Libreta de Abastecimiento Industrial. El básico estaba bien. Podía ser una muñeca, unos patines o una bicicleta china, pero como se acababan enseguida, había que sacarlos de la Bolsa Negra, y el Hada de eso nada. Los no básicos eran siempre muñequitos plásticos: niña rosada, niño azul. Nadie los quería. Para algunos niños sí que siguieron viniendo los Reyes, pero sus papás tenían que ser amigos de Fidel o trabajar con él. Les decían los «dirigentes», y todos eran ministros. Tata decía que eran los «burgueses nuevos». Los burgueses nuevos hablaban y se vestían feo, y sus esposas andaban con rulos en la cabeza y los dedos de los pies con las uñas pintadas al aire, en sus chancletas.

Tita Tetas vino a despedirse un buen día y también se convirtió en gusana, así que no me quedaba nadie que me llevara a ver a Fidel al INRA. Necesitaba verlo urgente para convencerlo de que volviera a la casa, que desde que se había ido todo andaba mal.

De la televisión sí que no salía, así que le robé a Chucha el aguardiente de los despojos.

—Con permiso de tos mis muertos, Serafina Martín, Cundo Canán, Lisardo Aguado, *Elegguá Laroye, aguro tente onu, ibbá ebbá ien tonú, aguapiticó, ti akó chairó...*

Me sabía su cantilena de memoria. Agarré un buche y se lo escupí encima al televisor.

Dio resultado. Cuando Fidel viró, lo arregló todo en grande y nos volvimos a mudar para una casa de verdad.

La casa nueva estaba en Miramar. Tenía un murito rosado que cuidaba el jardín de alante con su palma africana erizada de espinas desde el tronco hasta las pencas, y unas matas que parían flores olorosas y tiernas donde vivían los gusanos más lindos del mundo, con rayas amarillas y negras y la cabeza roja.

La casa tenía dos plantas y lo único que no me gustaba era el piso de cuadros beige y negros. La cosa se puso peor cuando aprendí a contar, y me arreciaron las manías: si no caminaba en ocho pasos los veinticuatro cuadros, ni que Dios lo quiera, váyase a ver qué desgracia; a lo mejor mi mami se me moría. Y si no camino cuatro veces por cuarenta cuadrados... ¿se me muere mi Tata?

Yo tenía cuarto grande y baño para mí.

La alegría me puso eléctrica, porque desde que entré al baño aquél el agua empezó a coger corriente y me tenía que lavar las manos dando brinquitos. Bañarme allí era un gusto, porque mis toallitas empezaron a cambiar de colores solitas cuando las enjabonaba y me las pasaba por el cuerpo: verde, violeta o azul, y las tenía que dejar bien empapadas para que se pusieran blancas otra vez; pero eso nada más que lo vio Tata y me hizo jurar que no se lo iba a contar a nadie porque decía que la magia era cosa de negros.

Aunque la magia verdadera estaba en el jardín. Un jardín enorme donde cualquier duende podía inventarse un bosque con su gente encantada, sus elfos, sus gnomos y sus troles y una corte de hadas, entre flamboyanes, jacarandás y platanares, crotos y malangas de agua gigantes que le endulzaron a mi abuela jardinera la amargura, porque hasta volvió a ponerse su vestido de seda cruda para embrujar a la tierra toda. Menos de un año le bastó para convertirlo en fronda encantada.

Lo de ser menos proletaria le hizo bien al Hada, que lo había pasado bastante mal porque se rumoreaba que el Comandante había alzado la bota de la casa en *exit* repentino y negativo, y la pobrecita no encontraba ni quién le diera trabajo, como si fuera una intocable hindú o «una vaca sagrada», decía ella, que también son hindúes, creo.

La casa quedaba en una «zona congelada», que así se llaman los barrios de la isla donde vive la gente bien. A la dueña de la zona le decían la China. Era mala. Sacaba de las casas buenas a los pocos dueños que no se habían ido del país, las vaciaba de sus cosas y se las daba a los dirigentes. Decían que Fidel le había dado el puesto.

La de nosotros estaba en la calle 22, número 3704 entre 37 y 41, y el teléfono era 2 5906. Tenía cocina, lavadero, despensa, dos garajes con cuarto de chofer y uno de criado por donde pasó una colección de mujeres variopintas, compañeras empleadas, con la misión de ayudar a Tata para atender aquella enormidad incómoda.

Enfrente estaba el Parque de los Ahorcados, lleno de árboles muy abuelos con largas barbas aéreas, jorobados, torcidos y nudosos por la artritis de ellos.

Allí aparecían colgados los Ajusticiados, me dijeron. Pero después que yo llegué, los colgados se empezaron a llamar suicidas.

Cumplí mis cuatro años bien, y como habían abierto la primera escuela pública en ese trozo de Miramar, allí me pusieron «para que seas pionera», dijo el Hada, que seguía siendo muy proletaria si no tan humilde.

Ahí empezó a teñírseme de tragedia la humillante sensación de ser distinta de las demás gentes. Porque mis compañeritos de clase eran los que vivían en el solar que estaba recostado al muro de atrás del jardín, o en casitas que parecían de muñeca y que estaban en la frontera con el otro barrio de Marianao, que ya no estaba congelado.

Así que le rogué al Hada que, por favor, no me llevara más en el Mercedes Benz a la escuela, que allí nadie llegaba en carro, menos otra «mona» que se llamaba Ivette, y otro más al que le decían mono, igual, y se llamaba Masetti, y seguro a mí me decían mona también. Y que las mamás de los demás eran lavanderas o amas de su casa, que sabe Dios lo que era eso, pero ninguna tenía aretes, ni relojes de oro ni la nariz como la de ella, por no hablar de ojos verdes ni...

Empezó a llevarme Tata a la escuela, y fue peor. Se negó a dejar de usar su uniforme almidonado de hilo blanco lleno de alforzas.

—¡Yo no tengo mucha más ropa que ésta, niña! —decía.

Era verdad, porque le registré el escaparate.

—Mami, por favor, ¡dale a Tata ropita nueva, anda!

—Mira, Alina. ¿Ves esto que tengo puesto? Fue una saya, hace diez años. Juana la descosió y la convirtió en vestido. A mí no me queda mucha ropa tampoco.

¡Verdad! Es que ella, aunque anduviera sin medias y zurcida parecía una reina.

Lo peor es que a mí sí que me quedaban bien las batas de olán de hilo y organza que habían sido de mi hermanita gusana, y que Tata almidonaba con premeditación y planchaba con alevosía, hasta convertirlas en un montón de merengue volátil, así que para colmo llegaba a todos los actos de la escuela o a los cumpleaños en el solar ataviada de otra época.

Y si la fiesta era de disfraces, no me quiero ni acordar. Había heredado un traje diseñado por el mejor vestuarista de teatro de la isla, especialmente confeccionado para mi hermana en otros tiempos, de raso verde con paillé de lentejuelas negras, zapatillas de baile y un tocado de cabeza con antenas que se ajustaba al cráneo: era un traje de grillo. Así que cuando no era distinta, estaba haciendo el ridículo.

Y lo de ser distinta, para mi humillación, no se arregló cuando empezaron a decirme la Zurda. Escribía las letras y los números al revés, y la compañera educadora no podía leer las libretas si no las ponía delante de un espejo.

Eso me lo quitaron, pero lo de zurda ni hablar.

Cuando Fidel volvió, volvieron también los Reyes Magos, que eran mentira, y regresó la comida, que era muy cierta. Aunque él no venía casi todas las noches, como antes de acusar al Hada por gusto, uno podía sentirlo como un manto tibio dándole calorcito a la casa.

Hasta abuela Lala extravió la jeringuilla.

El soldadito regresó con la cantina, y traía además mantequilla rancia, una caja de yogur de coco abominable, carne, maíz y malanga «de la granjita del Comandante» que sacaba tiempo entre aplauso y aplauso para sembrar sus cositas.

Hasta turrones para Navidad trajo el soldadito, por orden del nuevo jefe de Escolta, José Abrantes, que se llamó enseguida tío Pepe y era un trigueño amoroso, que gustaba de hacerme resbalar por sus rodillas.

Pero ya se me había pasado la curiosidad gastronómica del estómago, como les pasa a todos los duendes que estudian para elfos.

Lo de los Reyes regalones y lo de la abundancia de comida trajo lío, porque no podía invitar amiguitos de la escuela a mi casa. Aunque sus padres supieran dónde estaba escondida la Bolsa Negra, ahí el turrón, la mantequilla y el yogur no habían llegado todavía, y en casa me dictaron una ley de Omertà[5] para esas y muchas otras cosas. No podía mencionar que tenía tocadiscos para que no me lo pidieran todo el tiempo en la escuela, ni usar la bicicleta china nueva de los Reyes Magos de tío Pepe Abrantes, que se quedó escondida en el garaje.

La verdad es que en casa no estaba cómoda y me gustaba emigrar a la de Ivette, que tenía una madre tan bella como el Hada pero que era ama de su casa y siempre estaba ahí.

Allí mudé mis cuarteles y tenía fines de semana en familia, con padre, madre, abuelos, perra y hasta hermana mayor. Íbamos a

Santa María del Mar, esa playa bendecida a menos de veinte minutos de La Habana. Nos poníamos la trusa en casa del padrino de Ivette, y al agua, hasta que salíamos arrugadas.

Allí iba Fidel a bañarse algunos domingos, y esa parte de la playa también estaba congelada, aunque suene raro.

Se veía cuando llegaba porque unos esbirros malencarados registraban todas las casas de los alrededores y un ratico después venía a buscarme uno de ellos y me llevaba a la casa de él, que, por así decir, estaba vacía: no había otros niños. Ni retratos en las paredes. Nada más que tipos duros. Hasta me daba pena y empezaba a darle cariño al Comandante, que lo absorbía un ratico hasta que me mandaba de vuelta.

A la mamá de Ivette se le desbordaba el alivio cada vez que regresaba.

—¡Menos mal que no ha pasado nada! —exclamaba soltando aire. Tenía miedo de que cuando yo estaba con él le hicieran un atentado.

Fue entonces cuando vino lo de la Bomba Atómica y Fidel andaba ocupadísimo entre Nikita Kruschov, un viejito como una foca blanca empeñado en besarlo en la boca todo el tiempo, y Kennedy Ojos de Sapo Monroe, el dueño del Imperialismo.

Se formó el alboroto de siempre, pero en vez de «¡Viva! ¡Viva!» o «¡Paredón! ¡Paredón!», la gente empezó con lo de «¡Abajo el Imperialismo!».

El alboroto se llamó la Crisis de Octubre, y parece que el de los ojos de sapo estaba obsesionado con bombardear la isla. El Hada habilitó uno de los garajes como refugio, porque, decía, «en cualquier momento pueden atacar». Era excitante.

Lo más divertido fue que a la gente humilde la vistieron de uniforme y la pusieron a marchar con un fusil de palo en la mano y a cantar himnos y a hacer guardias nocturnas. A los que tenían armas de verdad, se las quitó la policía.

La gente esperaba que le cayera la bomba aquella con ansias locas:

¡Que vengan! ¡Que vengan! ¡Que nadie los detenga!

¡Fidel, Fidel,
qué tiene Fidel
que los americanos
no pueden con él!

Pero a mí me parecía que él estaba triste. No sé. No iba a mi casa ni a la playa y de pronto apareció en la televisión disfrazado con un gorro peludo y espantándose los besos de la foca Nikita.

Estaba en la Unión Soviética, con gente rarísima: hablaban en jerigonza y a los hombres les gustaba el besuqueo.

Fue a partir de ahí cuando empezaron a aparecer los rusos en La Habana. Eran muy rubios, tenían dientes de oro, y olían tan mal que no se puede contar. Miraban a la gente cubana como si fueran transparencias. Metieron en la Bolsa Negra latas de carne rusa y botellas de vodka, y de ahí mismo, de la bolsa, sacaban el oro de ponerse en la dentadura. Por lo menos trajeron unos muñequitos nuevos, con la abuela Baba Yaga y el Viejo Jotavich, que se arrancaba un pelo de la barba y... hacía un milagro. Les gustaba andar en manadas para ir y venir de sus clubes, y los rusitos no iban con nosotros a la escuela pública.

El milagro fue que Fidel llegó a casa de día, como si ya no tuviera que esconderse para hacer la visita.

Venía derechito del aeropuerto, dijo. Y dijo:

—Le he traído a la niña dos maletas llenas de cosas.

También traía las uñas sucísimas, así que aproveché y se las limpié, y le abroché la camisa. Pero las maletas de cosas no llegaron a casa. A Fidel no le gusta pedir perdón, así que le echó la culpa a Celia Sánchez, su jefa de despacho y brujera personal, que ya era culpable de otras cosas feas, como la tarde en que el Hada me llevó al búnker de la calle 11 a ver a Fidel, que estaba enfermo y Celia dio orden de que no nos dejaran pasar, y nos tuvimos que quedar paradas en la calle y fue una humillación.

—Es que Celia se confundió y repartió tus cositas entre los hijos de los escoltas. Esto es lo único que pude recuperar.

Y me dio un bebé, dos bloomers, y un par de zapatos checos, de dos colores... pero también me regaló un oso. Se llamaba *Baikal* y abuela Lala no quiso que viviera en el jardín, así que tenía que ir a visitarlo al Laguito, otra zona congelada. Ningún niño creyó nunca que yo tenía un oso de verdad.

Poco más atrás que los de los dientes de oro, llegó otra plaga a La Habana, pero ésas, muchas, no tenían dientes.

Eran las Makarenko y las Ana Betancourt.[6]

Eran muchachas del campo y con ellas llenaron todas las casas que se habían quedado vacías en los mejores barrios.

Les dieron un uniforme carmelita y zapatones escolares negros como los de nosotros los niños, que eran durísimos, y que muchas de ellas dejaban en las esquinas, optando por seguir su vida descalzas como hasta entonces.

Las tenían siempre marchando en pelotones y cantando sus lemas de Patria o Muerte o Fidel esto y lo otro.

Las casas se empezaron a llamar «albergues», y de albergues cogieron también el edificio Foxa y el Hotel Nacional, que era majestuoso.

Así fue como cambiaron el paisaje, los olores y los ruidos de la ciudad.

Los inodoros rotos empezaron a adornar los jardines de la Quinta Avenida y de todo Miramar, junto con los bidets que ellas arrancaron porque no sabían para qué servían, y molestaban en los baños, que eran para lavar la ropa en las bañaderas.

También a los jardines delanteros fueron a parar las máquinas de lavar, y las cocinas eléctricas y *freezers*, que se abrían como plantas carnívoras, con sus bocas herrumbrosas de salitre. El jardín de atrás tenía otros destinos: cocinar con leña y poner una casita estrecha de madera que eran las letrinas. «Los sitios para hacer pipí y caca que usan los campesinos, porque ellos no tienen electricidad ni agua corriente», aclaraba el Hada.

La verdad es que para entonces nadie tenía mucho de eso: el agua y la luz se iban a cada rato y volvían cuando les daba la gana, pero el Hada estaba encantada:

—Están aquí para recibir educación. Los campesinos han estado oprimidos cientos de años.

—¡Ah!

Yo estaba conmovida. Conmovida y asqueada. Pasear por los jardines del Hotel Nacional era peligroso porque tiraban cosas por las ventanas, hasta unos pedazos de trapo llenos de sangre que pusieron a Tata enfurecida.

Fue Fidel el que dio la mejor explicación, una noche que le pregunté por qué dejaba poner tan fea La Habana.

—Cuando vuelvan a los campos, van a ser las mejores defensoras de la Revolución.

Lo malo es que muchas no viraron y se quedaron de maestras.

Parece que a la Revolución le hacían falta todavía más defensores en los campos, porque siguieron trayendo gente a La Habana. No quedaba dónde meterlos y le pidieron a la población que brindara las casas. El que nos tocó a nosotros tenía un par de orejas traslúcidas y los ojos más tristes que yo había visto. Tenía catorce años.

Me contó que venía de unas montañas llamadas Sierra del Escambray en la provincia de las Villas, que era el mayor de cinco hermanos y que su padre había sido un «alzado», uno de esos campesinos que se pusieron contra Fidel desde el principio. Primero no le creí, porque en Cuba nada más que hay una sierra importante, que es la Sierra Maestra, y contra Fidel no se había alzado nadie nunca, al contrario.

Pero me describió las cuevas donde se escondían los alzados y él llevándoles la comida escondida debajo de la camisa y del sombrero. Me contó cómo habían matado a su tío cuando lo cogieron, y a él y a su familia los iban a mandar a un lugar de reubicación, donde los metían en pueblos prisiones. Y que a él le perdieron los papeles y lo llevaron con un matrimonio que juraron que eran sus padres, lo salvaron de ir preso y lo mandaron con el plan de educación a La Habana.

Me pidió que lo ayudara con Fidel, por favor, que él tenía que sacar a su madre y sus hermanas de esos pueblos prisiones, donde les pegaban. Él mismo vio cómo los soldados le partían la boca a su hermanita Evangelina cuando se la llevaban presa.

Así que le pedí a Fidel que sacara a la familia de ese lugar prisión y no sé lo que pasó, porque Panchito no amaneció en casa.

Pero eso no fue lo único que le pedí a Fidel por esos días.

La gente tenía muchos problemas y buen olfato para encontrar a Fidel. Lo velaban en los bajos del Hotel Hilton porque sabían que le gustaba el piso veinticuatro, pero él se les escapaba por el parqueo subterráneo. Lo velaban en la calle 11, pero una escolta armada cerraba las cuatro esquinas. No demoraron en velarlo delante de mi casa en las madrugadas, y allí estaban a la mañana siguiente de las visitas.

Esperaban que yo saliera a jugar al jardín y se me iban acercando por turnos desde una cola disciplinada.

—Niña, por favor, dale esta carta a Fidel.

—Y ésta.

—Y ésta.

Le entregué un par de remesas que él se embolsilló. Empezó a dejarlas en la mesa al lado del butacón reclinable que se había hecho poner en el salón del cuarto del Hada, y ella fue la que me dijo que me dejara de pesadeces, que el hombre no podía resolverlo todo con lo ocupado que estaba.

Ya lo sabía yo que estaba ocupado y que tenía ocupado a todo el mundo en la emulación socialista, los trabajos voluntarios y las concentraciones en la Plaza, pero empezó a parecerme que Fidel era malo. El corazón se me encogía de pena por aquella gente, y aunque les seguía vendiendo limonada, que me hacían falta mis centavitos para la merienda y ellos siempre tenían sed después de estar parados ahí tanto rato, empecé a esconder sus miserias por mi cuarto, debajo del colchón, entre las sábanas recién lavadas y en todas las zonas oscuras y olvidadas de los escaparates.

Eran cartas que hablaban de padres, hijos y hermanos fusilados por Raúl o el Che. De gente desposeída de todo lo que tuvo: una farmacia, una ferretería, un par de casas. De esposas que no conseguían la salida del país para ir a reunirse con sus esposos en el exilio, y de hijos, madres y padres, que en el exilio esperaban la llegada de los suyos, enfermos en la isla. Un rosario de tragedias.

Cuando Tata me despedía del día y el Hada se rendía a su cansancio continuo, extirpaba aquellos suspiros póstumos de esperanza y leía hasta caer rendida por el peso de la tristeza ajena.

Eso fue lo que leí desde que me enseñaron a leer, mezclado con las *Memorias* del conde de Romanones, dos o tres libros viejos que dejó mi hermana, y el periódico semanal *Pionero*, que era una birria. Y he seguido leyendo como una azogada el resto de mi vida, buscando a ver si encuentro alguna cosa buena que haga bien. Pero nada.

Celia Sánchez Manduley, *la Venenosa*, ejercía sobre el Hada una fascinación irreverente. Conocida por ser la jefa de despacho del Comandante, por haber luchado «junto a Fidel en la Sierra», y menos conocida como su brujera oficial, encargada tanto de sus prendas íntimas como de las ocultas, aquella bruja tenía su estilo.

Apretaba las greñas prietas en una cola de caballo, a un lado de su cabeza puntiaguda. Unas pulgadas de sayuela de encaje le resbalaban siempre por debajo de los vestidos, y remataba las canillas con un par de escarpines metidos en tacones de aguja. Su sentido estético se hacía evidente en algunas instancias públicas, como la policía femenina de transporte, apodada las Cotorritas gracias a un uniforme ecléctico donde se mezclaban todos los colores estridentes de su mal gusto.

Mucha gente le debía ascensos meteóricos o caídas sísmicas. Centrifugaba a cualquiera que le robara un trozo del Comandante. El Hada y yo éramos un par inconveniente. Por eso no me extrañó, cuando nos llegó el ukase de partir para París, que el Hada comentara:

—Esto es cosa de Celia.

Se sintió condenada sin apelación.

De modo que Fidel le explicó su misión, le entregó generoso quinientos dólares para ropa y otros gastos indispensables de instalación, me dio un beso, se despidió y se esfumó en la noche, dejándola sentada con una expresión de sorpresa inolvidable que no era para menos, porque bajo la fachada de primer secretario de la embajada de Cuba, tenía que hacer una investigación exhaustiva de todos los secretos de la industria química francesa. Ella sabía de química tanto como yo de trigonometría. Pero para el Hada vivir es cuestión de ideología.

—Mami, ¿los franceses hablan como nosotros? —pregunté.

55

—Pues no. Es otro idioma —respondió, y le salió un ruido de la garganta que sonaba a bronquitis.

La educadora Lilia me dio clases particulares para acelerarme el tercer grado y abuela Lala me llevó a Juana la modista.

Fue agotador.

—¡Así no, chica! ¿No ves que se arruga y no cae como es debido?

La pobre Juana la miraba sobrecogida y movía la cabeza con la bemba llena de alfileres, que mi abuela disponía en los dobladillos y las pinzas como un general de brigada dispone a sus hombres.

El Hada y yo nos despedimos de unas hermanas de Fidel que eran amigas de ella: Agustina, que en vez de muebles tenía pianos de cola porque su marido era concertista, y era muy pobrecita. Angelita, que vivía en una finca enorme de Capdevilla con su hijo Mayito, y Juanita, que se volvió gusana en esos días.

Pasé una tarde entera de despedida con el tío Pedro Emilio, que era poeta y siempre le gustó que lo ayudara los domingos a completar sus versos.

Después me arranqué del corazón a Tata y a mis amigas del alma, Ivette y Tota *la Gorda*.

Subí al avión con la fatalidad alerta y resignada, aunque iba para el lugar de donde vienen las cigüeñas con los bebés colgando de los pañales y había castillos enormes, donde vivían las princesas y los reyes opresores y por eso les habían inventado la guillotina.

En el avión, la única que iba a robar secretos no era el Hada. Se subió también una hornada de mulatos nuevos que iban a París para sonsacar los misterios de la fermentación de los yogures y los quesos, que Fidel necesitaba saber perentoriamente.

Todo el mundo iba a algo, menos yo, que iba para satisfacer el sentido secreto de mi karma. No demoró nada en manifestarse:

—¿Necesitas algo? ¿Quieres un refresco? —Era el camarero joven y lindo, y yo estaba de mal en peor.

—No, gracias. Tengo una pelota aquí en el cuello y me duele cantidad.

—¡Pa su madre! Eso tiene que ser paperas. Yo no vuelvo a acercarme por aquí.

El chiquito estaba desperdiciando el ojo clínico sirviendo bocaditos en un avión, porque tenía razón. Al otro día estaba yo en Madrid acostada, con la cara deforme y una fiebre equina, y era la primera vez que me enfermaba sin Tata. El Hada no sabía qué hacer, parada ahí delante de la cama.

Pero eso no fue lo peor. ¡Querían ponerme el termómetro en el fondillo! ¡Vaya si eran puercos! Pero ¿quién ha visto semejante cosa?

Cada uno andará con el suyo personal, digo yo, que no es lo mismo compartirlo debajo del brazo que de trasero en trasero. Y si fuera sólo el termómetro; creo que hacen supositorios hasta de la aspirina.

Gracias a Dios que el Hada era incapaz de tocarme muy a fondo. Después de todo, gracias a Dios que Tata no andaba por ahí, que ésa sí que no se deja meter cuento. Escondí el arsenal de supositorios debajo de la almohada y tuve unas paperas monumentales que me tomaron tres lados de la cara.

La ciudad de París era linda, pero aquel armatoste de hierro en el medio lo echaba todo a perder, aunque eso no se podía decir delante de ningún francés porque no son gente paciente. Dicen que fue comiendo caracoles como lograron imponerle menúes y maneras insuperables al mundo entero.

Fuimos al Hotel des Acacias en la rue des Acacias y no había ducha en la habitación y menos un bidet, así que para poder asearnos el Hada compró un aparato de lavados intestinales que echaba agua colgado de la pared.

También tuvo que comprarme ropa. Quería tenerme siempre elegante con poco, y decidió que todo tenía que combinar con todo. Carmelita, verde, azul y gris oscuro combinan de lo mejor pero lucen opacos, tristes y requemados. ¡Y dale otra vez con los zapatos de dos colores!

Después de escogerme ropa, escogió un hábitat. Quedaba en la Avenue Foch, cerca de la embajada. Lo rentaba una marquesa interesada en la higiene corporal, porque el baño era la pieza más grande.

Una vez instaladas me escogió un hobby el Hada, que dice que la mente tiene que estar ocupada.

—¿Qué cosa es un hobby?

—Un hobby es a lo que uno le dedica el tiempo libre. Tú deberías coleccionar sellos. Es muy interesante. Empieza por coleccionar los de flores y banderas.

¡Qué horror! Y eso que ella criticaba a Lala Natica por la manía de escogerle los zapatos y la cartera que usaba de soltera.

A continuación me escogió una escuela.

—Se llama pensión Clair Matin y queda a veinticinco kilómetros de París. Mañana te llevo.

No me atreví a preguntarle cómo iba a ir y volver todos los días desde tan lejos.

¡En tren! Rapidísimo. Así llegamos a Saint Germain-en-Laye un domingo atardecido. Ella llevaba una maletica de mimbre del tamaño de una cartera grande.

La pensión quedaba frente a un muro gris con un cartel de *Danger*.

—¿Qué cosa es *danger*?

—*Danger* quiere decir «peligro».

El aura se me puso más gris que el muro y una señal de catástrofe inminente me agarrotó la espalda.

Al Hada la esperaban las dueñas de la pensión, una gordita canosa y rubicunda y una mujer seca y dura como un sarmiento.

Le entregó la maletica a una joven malencarada que me habló con esas gárgaras que hacen ellos.

—Yo no voy a dormir aquí, ¿verdad? Dime, mami. Mami, ¡por favor!

—Ve con Michèle, hija. No queda más remedio...

Claro que sí quedaba remedio. ¡No me iba a contar ella que no había una escuela cerca del baño ese en que vivíamos!

Lo único que le saqué fue la promesa de buscarme al sábado siguiente para que pasara el fin de semana con ella.

La Michèle me llevó arrastrando a un cuarto con tres camas. Yo seguía con la pataleta y se le fue acabando la paciencia: me viró la cara con el primer bofetón que me han dado en la vida.

Estuve berreando hasta que se me secó el alma.

Cuando el fin de semana siguiente el Hada volvió, yo había dado el viaje de ida y vuelta del bien al mal y la había perdonado.

Una buena rutina vence al agobio de las penas. Iba y venía de la escuela pública todos los días, que eran muchos kilómetros, y como no había clases los jueves, ¡bendita Francia!, ése era el día que me tocaba bañarme con Tamara en la bañadera, que dejábamos llena con un engrudo grisoso de jabón cortado y churre. Pero me tuve que acostumbrar porque las veces que me cogieron bañándome escondida, me encendieron las posaderas.

Todos y cada uno de los días le escribía al Hada embarrándole de lágrimas la tinta de las súplicas. Ella contestaba en sobres con sellos de flores y de banderas para mi filatelia. En su corazón nada más que cabía la industria química.

Una vez fue De Gaulle al pueblo y los niños a recibirlo y tirarle flores en fila. Cuando pasó dando la mano, le agarré la izquierda y me sentí heroína. Llegué jactándome a la pensión, donde se burlaron:

—¿Una comunista dándole la mano a De Gaulle?

Y yo que nada, que a mí me había tocado la izquierda.

Pero las burlas y lo de defender el comunismo y al pobre Fidel de todos los chistes era también rutina.

Hacían juegos de palabras con su nombre y se burlaban del uniforme sempiterno.

Al Hada la paraban por la calle para preguntarle si yo era hija de Chaplin. Me parecía a Geraldine, decían. Parece que Chaplin tuvo hijos con algunas americanas bellas. Pero el Hada les contestaba que mi padre era un clown más importante que Chaplin. Para mi confusión, porque nunca vi a Papi Orlando vestido de payaso.

En la pensión me hacían comer alcachofas y dulce de ruibarbo aunque vomitara, y no importaba que tuviera triturado el ánimo, la identidad y la confianza, porque yo vivía para mis fines de semana con el Hada, que andaba rompiendo corazones en París, perseguida por una horda de pretendientes de todas las edades y nacionalidades. Eso me puso astuta con el pretendiente italiano industrial de Milán, que le mandaba las docenas de rosas y que me daba billetones nuevos de cien francos en monederos de seda, con tal de que le pusiera al Hada al teléfono, o de que le abriera la puerta cuando ella se hacía la que no estaba. Hasta le hice un poquito de presión para que se dejara querer, pero ella, negada:

—Cada vez que me toca la cintura con esa mano temblorosa me empiezo a morir de asco.

Gracias a la prodigalidad de Egidio, almacené cositas buenas para la isla: una piscina plástica gigante para el jardín y una casa de campaña de rayas azules y blancas para ir a Santa María del Mar los fines de semana. Un juego de química con probetas, compuestos y mechero, y uno de biología con láminas portaobjeto y un microscopio.

El fin de año fue lo mejor, cuando apareció Lala Natica en la pensión y el Hada nos llevó en el Mercedes Benz, que había hecho el viaje por mar desde la isla y lucía una flamante chapa diplomática, hasta Normandía, donde tenía que engatusar a André Voisin, el científico que inventó el pastoreo intensivo de las ovejas, para que fuera a Cuba invitado por Fidel y lo ensayara con las vacas cubanas.

De repente, el Hada me apresuró el regreso.

Resulta que había otra amenaza de bombardeo contra la isla y un rumor pernicioso le había llegado de que ella, con su madre y su hija, iban a pedir el asilo en Francia. Eso la probidad del Hada no lo permitiría, tanto más que todos los diplomáticos cubanos en el exterior se estaban asilando, como Cabrera Infante en Londres. Ella no quería que la compararan ni en el pensamiento con los traidores. Como no podía regresar sin terminar su misión de espionaje químico, ¿qué más iba a querer la maldita gente para meterse la lengua en salva sea la parte, que ver a su madre y su hija de regreso?

De la noche a la mañana se me acabó la pesadilla y empecé a tener fe en los milagros.

¡Qué buena fortuna abrazar a mi Tata *chérie*! Y retomar su dulce costumbre de calzarme en la cama para sacarme despacio el embeleso del sueño.

Fidel fue a recoger sus regalitos la primera noche: dos pistolas de cristal tallado llenas de whisky, papeles y otra maleta de quesos, porque la primera que le mandó el Hada había acabado en el jardín del historiador Le Riverend, abierta a tiros por la policía secreta, a quien el pobre avisó cuando aquello empezó a hincharse y a oler endemoniado, y se le desparramó por el jardín una horda de gusanos galos, que abrieron las sombrillas cuando se vieron bajo el sol de la isla.

Le enseñé el juego de yakis francés, que es con huesitos y sin pelota. Estuvimos jugando en el suelo hasta que saqué el microscopio y las probetas, y todo mi instrumental de médica futura. Quiso saber inmediatamente de dónde había sacado el dinero. Le encantó lo de hacer pagar caro al italiano su pasión por el Hada.

—Tú vas a estudiar química industrial. ¡Acuérdate!

La idea no me gustó nada, pero primero muerta que molestarlo. ¡Si hasta pensaba que nos había mandado para Francia castigadas! Por culpa de mis cartas y mis quejas de La China[7] indecente que sacaba a la gente de sus casas, y de mis historias de niños presos.

¡Qué va! Tenía que tratarlo con dulzura, como el Hada, o como trataban las cortesanas a los reyes de Francia, que eran todo sonrisa y nunca mencionaban los asuntos de Estado. Cuando quiso cariño se acomodó en el sofá y reclamó su limpieza y corte de uñas.

No le gusta el café con leche en taza, así que le traje un vaso panzudo y alto. Se abrió el uniforme y se relajó tranquilo, chupando su tabaco.

Me gustaba estar en sus rodillas. A los amigos del Hada no les gustaba que me les subiera a las rodillas. Se ponían incómodos, pero él, no.

Pasamos buenas noches durante los cinco meses que faltaban para que llegara el Hada después de terminar su misión francesa. Me fascinaba esperarlo despierta, pero Lala Natica detestaba las visitas nochescas. Fidel es un ser de la noche.

—Ese hombre no tiene una sola buena costumbre.

Malo fue cuando volví a la escuela, tan educada yo, pedantísima, levantando la mano para pedir permiso, y la maestra que no sabía si era alguna epilepsia o qué, y los niños preguntándome todo el tiempo si estaba acatarrada, porque andaba con la huella del francés atorada en la garganta.

Aquello duró semanas. Menos de lo que tardé en darme cuenta de que había regresado más distinta que cuando me fui, y que un pedacito mío iba a estar para siempre miles de millas mar atrás, como si en la Francia aquella se me hubiera colado un espíritu segundón y molesto, que me metía canciones de Jacques Brel o de Brassens en la cabeza y fábulas de La Fontaine, cuando tendría que andar coreando los himnos y los lemas pioneriles.

Estaba en el quinto grado y me habían saltado el cuarto. No me enteraba de nada. Menos de Historia de Cuba y de Geografía que eran más sencillas, porque lo habían reescrito todito. El historiador Le Riverend daba un salto mortal desde los indios taínos y guanajatabeyes, empalados y quemados por los salvajes de la cristianización, hasta los logros de Fidel y la Revolución, haciendo hincapié en la mala influencia del Imperialismo. La historia empezaba hacía poquito, en el asalto al cuartel Moncada.

Pero no podía tomarme en serio a un señor que había ejecutado a tiros una maleta de quesos.

Núñez Jiménez no pasó mucho trabajo reescribiendo la geografía de Cuba, porque estaba igualita que en el libro viejo que dejó mi hermana.

Las únicas novedades eran que había que aprenderse en los mapas los lugares en que habían estado los rebeldes con Fidel y que él solito, Núñez, había descubierto el origen de la isla, que parece ser un montículo de caca de pajarito y basurita que las mareas y la corriente del Golfo han acumulado ahí en el ombligo y llave que divide a los continentes. Por la televisión seguía Fidel como siempre, pero ahora nada más que mencionaba «la inseminación artificial». Cosa rara.

El Hada había convencido a André Voisin de ir a Cuba, y al pobre viejito la impresión de verse recibido y agasajado por el Líder le paró el corazón de un infarto fulminante. Dice la viuda, que sigue yendo todos los años a saludarlo al cementerio de Colón invitada por el gobierno, que a su marido lo mató la alegría.

Fidel produce extraños efectos, y estaba aprovechando esa cualidad con las vacas para que parieran nuevas especies. Quería crear la vaca nacional. Decía que el Holstein canadiense cruzado con cebú de la India tenía mucha carne y más resistencia al clima. Hablaba de genética durante horas, manteniendo a la gente en un silencio de veneración al genio que había creado las razas F1, F2 y

F3, con F de Fidel, donde estaba la futura carne del pueblo. Uno se sentaba tranquilito a esperar los muñequitos rusos del Viejo Jotavich y salía una vaca «inseminada por técnicos cubanos graduados en la Unión Soviética». Le levantaban el rabo y le metían por el culo hasta el hombro un brazo enguantado. El bicho soltaba un mugido de espanto, hasta que le sacaban de adentro el brazo ensangrentado.

Yo que me quejaba del termómetro francés...

Eso y poco más sabían mis amiguitos, y eso y poco más podíamos compartir, porque no iba a prestarles mis muñecas Barbies, que me daban vergüenza de tan capitalistas. Ni podía prestarles el montón de libros que había traído de Tintín y del Club des Cinq, que estaban en otro idioma.

Es malo ser raro de niño. Gracias a Dios tenía mis adminículos. Monté un *laboratoire* en el cuarto del *chauffeur* encima del *garage*. Ahí me refugiaba, con el libro de fisiología donde estaban los Syrenomelus Simpus Dipus, los pigópagos y los cefalotoracópagos, junto con el primer hombre que había soltado leche por las mamas en toda la historia de la medicina, junto con cien más que no daban leche. El padecimiento se llamaba ginecomastia.

El Hada demoró pues cinco meses en volver de Francia con la satisfacción del deber cumplido. Casi *master* en Química Industrial. Se había ocupado del bienestar de los queseros mulatos y hasta de la orquesta de Pello el Afrocán en París, para que no los fueran a tratar como a basurita musicológica comunista. Había desenterrado del fondo de Normandía a André Voisin para satisfacción de Fidel y alegría de las vacas cubanas, que vivían en una orgía de hierba continua gracias a la teoría del «pastoreo intensivo». Por eso desconozco por qué Fidel no volvió. No quedaba aguardiente para hacer invocaciones de brujería. Tuve que quemar los únicos tres pelitos de su barba que tenía guardados, a ver si hacían milagros como los del Viejo Jotavich, pero nada. Pasaron más de ocho meses antes de que acudiera para recibir las guirnaldas de la derrota del Hada. De los nuevos quesos mechados y más allá de Francia, de Italia, que ella había importado a la isla en su tercera y última maleta, buscando nuevos horizontes para aquellos mulatos aprendices en París, no quedaba ni la memoria olfativa.

Así que esa noche los dejé solos, porque no digo yo si ella le tenía no uno, sino mil discursos por cada madrugada que se había quedado levantada velándole la visita, angustiada porque no tenía un trabajo y, como siempre, no había en la isla un solo ser humano capaz de ubicarla sin la intervención de Fidel.

Al otro día amaneció con dos noticias:

—Fidel me ha nombrado jefa de Documentación e Información del Centro Nacional de Investigaciones Científicas, y voy a rehacer mi vida —le dijo a Tata.

Era la jefa de la biblioteca del CNIC.

Parece que la vida se rehace mejor con marido. Poco después se casó. El de ella era uno muy buen mozo pero que andaba siempre aplastado. Como un buen camaleón macho, se confundía con el color de los muebles del salón, que es donde lo recuerdo, porque allí una tarde lo vi comerse una tajada de melón fresco y el rojo lo hizo visible.

Al año estaban divorciados, y ella pudo dedicarse al trabajo.

Andaba de reunión en reunión el Hada. Se le había metido en la cabeza hacerle frente a una oscura conspiración que Celia Sánchez había montado para que no la eligieran miembro del Partido Comunista. Para verla tenía que visitarla en la oficina.

Uno entraba allí y lo primero que veía era una negra embarazada, que era la secretaria, durmiendo en un sofá con las patas en alto, y a mi madre pasando de su mesa a la de la secretaria, sentándose en ambas alternativamente a hacer el trabajo de las dos, con un dedo en los labios para pedir silencio y respetarle el sueño.

Me gustaba el laboratorio de genética, más conocido por el Circo, «porque qué otra cosa pueden ser un jorobado, un cojo y una enana», decía de sí mismo el equipo científico.

Tenían un tanque enorme lleno de fetos y me dejaban escoger y llevarme los que me daba la gana para encima del garaje, donde los metía en fórmulas de mi invención, encerrados en pomos de bocal ancho sellados con cera. Ellos eran mis homúnculos, mis súcubos y mis íncubos.

El mejor amigo del Che, el doctor Granados, me convirtió en su ayudante. Tenía un plan para engordar infinitamente a los conejos. Les ponía anestesia general, los fijaba en una camilla y con un electrodo les mataba el núcleo de la saciedad en el cerebelo.

Pero el método era muy caro, le dijeron. Y la mayor parte de los conejos, en vez de engordar hasta parecer perros, se quedaban dormidos para siempre. Menos mal, digo yo, que al doctor amigo del Che le dieron para trabajar conejos en vez de gente.

Una mañana llegó al aula una convocatoria de la Escuela Provincial de Ballet.

Cuando me aprobaron, empezó la mejor época de mi vida.

Estudiábamos idiomas y música, y los fines de semana íbamos al ballet de Alicia Alonso.

No se marchaba ni se aprendían lemas, y el uniforme no era a lo Mao Tse Tung sino de saya negra y blusa blanca.

Me puse flaca y estirada, con la cabeza llena de trencitas apretadas y las punticas de los pies abiertas para caminar como Charles Chaplin. También me puse tontísima, como se ponen todos los niños alumbrados por una vocación temprana.

Yo estaba en el país de las maravillas; al mediodía venía Tata con el almuerzo, negada a que comiera comida fría hecha por la mañana, aunque ella tuviera que someterse a la tortura de las guaguas.

Cerca estaba la heladería Coppelia, otro plan de Celia Sánchez. Había que hacer horas de cola porque era la única heladería en la isla y la gente venía desde el interior a probar un helado, pero valía la pena, con sus helados de cincuenta y cuatro sabores... Hasta de aguacate y de tomate había, figúrense.

Fue por entonces cuando el corazón se me metió a poeta, y como la realidad es imprevisible, no fui yo la única sorprendida: el Hada casi se me cae de nalgas. Tuvieron la culpa los neologismos que me saqué de Francia y toda aquella tristeza de abandono empozada en el alma.

Ya era hora de que nos pasara algo lindo, y fui y le entregué mi ópera prima.

—Lo hice para ti.

Se quedó impresionada. De lo que resultó que le enseñara el poema a sus amigos los pintores psicodélicos, que habían profanado con intenciones de puntillismo abstracto casi todas las paredes y la superficie de numerosos muebles de la casa, y que trataban al Hada como si fuera un mecenas. Movieron sus influencias y me lo publicaron en el semanario *Pionero,* la birria que salía los domingos.

Y fue en domingo cuando me despertó el ataque de amor incondicional de mi amiga Tota *la Gorda,* que me sacó del sueño aplastando la escalera con la furia intemporal de los Placatanes para azotar la Tierra:

—¡Alina! ¡Alina! Mi amiguita linda. ¡Levántate! ¡Si estás en el *Pionero* con foto y todo! ¡Ay mi flaquita preciosa! —Quién oyera decir lo mismo a estas alturas de mi edad sobrepesada...

Y se me tiró arriba.

Una cosquilla me subió de los pies a la cabeza pasando por el vientre y me sumergió toda. Exploté en una mezcla de risa y llanto, y aunque parezca la descripción de un orgasmo, fue un apogeo de angustia.

La alegría y la tristeza tienen puntos convergentes, y a mí casi me mata el pudor esa mañana en que el Hada me dio aquella sorpresa, donde todo mi amor confidencial quedaba traicionado.

La foto era la que me tiró Alberto Korda en la Tribuna, una de esas malhadadas tardes en que Fidel mandaba invitaciones para ir a oírle de cerca los discursos. ¡Vaya que lucía estúpida y cansada!

Pero eso no era lo peor. Era la biografía: «Alina habla francés y juega a las muñecas...» ¡La tarada perfecta! La burguesita, vaya.

Cuando me saqué a Tota de encima una fría determinación me avasallaba: no voy a la escuela más nunca y así se lo digo al Hada y ya está.

—¡Tata! ¡Tata! ¡Mira lo que me ha hecho mi madre! ¡Mira!

Tata le echó una ojeada al periódico.

—Bueno, ¿y qué?

Mi tragedia no trascendía su noción impertérrita de la vida.

El Hada llegó bien entrada la tarde, en un vestido de guinga a cuadritos diminutos blancos y rojos, de bolsillo subrayando los pechos y falda acampanada bajo un cinturón blanco, en ordalía estilística de los años cincuenta. Parecía arrancada de una revista.

Se bajó del Mercedes y ahí estaba yo, coordinada con *Guarapo,* el perro, cuyos ladridos de adivinación coincidían siempre con mi premonición alegre de que ella venía llegando...

¡Ladina! Se lo había estado guardando como un mes. La llevé protocolarmente a su salón, le puse música de fondo y la acomodé en el reclinable de Fidel, donde ella nada más se sentaba cuando quería entrar en comunicación esotérica con él.

—Tengo que hablar contigo —dije. ¡Oh frase tabú! La pobre, lo único que le faltaba era llegar a la casa y tener que sentarse a oírme, niñita encantadora, niñita mía, pero estoy tan cansada...— ¿Por qué? ¿Por qué me has hecho una cosa tan horrible? ¿Cómo no me lo dijiste?

—Ay Alina, tienes razón... Tenía que habértelo dicho antes, mi *nenée,* pero no quería ser yo quien te diera la noticia.

—¿Ah, no? ¿Y tenía que dármela Tota *la Gorda*? ¿Quién más lo sabía?

—Qué sé yo. Un montón de gente, supongo.

—¡Vaya! ¡Si se lo habías contado al mundo entero menos a mí!

—Trata de entenderme, Alina. Estaba esperando que te lo dijera Fidel. Hace tantos meses que no viene por casa... Supuse que estaría al aparecer...

Vaya, ¡si hasta el Comandante tenía conocimiento de mi desliz poético! A ese paso me ganaba el premio Casa de las Américas.

—No te lo voy a perdonar nunca.

—No le hagas esto a tu mami, por favor. No me levanto de aquí ni tú te mueves hasta que te lo haya contado todo.

Y esto fue lo que el Hada me contó:

«Te acuerdas todavía de la casa de 15 y 4, ¿verdad? Teníamos todo aquello. Vivíamos bien. Sin preocupaciones. Natalie iba creciendo saludable y linda... Yo trabajaba en la ESSO Standard Oil. Aunque hubiera podido quedarme en casa y pasarme la tarde jugando al bridge y al tenis y tomando cocteles como la mayoría de aquellas amigas mías, que ni sabían hacer otra cosa ni les interesaba. Pero ya sabes que no puedo vivir sin sentirme útil. Has oído hablar en la escuela de Batista, el sargento que fue escalando hasta que se volvió presidente contra la voluntad de los cubanos. Pues bien, no había llegado al poder todavía y ya estaban apareciendo muertos en las calles.

»Anuló el poder civil con la fuerza militar y hasta las huelgas terminaban en sangre.

»Una mañana amaneció un muchacho muerto casi frente a la casa. Lo habían asesinado los esbirros de Batista. Lo habían despedazado antes.

»Creo que eso me abrió los ojos porque empecé a ver con más claridad a toda la gente que vivía sin sueños y a los miles de niños que crecían sin esperanza de salir de la pobreza.

»Por entonces se oía hablar mucho de Eduardo Chibás, que era un hombre de honor y tenía una consigna muy bonita para hacer algo por Cuba: "Vergüenza contra Dinero." Él decía que los gobernantes no deben hacerse ricos abusando del pueblo ni robándole al pueblo. Tenía un partido. Ortodoxo, le llamaba. Habría sido un buen presidente. Alertaba contra el poder creciente de Batista.

»Eddie Chibás tenía un programa de radio. Una tarde acusó públicamente a un ministro de robar fondos públicos y prometió probarle su acusación al pueblo. Por alguna razón, no pudo hacerlo y, por sentido del honor, se suicidó. Eso fue en agosto del 51. Yo estaba oyendo el programa cuando se disparó.

»Esa noche no pude dormir y a la salida del sol me vestí de negro y fui hasta la emisora. Había sangre por todas partes. Era la sangre de la vergüenza de Chibás. La toqué. Me miré las manos llenas de sangre y supe que si no hacía algo por reparar la injusticia, me iba a sentir culpable toda la vida.

»Tenía que llegar a la oficina de la ESSO. En el camino paré en una cerrajería y mandé a hacer tres copias de las llaves de casa. Eran para los tres líderes más prometedores del Partido Ortodoxo. Una copia era para el candidato a representante, el joven que sustituyó a Chibás en la radio. Era Fidel. No conocía a ninguno. Quería que supieran que mi casa estaba abierta y yo a disposición de ellos y sus familias.

»Fidel agradeció el gesto. No personalmente, sino por transmisión oral, claro. Me hizo saber por cuáles bandas y a qué horas podría escucharlo en la radio. Recuerdo que pasé todo el rato recorriendo el dial sin encontrarlo. En marzo de 1952, el día 10, Batista dio un golpe de Estado y se convirtió en presidente de Cuba. Era un usurpador y un asesino y todo cubano se sintió en el deber de luchar contra él. Empecé a militar en un grupo clandestino de Mujeres Martianas, pero podíamos hacer muy poco.

»Fidel se afirmaba como relevo de Chibás en el Partido Ortodoxo. Ese mismo año nos presentaron. Fue un 27 de noviembre, en un acto de protesta por el fusilamiento de los ocho estudiantes de medicina acusados de profanar la tumba de un militar español y en conmemoración a otro militar español, el capitán Federico Capdevilla, que cuando supo de semejante atrocidad quebró su espada... La policía reprimió el acto quitando la luz. Yo había ido con las Mujeres Martianas y ni idea tenía de que Fidel iba a estar en esa manifestación en la escalinata de la universidad.

»Nos reímos mucho en ese primer encuentro, y él me reiteró el agradecimiento al gesto de la llave. Estaba lleno de energía vital y me pareció muy atractivo.

»Volví a saber de él en marzo del 53. Lo recuerdo porque en esos días perdí mi segundo embarazo. Iba a ser un varón. O tal vez tú misma, que querías nacer antes... Hay que ser mujer para entender esa clase de tristeza y tú no puedes entenderlo todavía. Yo estaba deprimida y triste.

»En esos mismos días, Fidel me hizo saber con mucha humildad su interés de visitar la casa. Contesté que después de las cinco Orlando habría regresado del trabajo.

»No demoró mucho en estar allí. Parecía un visionario, hablando de que había que sacar a Batista del poder por la violencia, porque así era como lo había ocupado, y de la necesidad de un movimiento revolucionario de vanguardia. Decía que no entendía el quietismo de los dirigentes tradicionales que no representaban la tradición de lucha de los cubanos, ni de nuestros ancestros mambises. Lo invitamos a comer.

»Chucha preparó su primer menú en casa: jamón con piña requemado en mantequilla y azúcar prieta, puré de papas y vegetales mixtos.

»Fidel se fue con todo el dinero que encontramos en casa y Orlando consideró cerrado el capítulo. Yo no. A mí se me abrió el horizonte: había encontrado un camino para defender mis convicciones.

—Pero, mami, ¿para qué me estás haciendo este cuento? ¿Qué tiene que ver eso con mi poema?

—¿Qué poema?

—¡Pues el poema que era para ti sola y tú has dejado que salga en el maldito *Pionero*!

—¡Ay *nenée*, parece que estamos hablando de cosas distintas! ¡Claro que sí! Eso es lo que pasa cuando se tienen ideas fijas.

—Déjame terminar mi historia. Al final te doy todas las explicaciones que quieras.

»Fidel empezó a venir a casa cada vez más seguido. Fueron tiempos muy peligrosos. Venía con jóvenes que ni siquiera sobrevivieron a esa etapa conspirativa. Yo los atendía sin inmiscuirme, pero empezaron a consultarme. Fue delante de mis ojos como se creó el Movimiento 26 de Julio. Así empecé a acompañarlos en gestiones y contactos. Un buen día, Fidel me pidió que eligiera la música para transmitir por la Cadena Oriental de Radio el día en que asaltaran el cuartel Moncada. Me pidió que fuera música de arenga, revolucionaria, porque podía haber pérdida de vidas. Me pasé tardes enteras en la fonoteca de Radio Centro. Grabé a Beethoven, Prokofiev, Mahler, Kodaly, Dvorak, Berlioz y el himno nacional, el himno invasor y el *Último aldabonazo,* del programa de Chibás. Una tarde le pedí a uno de los muchachos que me enseñara a doblar la bandera. Era la misma del crespón negro que yo había colgado en la terraza cuando murió Chibás.

» "—Oye, ¿por qué no nos la das? Ondeará en Santiago el día de la acción. La llevaremos con nosotros y será como si estuvieras allí..."

»Yo había mandado hacer un entretecho en la casa de 15 y 4. Allí estaban escondidas las armas del asalto.

»Fidel me llamó una última vez para pedirme las grabaciones y me entregó un manifiesto para que lo repartiera entre las personalidades políticas y de prensa, a la misma hora del combate en el Moncada.

»"—Para que conozcan el porqué de nuestra gesta" —me dijo, y me recomendó que no saliera a la calle con los manifiestos antes de las 5.15 de la mañana del domingo 26 de julio de 1953, para que estuvieran sincronizadas las acciones.

»Nadie, Alina, ni los mismos combatientes, sabían que iban a asaltar un cuartel de la tiranía. Fidel les había dicho que iban a un ejercicio militar de fin de semana. Nada más que lo sabíamos Raúl, su hermano, que iba a asaltar un cuartel en Bayamo al mismo tiempo, el segundo de Fidel, José Luis Tasende, que murió en la acción, y yo.

»Esa madrugada desperté a Orlando y le dije que tardaría unas tres horas en regresar de una gestión para el Movimiento.

»Estaba en casa del director de *Prensa Libre* cuando se supo del fracaso.

»Estaba desesperada. Corrí para la parroquia de El Vedado. Me confesé con el padre Hidalgo y comulgué en nombre de los muertos.

»Orlando y yo nos encontramos en el club Biltmore, como habíamos quedado. Decidimos esperar allí a que pasara la tarde.

»No puedes imaginarte los días que siguieron. La impotencia y el miedo. Se sabía que los sobrevivientes buscaban refugio en las montañas de Oriente, en la Sierra Maestra. Pero ¿qué iba a pasar conmigo?

»En casa habían estado muchos de los hombres. Había empeñado mis joyas para pagar el importe de las armas. Son cosas que no pasan desapercibidas.

»Fue en Lala Natica donde se duplicó mi angustia, ahí donde la ves. Se fue hasta Santiago. En un tren que la estuvo tambaleando días. Quería saber si su hija tenía o no que asilarse. Había oído rumores alarmantes, decía, y la pobre también guardó parte de las armas y papeles para ayudarme. Llegó a los cuatro días y, lo creerás o no, se le había caído todo el pelo. Pero yo me negué a moverme sin instrucciones de Fidel.

»Orlando y yo empezamos a ir al cine nada más que por ver los noticieros. Mostraron vistas sobre los hechos de Santiago: un soldado inclinado sobre una maleta sacaba y tiraba al aire una bandera con crespón negro; era la mía. Y no fue hasta años después cuando supe que otro soldado había llevado a vender dos libros míos, con mi nombre y apellidos y hasta la dirección de casa. Fue la elección cruel del soldado lo que me salvó la vida, porque la compradora fue nada más y nada menos que la madre de Abel Santamaría. A su hijo, que fue el segundo de Fidel en el asalto del cuartel Moncada, los esbirros le habían sacado los ojos antes de matarlo. De manera que la bandera y los libros quedaron fuera de la investigación y no se me implicó directamente en el asalto. Tuve mucha suerte.

»A los muchachos que no asesinaron los capturaron en pocos días y les hicieron juicio. Ya has estudiado en la escuela *La Historia me absolverá*. Ésa fue la genial autodefensa de Fidel en el juicio.

»Lo condenaron a prisión y no supe nada de él hasta cuatro meses después, en noviembre. Estaba cumpliendo en el Presidio Modelo de Isla de Pinos. Allí le hice llegar el mismo menú de jamón con piña, ejecutado por la misma mano. Era una forma de decirle que seguía presente en casa.

»Tuve otra idea, tal vez porque supe ponerme en el lugar de ella: le hice una cartica anónima a Lina, la madre de Fidel. Por eso tú te llamas así: A Lina. Espera que te la voy a enseñar.

Se levantó y flotó hasta su cuarto. Regresó con una cajita de caudales en miniatura y sacó tres paqueticos de sobres amarrados con cintas de colores diferentes.

—Éstas son misceláneas. Éstas son de Raúl. Y éstas, de Fidel.

Las de Fidel llevaban cinta naranja claro y esa tarde supe que el amor es de ese color que se diluye con el amanecer.

Sentadita allí y extasiada con ese cuento de Hadas Heroicas, hubiera eternizado el tiempo. Entendí por qué andaba ella alelada por la vida. Seguro que era dificilísimo estar recordando siempre tanto detalle de hacía tantísimo tiempo, antes que yo naciera y todo.

Leyó el Hada:

—"Me tomo la libertad de escribirle estas líneas porque sé los momentos tristes y angustiosos por los que debe estar pasando, y pienso si tal vez unas palabras inesperadas de aliento la hagan sentirse más resignada y también más orgullosa de su Fidel. No sé cuál habrá sido su reacción para con él, pero estoy segura de que fiel a su costumbre no le habrá negado el apoyo moral y sentimental que sólo una madre puede dar en circunstancias tan inconsolables...

Aunque no los conozco, ni a usted ni a su esposo, ni a Myrta o a los demás muchachos, no los olvido."

»A principios de noviembre recibí una carta de él, censurada. ¿No sabes que a los presos les leen las cartas antes de mandarlas? La tengo aquí. Mira, es ésta.

Querida Naty:
Un saludo cariñoso desde mi prisión. Fielmente te recuerdo y te quiero. Aunque hace mucho que no sé de ti.

Guardo y guardaré siempre la tierna carta que le hiciste a mi madre.

Si has tenido que sufrir por mi culpa en varios aspectos, piensa que daría gustoso mi vida por tu honra y tu bien. Las apariencias ante el mundo no deben importarnos, lo que vale es lo que está adentro de nuestras conciencias. Hay cosas duraderas, a pesar de las miserias de esta vida. Hay cosas eternas, cual las impresiones que de ti tengo, tan imborrables, que me acompañarán hasta la tumba.

Tuyo siempre,

FIDEL

»Así empezó un intercambio de cartas hermosas, Alina. Eran como palomas indómitas que llevaban alegría y paz de uno a otro. Mira esta otra:

Tu carta última la contesto inmediatamente aunque no salga hasta el lunes, es lo mejor, te digo lo que siento, sin pensarlo ni ordenarlo mucho, espontáneamente, bajo la fresca impresión de tus ideas felices y el encanto siempre nuevo de tus palabras... Hoy tengo deseos de escribirte libremente, y al no poder hacerlo me siento muy oprimido. Estas líneas vienen a la vida prisioneras como el que las escribe y ansían libertarse. Quizá sienta esa limitación con más fuerza que otras veces, porque sea como uno de esos días en que triste, angustiado y mortificado por algo, visitaba tu casa, donde me llevaban inconscientemente mis pasos, porque allí encontraba la calma, la alegría y la paz interna...

En el ambiente invariablemente acogedor de tu casa (...) trocaba yo en alegres y animosas, en presencia de un alma plena de vida y de nobleza, las horas que, instantes antes, abatía el desconsuelo en que nos hacen vivir con tanta frecuencia las impurezas de la especie humana (...) Naty, ¡qué escuela tan formidable es esta prisión! Desde aquí termino de forjar mi visión del mundo y completo el sentido de mi vida. No sé si será larga o si será breve, si será fructífera o si será baldía. Pero sí siento reafirmarse más mi convicción de sacrificio y de lucha. Desprecio la existencia que vive aferrada a las bagatelas miserables de la comodidad y del interés. No abjuro sin embargo de mi suerte, ni tampoco mis compañeros, cada uno de los cuales ha sacrificado el pequeño mundo de su vida personal al gran mundo de las ideas. Algún día recordaremos también con alegría las horas de la angustia: mañana cuando las nubes se disipen, salga el sol, suban los muertos a su puesto de honor y se escuche como un trueno sobre el cielo de Cuba el batir de las alas. ¿Ves cómo termina el papel y tu carta interesante en cada párrafo y cada línea queda sin contestar? Prometo esta vez para cumplir pronto hacerlo en otra (...) No quiero que mis cartas se conviertan en un dolor de cabeza para ti, eso es lo que veo a juzgar por las circunstancias de tiempo y lugar en que las escribes.

El censor que revisa nuestra correspondencia es un joven amable, caballeroso e instruido, tal es el concepto justo y desinteresado que me merece.

¿Llegará esta carta el día de Nochebuena? Si en verdad eres fiel, cuando cenes, no te olvidarás de mí por completo, tomarás una copa en mi nombre y yo te acompañaré, quien quiere no olvida,

FIDEL

»Me convertí en sus ojos y oídos extramuros de la prisión. Traté de hacerle llegar todo el sabor de la vida: arena de alguna playa, un calidoscopio para darle un poco de color a esa sombra gris que debe ser una celda. Él pegaba el ala de alguna mariposa extraviada. Yo trataba de llenarle el tiempo. Lo provocaba a reflexionar y abrirse como hace un maestro con un buen discípulo o una madre con un hijo condenado a una larga enfermedad. Le lanzaba preguntas. Fui mandándole una cuidadosa selección de lecturas y lo retaba a comentarlas. Aquí tienes cómo me respondía:

Me preguntas si Rolland hubiera sido igualmente grande de haber nacido en el siglo XVII. ¿Crees que yo habría escrito estas cartas de no haberte conocido? (...) El pensamiento humano está indefectiblemente condicionado por las circunstancias de la época. Si se trata de un genio político, me atrevo a afirmar que depende exclusivamente de ella. Lenin en época de Catalina habría sido cuando más un esforzado defensor de la burguesía rusa; Martí, de haber vivido cuando la toma de La Habana por los ingleses, hubiera defendido junto a su padre el pabellón de España; Napoleón, Mirabeau, Danton y Robespierre, ¿qué habrían sido en los tiempos de Carlomagno sino siervos humildes de la gleba o moradores ignorados de algún oscuro castillo feudal? El cruce del Rubicón por Julio César jamás habría tenido lugar en los primeros años de la República, antes de que se agudizara la intensa pugna de clases que conmovió a Roma y se desarrollara el gran partido plebeyo cuya situación hizo necesario y posible su acceso al poder (...) Sobre este particular me había interesado siempre de dónde le venía tanta influencia romana a los franceses revolucionarios hasta que un día, leyendo la historia de la Literatura Francesa para ti, me encontré con que Amyot, escritor francés del siglo XVI, había traducido del latín la Vida y Obras Morales de Plutarco, cuyos recuerdos de los grandes hombres y las grandes escenas de Grecia y Roma, dos siglos más tarde, sirvieron de referencia a los protagonistas de la Gran Revolución. Pero lo que resulta evidente para el genio político no lo es tanto para el genio artístico. Me remito a la opinión de Víctor Hugo. En el poeta y en el artista vive el infinito. Y es el infinito quien da a estos genios su grandeza irreductible. Esa cantidad de infinito que hay en el arte es ajena al progreso. Puede tener, y tiene, con respecto al progreso, deberes; pero no depende de él. No depende de ninguno de los posibles perfeccionamientos del porvenir, de ninguna transformación de la lengua, de ninguna muerte ni de ningún nacimiento de idiomas. Al tener en sí lo inconmensurable y lo innumerable, no puede ser dominada por ninguna competencia y es igualmente pura, igualmente completa, igualmente sideral, igualmente divina en plena barbarie como en plena civilización. Es lo bello, variable según el carácter de los genios creadores, pero siempre igual a sí mismo. ¡Supremo!

Rolland pudo haber nacido medio siglo antes y ser tan brillante como Balzac y Víctor Hugo; y medio siglo atrás y emular el carácter de Voltaire, aunque exponente de ideas distintas a las de este siglo, del mismo modo que yo diría otras cosas si le escribiera a otra mujer...

¡Ay Dios... qué historia! A mí, la verdad, no me hacía falta tanta tortura lírica para captar lo que se me estaba insinuando en la adivinación, que habían sido muy amigos, pero a ella no había quien la parara a esas alturas, así que empecé a cabecear de sueño y aburrimiento, y desde esa noche me ha sido imposible leerme las cartas del Comandante desde el presidio, que son un montón. Además, después de tanta floritura poética insuperable, ¿cómo le iba a ir yo al Hada con la llantina de mi poemita miserable?

Desde entonces tengo la poesía estreñida, como con la idea de que a la gente hay que mostrarle una caca perfumada y no siempre esas cosas son posibles.

Ya estaba yo mirando el montón de cartas de Fidel que ella estaba dispuestísima a enseñarme, con una especie de *panicus cuncti* cuando saltó de paquete y cogió el de las misceláneas. Así que la mejor poesía estaba en el futuro y esta vez la creación venía de ella:

> Querido Fidel:
> Te escribo bajo la gratísima y dulce impresión de tus cuatro últimas cartas. ¡Cuánto no quisiera tener más libre mi tiempo y mi mente de tantas trabas para corresponder, como mereces, a cada una de ellas! Me siento en todo sentido muy pequeña frente al marco monumental que encierra tu pensamiento, tus ideas, tu cariño, lo mucho que sabes, y sobre todo porque es aún más monumental la forma halagadora y generosa en que quieres y consigues compartirlo con la mayor naturalidad. Me llevas de la mano a través de la Historia (con H mayúscula, como Hombre y Humanidad), de la Filosofía, de la Literatura; me regalas todo un tesoro de sentimientos, de principios; me abres nuevos, inexplorados e insospechados horizontes y, después de todo esto, me quieres hacer ver que detrás de tus ideas y de tus actos se halla esta persona persistente como la conciencia. No, Fidel, toda esa riqueza está en ti y no se la debes a nadie; naciste con ella y contigo morirá. Que quieras y sepas compartirla, eso es aparte. Sería pero muy insincera si no te dijera que me hace muy feliz que seas así y que sería motivo de orgullo para mí que nunca cambiaras.
> Tuya siempre,
>
> NATY

¿Fin? No. De eso nada. Al Hada le faltaban algunos detalles. Que se había ocupado de Myrta, la esposa, y del niño Fidelito para que no les faltara nada mientras él estaba preso. Que cuál no sería su sorpresa cuando el muy censor y muy honesto caballero Miguel

Rives, aburridísimo en el panóptico de la Isla de Pinos, conocida por sus cotorras (que están extintas) y sus toronjas (cuyo carácter cítrico las ha hecho más perdurables), cansado de acidez, de reclusos y de pájaros parlanchines, ideó una forma de entretenerse permutando las cartas censuradas, de manera que Myrta recibió la que estaba destinada al Hada, y viceversa.

Que Myrta llamó al Hada insultante, reclamando su pieza epistolar, que le fue devuelta a giro de correo y sin abrir; pero que el alcance de los sentimientos manifiestos en la que la esposa sí había leído, provocó en ella sentimientos tan tristes que hasta se la hizo leer a sus conocidos.

Y como el honor del Hada estaba en juego, ahí fue donde paró el flujo semántico y el envío de libros y otros mandados, y se sentó a escribirle una carta a Papi Orlando, porque las cosas se dicen mejor por escrito, explicándole que aunque nada había pasado entre ellos todavía, estaba enamorada de Fidel hasta las costuras.

Siguió contándome que Fidel recibió la amnistía y que nada más salir de la cárcel fue a buscarla a la oficina, porque podía estar sólo unos días en La Habana antes de irse exiliado a México. Que la llevó a un apartamento que la tía Lidia Perfidia había alquilado en El Vedado pero que, como en ése no podían estar solos, pues que Perfidia les alquiló el de al lado; allí se encontraron entre mayo y junio cuanto les fue posible.

Y que ahí fue cuando salió en estado de mí.

Estuvo, dijo, siete meses acostada, porque yo me quería salir antes de tiempo. Para entretenerse, le recortaba a Fidel la prensa y fabricaba todo tipo de bicho de papel japonés. Origami, creo. Y dijo que había sido la mejor época de su vida.

—Pocos días después de tú nacer, le mandé a Fidel, que ya estaba en México, una fotografía y una cintica de tu primera ropita. Se dice que se puso feliz y sentimental, y fue cuando te mandó esos areticos que perdiste en París, y a mí unas cositas de plata junto con una nota diciéndome su alegría. Yo volví al trabajo y los mensajes de Fidel se espaciaron, mientras crecían los rumores de un romance con una tal Isabel...

Y en el punto de la traición ponía los ojos de un verde desamparo tan real como el momento vívido de sus memorias.

—Yo no podía largarme contigo para México y dejar a Natalie. Ni él estaba en posición de requerir a una mujer con su recién nacida, cuando ya estaba casi al abordar ese yate descalabrado con que pensaba invadir la isla. No supe de él hasta febrero de 1957. Ya estaba en la Sierra Maestra cuando me mandó de regalo dos balas de calibre 75.

Cuando el Hada terminó su cuento de hadas me tuve que recoger las dos quijadas, la de arriba y la de abajo, que se me habían descolgado juntas. ¿Cómo iba a castigarla por sus ocultamientos cuando ella, con su varita mágica, acababa de convertirme en princesa? ¡A que a nadie le han hecho un regalo así a los diez años!

—Mami, mami, llámalo. Dile que venga ahora mismo. ¡Tengo tantas cosas que decirle!

Tenía un montón de cosas que decirle, que resolviera el asunto ése de la escasez de ropa y de todo y volviera a dar carne por la Libreta; que nos devolviera las navidades. Que viniera a vivir con nosotros, que allí hacía mucha falta.

—No tengo dónde localizarlo, A.

—Entonces, mándale a decir que estoy muy enferma, que me estoy muriendo o algo.

—No puedo. Ya le he mandado muchos recados y es igual. No viene. Pero mira, tú sí que puedes hacerle una cartica. Y de paso le mandas tu poema. Trataré de hacérsela llegar.

Ella, el Hada, trascendió su espacio sideral para convertirse en madre, y para nada sentí el peso agorero de la incomprensión con que iba a mirarla en el futuro. Parecía una niña cansada, ahí sentada, con los hombros encorvados por el peso de sus confidencias y su propia historia, pero con la moral en ristre, enhiesta y elevada.

Inmediatamente empecé mi carrera en el género epistolar. Al otro día empezaron las confrontaciones.

—Ivette, mi papá es Fidel.

—Yo lo sabía, pero mami me hizo jurar que no iba a decirte nada.

Ay ay ay, cómo duele la amistad que oculta cosas.

—Abue, mami me contó que Fidel es mi papá.

—¿Ah, sí? ¡Vaya noticia fresca!

—Tata, Tatica, mi papá es...

—¿Ya te lo soltó? Es como si no pudiera callarse el maldito secreto. Ya bastante daño hizo con eso y ahora te viene a fastidiar a ti... No tenía padre, ¡pero vaya lío que armaban mis dos madres! No se me olvida la que Tata le formó a mami.

¡Que se iba de la casa y todo!

Como Fidel no contestó la carta del poema, le mandé otra con la zapatilla de raso verde del disfraz de grillo que ya me estaba chiquita. El que llegó con el cuento de que estaba muy emocionado fue Korda, el fotógrafo, pero él ni una notica que dijera «gracias», así que seguí escribiendo: cartas de niña dulce, de niña buena, de niña vanguardia de la escuela y de niña brava y triste. Cartas de amante secreta y ofendida, blindadas con presillas.

Pero no pude distraerlo de las vacas para devolvérselo a mi madre.

La única señal del Comandante tardó meses y llegó en la persona de Pedro Trigo. Pedro *Intrigo* era héroe de la gesta del Moncada y gerente de Cubana de Aviación. Estaba lleno de costuras invisibles, como si lo hubieran vaciado todo y rellenado con un serrín villano.

Debía tratar de tío a aquel padre delegado.

Una noche me vistieron con lo mejor y me calzaron con lo único que tenía. Estaba aspirando a emperatriz japonesa y desde hacía tres años tenía los pies metidos en el mismo par de zapatos, porque la Libreta no daba mi talla.

Pedro *Intrigo* estaba exultante y mami tenía la mirada perdida en un sueño viejo y la sonrisa dibujada por un pintor prerrafaelista.

—Fidel te manda a buscar para que lo veas jugar básket.

¡La gran cosa!

Eran más de las diez de la noche. No había podido ver las *Aventuras del Corsario Negro* porque estuvo dando un discurso hasta las nueve y media. No había contestado a mis mil y una cartas, ni le hacía caso a los recados de mi mami. Y el básket no me gusta, pero Tata ya se había ido y no había nadie para ayudarme a defenderme, así que me monté en el Alfa Romeo.

En la Ciudad Deportiva, tío Pedro me condujo por los entresijos fascinantes de los vestuarios y me sentó en primera fila del palco presidencial. Los espectadores se podían contar con los dedos de una mano, pero agazapados y ocultos por las gradas había cantidad de segurosos, esos policías disfrazados de Seguridad del Estado. Iba a jugar el equipo del Buró Político contra el equipo nacional de Cuba.

De pronto los focos iluminaron el tabloncillo. Una colección de estatuas de ébano, de dioses bantú, negros, rutilantes y perfectos en short y camiseta, avanzó saludando al público inexistente. Se agruparon en un banquillo y ya me estaba embullando cuando empezó un espectáculo completamente distinto: con Fidel a la cabeza, trotando en fila india, irrumpieron en el tabloncillo unos tipos fofos y blanquecinos que corrieron hundiendo el piso con la misma gracia que los osos del circo soviético.

Lo bueno es que en vez de short usaban pantalón largo para imitar a su Comandante. Lo malo es que tampoco llevaban camisetas.

Trotaron por ahí para entrar en calor, bailoteándoles todas las flacideces.

De todos ellos, el que me fascinó fue el tipo más alto, más alto que Fidel, porque le colgaban un par de tetas tremendas, largas y agresivas, rematadas en dos pezones enormes y oscuros.

—Tío Pedro, ¿quién es el canoso de la nariz picuda y el pelo rizado?

—Ése es Llanusa, el ministro de Educación. El que dirige todas las escuelas de Cuba.

—Tío Pedro, ¿ya nos podemos ir?

—¡Que va! Si el Comandante todavía no ha hecho ni una canasta. —Y me guiñó un ojo.

Nunca he visto un juego más raro. Los del Nacional, en vez de quitarles la pelota a los del Gelatina, se la ponían en las manos. Cuando Fidel era el que corría para buscar su tanto, los negros se le apartaban como las aguas a Moisés. Y, si hacía canasta, lo aplaudían y le gritaban «¡Viva!». Para variar.

Me encharqué de refresco esperando que se acabara aquello y serían más de la una de la mañana cuando Pedro me arrastró en una carrera, y me dejó sentada en la camilla de una enfermería adonde entró Fidel un ratico después y se portó como si yo fuera parte del mobiliario. Tres horas mirando aquello con los pies en aquel par de formatos de tortura y aguantando las ganas de hacer pipí. Estaba indignada.

Ni él estaba igual que cuando iba a mi casa de madrugada, ni estaba yo confundida por la alegría inesperada de un desvelo feliz. No era yo la que le iba a pedir explicaciones por sus dos años de ausencia. Las personas mayores dicen muchas mentiras.

—¿Cómo estás?

—Bien.

—¿Y cómo está tu mamá?

—Bien.

—Dile que ya está hablado con Yabur el asunto de tu apellido, pero que va a tomar tiempo porque hay que cambiar una ley *juris et de jure*.

Silencio bipartito. Yo no sabía nada de esa gestión.

—Tu mamá tiene un defecto. Es demasiado buena. Nunca seas buena con ningún hombre.

El Comandante acababa de darme un consejo y yo tenía que comentarle un diagnóstico:

—Llanusa. El ministro de Educación...

—Sí. ¿Qué pasa con él?

—Tiene una ginecomastia.

—¿Que tiene qué?

—Que tiene una ginecomastia. Crecimiento de las mamas en los hombres.

—¿Qué?

—Que le han salido tetas. ¡Que tiene que ir al médico!

A mami no le gustaba que le bajase del laboratorio mis homúnculos coloreados, y como seguía con la poesía estreñida, me busqué otro escapismo productivo que le pudiera gustar y agarré una tablita y unos pinceles y le pinté una mujer con batón psicodélico, pelo largo negro y los brazos levantados para poder tocar un sol anaranjado.

—Qué lindo, A. ¿Cómo puedes pintar tan bien? Es precioso. Lo voy a colgar aquí en la sala. ¿Y por qué la has pintado de espaldas?

¡Qué pregunta más boba!

—¿No ves que el sol está allá atrás en el cuadro? ¿Cómo lo va a tocar si la pinto de frente?

Al otro día estábamos a primera hora en la consulta de la doctora Praderes.

—Elsa, aquí te traigo a la niña. Está pintando mujeres de espalda. ¡Mira! —dijo mami, y sacó la tablita de un sobre.

Expliqué nuevamente las leyes de la perspectiva vistas a los diez años y a cualquier edad, y ni falta que hacía, porque la pinturita era psicodélica pero no abstracta.

—Naty, ya ves que eso no es nada más que una mujer de espaldas.

—Elsa, yo conozco a mi hija y sé lo que te digo. Ocúpate de ella, por favor.

Y se fue con la conciencia tranquila a seguir trabajando.

Elsa se ocupó de mí. Me hizo pruebas vocacionales y de aptitud y convocó a mami para darle las conclusiones.

—Esta niña no tiene problemas por ahora. Pero, si quieres hacer algo por ella, tendrás que llevártela del país. Socialmente, siempre va a tener problemas de adaptación.

—¿Tú sabes lo que me estás diciendo? ¿Irme, yo? ¡Ni con los pies por delante! Desde aquel año en París me juré que más nunca volvía a salir de Cuba. Es como si te lo perdieras todo y la Revolución y el proceso ocurrieran sin ti.

Ave María, ¿cuándo se acabaría mi tormento? Ni escribir ni pintar iba a poder más nunca y, para colmo, resulta que estaba enferma con eso de la inadaptación.

—Entonces tienes que ayudarla a ser lo que quiere. Le he hecho algunas pruebas vocacionales y...

—Elsa, ella va a estudiar química. Es lo que quiere su padre. La voy a cambiar de escuela este año. Está perdiendo su tiempo en la de ballet.

¡Ay, misericordia divina!

—Mami, pero ¿por qué? ¿Cómo me vas a quitar del ballet? Si soy la segunda de la clase... —Se me había puesto rasposa la garganta, como si tragara pez rubia.

—Por varios motivos: porque tú tienes mucho cerebro para ganarte la vida moviendo las piernas y porque así te voy a tener más cerca del trabajo.

Y para consolarme de tan grandes desventuras y profundos desgarramientos, me prometió toda una semana con ella solita para mí. Íbamos a dar un viaje por el interior de la isla.

El viaje por el interior de la isla consistió en un periplo agotador para visitar, ¿a que no adivinan?, la finca de Birán donde había nacido Fidel.

Pero no nos dejaron entrar. Estaba reservada para invitaciones de gobierno autorizadas por Celia Sánchez.

Mami tomó la opción alternativa y nos pasamos unos días en casa de tío Ramón, el hermano mayor del Comandante, igualito a él en versión guajira.

Él y su mujer, Suli, se echaban miradas de odio compartido mientras sus tres hijos deambulaban por ahí con la mirada de los niños sin amor. Se empeñó en darnos la bienvenida cantando con la guitarra:

Por alto que esté el cielo en el mundo
por hondo que sea el mar profundo
no habrá una barrera en el mundo
que mi amor profundo no rompa por ti...

Fuimos nosotras las que rompimos la barrera del sonido cuando viramos para La Habana con dos puercos y tres guanajos en el asiento de atrás que clamaron estentóreamente su desconcierto hasta que llegaron veinticuatro horas después a su destino.

La paciencia no me alcanzaba para llegar a La Habana y sacarle al tío Pedro Emilio, mi feroz y más tierno confidente, la verdad vergonzosa que andaba tapada con el desamor formal de esa familia, y esto fue lo que me dijo, en una de nuestras tardes endomingadas de versos:

—A Ramón hubo que casarlo a la carrera con Suli porque se enamoró a los trece años de una haitiana contra cuya ardiente esteatopigia, unida a los amarres invencibles del vudú, nada pudieron los embrujos y limpiezas de tu bisabuela Dominga. Contra Papá Legbá y Barón Samedi no funciona la prenda conga *made in Cuba*. Ramón se escapaba todas las noches de su vida para correr detrás de su negra. Volvía al otro día, pálido y esmirriado, «deslechaíto», decía Dominga, rezongando en *patois* palabras tan dulces que no hacía falta entender para saber que esos eran los nombres de los olores a fruta pervertida de su hembra de chocolate.

Y si Ramón vivía en el otro extremo de la isla, castigado por Fidel y condenado a cuidar una base de camiones, era porque nunca quiso ayudar a su hermano rebelde en la Sierra y, cuando triunfó la Revolución, se agenció un uniforme verde olivo.

—No lo acuso yo de nada —siguió Pedro Emilio—, porque bien se sabe que hice lo mismo. Pero al uniforme le añadí unos graditos de capitán... De todas formas, hija, yo me había postulado para alcalde con el antiguo régimen y, para colmo, soy hacedor de rimas, cosa que mi medio hermano considera debilidades de cundango. A Ramón lo perdonará en su momento, pero a mí va a tratar de despreciarme toda la vida.

Puede que el embrujo de la haitiana repudiada persiguiera a la mujer usurpadora, porque a Suli le dio por intentar suicidio tras suicidio, y cuando no tenía con qué envenenarse, se acuchillaba las venas. Dos hijos se le fueron de la casa locos de atar, y hasta Ramón se le escapó un buen día.

Ya vivían en una casa de Miramar y estaba Ramón a cargo de todas las vacas F1, F2 y F3 engendradas con los aportes genéticos de su hermano Fidel, cuando se colgó Suli de la baranda de la escalera y no quedaba nadie para salvarla.

La culpa de que se me alborotaran las hormonas fue de los guanajos y los cerdos que Ramón le mandó vía Mercedes Benz a su hermana Angelita.

¡Hay que ver lo crecido que se había puesto el primo Mayito! Me apasioné con aquel par de orejas despegadas, la figura larga y elegante, los ojos verdegrises y la cabeza al rape. Fidel lo había destinado a la cohetería, y aunque más parecía una figura del Greco que un gendarme, estudiaba en la Academia Militar de Belén.

Vivía obsesionado con la salud y se inventaba unos remedios con yodo tánico, aceite de hígado de bacalao y compuestos vitamínicos que te dejaban la garganta a fuego y el estómago revolcado.

Usaba la pirotecnia para limpiar sus botas militares: les untaba una especie de chapapote y les prendía candela. Era un ser solitario y tierno, y en su cuarto tenía escondido el altar que la abuela Lina le había dejado a su hija mayor.

Yo asistía al ritual de limpiar las botas y le iba dando los isopos, los trapitos y los cepillos como una enfermera alarga los instrumentos en un salón de cirugía. Tragábamos a dúo una de sus inmundas fórmulas salutarias y después me llevaba a dar vueltas en alguno de los carros que le prestaba la madre. No teníamos amigos ni muchos lugares adonde ir.

Fue delante del altar en que estaban ordenados en filas y columnas por orden de prioridad todos los santos católicos y sus primos yorubas, ejerciendo su solidaridad sincrética, donde mi primo Mayito me dio el primer abrazo y me quiso plantar una lengua dura como un dardo adentro de la boca. Otro dardo más duro todavía le iba creciendo detrás de los pantalones. A mí se me desordenaron los tegumentos y una cosquilla rosada se me encaló debajo del ombligo y me mojó las pantaletas.

Me entró un terror atávico, porque lo único que sabía de sexo era que Ivette y yo estábamos criando unos pelos hirsutos entre las piernas y que por eso no podíamos seguir bañándonos juntas.

Cuando se lo conté a Tata, me dio la única sonora bofetada con que me honró.

—¡Tan chiquita y cogiendo esos calentones! ¡Ojalá me alcance la vida para vigilarte el trastero!

Yo tenía once años y él dieciocho. Fue mi amor recurrente.

Ciudad Escolar Libertad es una escuela tan enorme que uno extravía la identidad desde el primer día.

1, 2, 3, 4.

1, 2.

Marchábamos por las interminables avenidas.

Érase una niña a una nariz pegada la que se me acercó el primer día.

—Me llamo Roxana Yabur. ¿Y tú?

—Alina Fernández.

—Mi papá es el ministro de Justicia.

Era la hija del señor encargado de restituirme el linaje.

—¿Ah, sí? Pues mi papá es Fidel Castro y hace más de un año que le mandó al tuyo a hacer una ley para que me puedan cambiar el apellido.

—¿Fidel Castro, el de verdad?

—No, boba. ¡El de mentirita! Yo me llamo Fernández porque mi madre estaba casada con Papi Orlando y por una ley juris per juris nadie es nadie para reconocer a un hijo adúltero, así que le dijo a Yabur que le cambiara el Código Civil y que hiciera uno revolucionario, para que yo me llame como me tengo que llamar y que ahora no me llamo.

Roxana no contestó ni jota, pero al otro día lo sabía la clase entera y a la semana, la escuela, como si la noticia de que Fidel tenía una hija creciera en progresión geométrica. Venían de todos los rincones de la maldita escuela aunque tuvieran que caminar kilómetros y metían la cabeza en el aula para mirarme:

—Oye tú, mira esto: ¡dicen que es la hija de Fidel!

—¡Mentira! ¿Una hija del Caballo andando en guagua, sin chofer ni escolta? ¡No jodas!

—¡Niña, ven acá! ¿Es verdad que tú eres hija de Fidel?

—Sí...

—¿Y por qué no le pides al Caballo un par de zapatos? ¡Esos te van a caer atrás el día que los botes!

—Oye vieja, si es verdad que eres hija de Fidel, dile que reparta comida, ¡anda!

—¿Tu mamá está casada con Fidel?

—¿Y por qué no tienes el apellido?

—Lo que pasa es que la madre se singó al Caballo sin estar casada con él.

Más de una tarde volví a casa desolada.

—Abue, ¿qué quiere decir singar?

—¿Qué palabras son ésas, niña? Ya verás que este año se me

van a dar mejor los geranios. Dicen que hay que regarlos con orines de mujer embarazada. Seguro que no habrá que buscarlo fuera de casa. ¡Con esa moral que tienen hoy en día las criadas!

Lala Natica siempre ha profesado extrañas asociaciones de ideas.

—Mami, ¿qué cosa es singar? Es que en la escuela... —Había que hablarle muy bajito porque la secretaria andaba amagando en sueños al que iba a ser su tercer ahijado y seguía durmiendo en el sofá de la oficina.

—Me lo cuentas después, mi amor. Ahora mismo salgo para una reunión del partido.

—Tata, ¿qué cosa es singar?

Tata me miraba con su lucidez de silencio. Acabé por enterarme:

—Tota, ¿tú sabes qué es singar?

—¡Chica, tú tienes que ser boba! ¡Es lo más rico que hay! O por lo menos, eso es lo que le dice mami a papi cuando en vez de dormir se ponen a meter y sacar la cosa. ¡Es como se hacen los niños, tonta!

Cada día me levantaba para ir al calvario, pero por suerte las novedades acaban por extinguirse siempre, o se vuelven hábito.

La hija de Yabur se convirtió en mi mejor compañera. Estudiábamos juntas, en la casona con cancha de tenis que su padre disfrutaba por su rango de ministro. Iccon, la abuela libanesa, fue mi maestra en el «baile del vientre». Nos daba clase de dicción en arabismos mientras nos descosía el caderamen a base de malabarismos que, decía, nos iban a servir para otras etapas de la vida.

Ese año mataron al Che Guevara en Bolivia y una efervescencia de tristeza orquestada puso de luto militante a la isla entera, entre veladas obligatorias y solemnes en la plaza de la Revolución, odas fúnebres y músicas de martirologio.

Korda, el fotógrafo, colgó en todas las paredes del orbe su foto del Guerrillero Heroico y el Comandante salió de su introspección en las lides de la genética bovina para dirigir con éxito una de las campañas publicitarias más logradas de este siglo.

Hasta anunció que las manos cortadas y la mascarilla mortuoria del Che, que habían llegado en un termo a La Habana, iban a ser disecadas, embalsamadas y expuestas en el Museo de la Revolución. La idea era infame, y me tragué el orgullo y le escribí la mil y segunda carta pidiéndole que enterrara las manos y guardara la mascarilla.

La furia vacuna se extinguió súbitamente en los televisores para ser reemplazada por una furia mucho más perspicaz y futurista: la formación del Hombre Nuevo.

Cuba era el caldo de cultivo para ese germen del progreso universal y la escuela su trinchera.

A Fidel, el éxito de la muerte del Che le devolvió la labia y la energía para pasarse horas bajo el sol, el sereno y la lluvia de la Plaza, explicando que los estudiantes cubanos teníamos que cumplir el sueño del Apóstol Martí, que había dado en coincidir con el del Che en el tiempo.

Y la gente aplaudía.

Que las nuevas escuelas necesitan un Plan Quinquenal para hacerse realidad, pero que con la contribución de todo el pueblo en horas voluntarias, más temprano que tarde se levantarán en los campos de nuestra patria los sueños comunes del Apóstol y el Guerrillero, y que los estudiantes vivirán y trabajarán en ellas, para aprender en carne propia el sacrificio de los campesinos y el resto de los pobres de la tierra.

Y la gente aplaudía y gritaba: «¡Viva! ¡Viva! ¡Fidel, Fidel, qué tiene Fidel, que los americanos no pueden con él!»

Mientras el resto del planeta se adaptaba a la era de Acuario, se dejaba la melena, abría los bajos de los pantalones en campana y reducía las faldas a la mini, tarareaba a los Beatles, colgaba al Che en la pared y los jóvenes hacían un esfuerzo sin precedentes por acercarse en el amor, nosotros marchábamos en cadencia militar, todo lo que hablara en inglés estaba prohibido, a los varones les rompían el pantalón del uniforme en la escuela o en la calle si una pelota de ping pong no se les deslizaba pernera abajo, la policía les afeitaba la cabeza si osaban andar peludos aunque menos, mucho menos peludos que los peludos originales del triunfo de la Revolución, y si reincidían los mandaban a cumplir condena a los campos de trabajos forzados de la UMAP, las Unidades Militares de Apoyo a la Producción, junto con los homosexuales, los artistas y los curas. Y cuando salían de ahí no eran los mismos.

Una mañana se interrumpió la clase de inglés de la *teacher* Ananda para que apuntáramos en una lista las tallas de zapato y de pantalón.

A la semana nos entregaron un par de botas cañeras, una muda de ropa gris Mao y un sombrero.

One size feets all, porque no se podían hacer distinciones estilísticas entre tanto alumnado con la suerte de convertirse en el Hombre Nuevo.

Llegamos a casa con una lista de recomendaciones y un horario tempranero de presentarnos en el plantel: íbamos a salir para la Escuela al Campo.

Con maletas que ponían en evidencia la creatividad popular, de madera reforzada con hierros y candados, una frazada, sábanas, chancletas de palo y un cubo de metal que nos solicitaban para el aseo, nos depositaron nuestros padres amantísimos en el umbral del nuevo experimento, y todavía recuerdo con cariño el jarro de aluminio que mami mandó a grabar con mi nombre y que brillaba entre los demás por sus heráldicas: nadie me lo pudo robar.

Hacinados en guaguas escolares antediluvianas, los mutantes en vías de convertirnos en una especie de Vanguardia nos dirigimos a excitar las fecundas zonas oníricas de Martí nuestro Apóstol y del Apóstol Guerrillero.

Los varones iban al corte de caña y las hembras a lo que fuera. Padres e hijos ignorábamos el sitio preciso de destino.

Dos generaciones enteras estaban en vilo.

A veces, cuando los demás sueñan yo tengo pesadillas. Andaba rastreando memorias apocalípticas de otras vidas cuando me despertó la elocuencia del grito secular de los viajeros: «¡Ya llegamos! ¡Ya llegamos!»

Estábamos delante de un barracón de madera de palma y techo de guano. A la derecha había unas caseticas igualitas a las que las Makarenco habían levantado en los jardines de Miramar: las letrinas. Una cerca de alambre de púas rematada en un portón de hierro enmarcaba la grisura senil de todo aquello.

Nos dispusieron en orden alfabético para entrar al adefesio y ocupar nuestras camas.

Eran literas con pedazos de yute clavados en unos troncos y había medio metro de espacio entre una y otra.

Cuando me di cuenta de que en el cobertizo aquel íbamos a roncar y apestar más de mil personas en diez filas de cincuenta por dos meses y medio, me dio un mareo.

—Menos mal que el pobre Martí está muerto.

—¿Qué dijiste? —inquirió la secretaria de la Juventud Comunista.

—Que menos mal que Martí se haya muerto para poder soñar con esta maravilla...

A mí, cuando me daban un viaje indeseado me entraba la enfermedad aquella de la inadaptación, y no más vi el hueco en el suelo para hacer pipí-caca, y el baño tupido, donde las patas metidas en dos trozos de palo agarrados al empeine con una tira de goma de bicicleta trataban de sobrenadar a un fango pestilente generado por la suciedad de un millar de personas, me entró la tosecita de siempre, que no demoró en convertirse en ruidos roncos y sibilantes, acompañados de una fiebre de yegua.

Para colmo, una fuerza de la naturaleza pervertida andaba desmandada tocándole las tetas a las niñas si se levantaban a orinar en plena noche. Por miedo a la Gran Tortillera, vaciábamos unas vejigas como botijas en cualquier rincón. ¡Ah, los efluvios de la pubertad!

Antes de que cantaran los gallos al filo del amanecer, se encendían los faroles de luz brillante y en menos de diez minutos estábamos en formación.

Un hálito de humedad gélida nos nimbaba las bocas en el momento de gritar el lema.

Yo había cambiado a la Virgen María por mi mami, y cada noche le pedía una aparición milagrosa. Cuando aquello, tenía la disposición y el carro para hacer las dieciocho horas de camino hasta el sitio de mi infortunio el fin de semana pero, dado que el resto de los humildes cubanos eran pedestres sin otro medio de locomoción, me había dicho:

—Mejor no voy a verte desde el primer domingo para que tus compañeritas no se sientan mal por el privilegio.

Eso era justo. Porque a mí siempre, por algún motivo, los privilegios se me notan más.

Así que esperé impaciente su visita llenando y cargando todas las cajas de tomate que hicieran falta para ganar la emulación, a pesar de que tenía disparado el corazón en un bombeo amenazante y continuo y el aire me entraba en ráfagas caprichosas a los pulmones.

Hasta que un domingo ocurrió el milagro y mi estrella de Hollywood descendió del Mercedes vestida de miliciana.

Cuando la vi sin Tata se me desmoronó el ánimo. No habría fuerza humana capaz de sacarme de aquel infierno promiscuo.

—Mami, te lo ruego, por lo que más quieras. ¡Por Dios! ¡Por Fidel! ¡Por Lenin! ¡Sácame de aquí! —le supliqué respirando con un rumor de fuelle y voz de panadero búlgaro.

—No, mi amor. Tú sabes de sobra que tienes que quedarte aquí con tus compañeritos. Y tratar de darme una alegría siendo Vanguardia. Mira, Tata te mandó un bistecito que te tenía congelado desde la última vez que vino la carne. Y te traigo dos barras enteras de pan tostado y una lata de leche hecha fanguito para que te dure más de una semana. Y un paquete de gofio.

Pero yo le convertí la visita en un rogatorio.

—¡Si sigues de plañidera me voy ahora mismo! —exclamó.

Y me dejó en esa desesperación de abandono que nada más que puede describir la infancia.

Me dediqué a ser Vanguardia la semana siguiente porque tengo la incondicionalidad acorazada. Ya tenía confundido al sueño con la vigilia y andaba sumergida en la intemporalidad de mi mal estado, cuando unas burbujas endemoniadas me cubrieron el pellejo del cuello y de la cara.

Me llevaron al médico del Policlínico. El jovencito se desentendió de mi erudición médica:

—Mire, tengo una punta de costado en el vórtice del pulmón derecho y arritmia cardíaca, acompañada de taquicardia y disnea.

Me mandó en viaje urgente para La Habana, por miedo a que le contagiara al resto del alumnado mis vejigas faciales.

El sol estaba haciendo pucheros de calor en el cielo del mediodía cuando la profesora guía me depositó en brazos de Tata con el corazón desbocado y el ánimo de vivir mustio.

Lo primero que hice fue tener un encuentro pasional con mi inodoro de porcelana blanca, la inmaculada concepción del pipí y de la caca civilizada.

—Tata, ¡estoy orinando sangre!

—A ver, m'hijita, ¡no puede ser! ¿No será que tienes las Lunas?

Pero no. Las Lunas no me tocaban, según el papel que yo había descubierto escrito de su mano en el cajón del escritorio y que rezaba: «El día 11 de noviembre de 1965, Alina fue Señorita.»

—Tata, creo que me voy a morir.

Y Tata llamó a mami al número nada más que para emergencias con la noticia, pero mami no llegó hasta bien entrada la tarde porque no cree en la muerte, habiendo sobrevivido a la gastroenteritis, la brucelosis, el apéndice perforado y gangrenado, la hepatitis galopante, la mononucleosis por donar sangre para la gente humilde y hasta la mordida de un perro sospechoso en el cielo de la boca.

Un psiquiatra que estaba de guardia esa noche en el mismo hospital donde rescataban las venas cercenadas de la tía Suli, me diagnosticó de «nerviosa» y me sumió en un coma de belladona.

Supe que estaba muerta cuando abrí los ojos en un cansancio descalabrado y vi flotando encima de mi cabeza al mismísimo Viejo Jotavich en una nube blanca. Estaba a punto de arrancarle la barba toda para que hiciera el milagro de bajarme del limbo y ponerme en casa, cuando una mami agotada por la angustia me arrancó de la cama en un abrazo forajido que casi me desconecta las tuberías.

Jotavich era Vallejo, el médico de Fidel, con el uniforme de capitán de la Sierra escondido debajo de una bata y yo estaba viva, en un cuarto de su sala para extranjeros del Hospital Nacional.

—Tiene el pulmón derecho como un puñito, colapsado. Tiene

el hígado engrosado, la transaminasa por las nubes, el bazo enorme y los riñones medio podridos. Voy a ponerle en vena ochenta millones de unidades de penicilina. No te preocupes, Naty. Donde hay vida siempre hay esperanza.

Eso de estar tan fea por dentro me disgustó bastante porque, como dice Lala Natica, «hay que ser elegante hasta para morirse», pero me dormí tranquila, sabiendo que no había nacido para irme podrida a ninguna parte antes de tiempo. Desperté una semana después.

—Has estado muy malita, Alina. Has estado inconsciente más de un semana.

—¿Y no vino Fidel a verme?

—No...

—¿Por qué?

—No sé. Pregúntale tú a Vallejo.

Siempre he sido muy bien mandada.

—Doctor Vallejo, ¿por qué no vino Fidel a verme?

—Porque no sabe que estás enferma.

—¿Cómo no lo sabe?

—No lo sabe porque no se lo he dicho para no preocuparlo.

—Pero ahora le puedes decir que «estuve» enferma.

—Ahora menos se lo puedo decir porque me mata por no habérselo dicho antes.

Y salió, imperturbable, de la habitación.

Los demás regresaron de la Escuela al Campo sin otra novedad que la pierna faltante de Mario, mi compañero de aula, y la pérdida de unas cuantas falanges superiores, repartidas en unas pocas manos.

La pierna había quedado bajo una carreta volcada, camino al corte de caña. Las falanges eran víctimas del filo de los machetes en manos sin experiencia.

Las niñas sobrevivimos intactas y todos volvimos a las clases y las marchas en aquella inmensidad de escuela.

—¿En alguna parte de la escuela hay niños de primaria?

—Mami, ahí hay de todo. Hasta un aeropuerto militar hay.

—Entonces debe ser verdad que tu prima Déborah estudia

ahí. ¿Por qué no la buscas? Me han dicho que está en tercer grado. Déborah es la hija mayor de Raúl y Vilma.

Descubrirla fue fácil, porque alrededor del aula se movían con evidencia sigilosa un par de escoltas, cuya barrera hiperprotectora atravesé explicándoles sucintamente mi parentesco y mis controvertidos orígenes.

La niña era un ángel bueno de porcelana, con la piel delicada y un pelo de ceniza rubia que siguió siendo su lujo toda la vida. Nos empezamos a querer enseguida. Por ella descubrí el calor de la familia y cierta liberación del regreso hacinado en la guagua 22, porque ella, su escolta y sus choferes tuvieron a bien dejarme en casa todas las tardes.

Así que en vez de irme de juerga trasvespertina con mis homólogos, arrancaba terminadas las clases en busca de mi primita.

Vivían en el séptimo piso de un edificio entre el Cementerio de Colón y el Cementerio Chino porque a la Seguridad Personal le cuesta menos trabajo vigilar a los muertos. Había que pararse en el medio de la calle hasta que el oficial de guardia salía, pedía permiso a los egregios habitantes, y lo llevaba a uno a un elevador que funcionaba con una clave.

Raúl era cariñoso y risueño. Había mandado poner un cine en la primera planta del edificio y hasta podían venir a veces los hijos de los escoltas a ver la matinée del domingo, antes del almuerzo.

—Mami, le pedí a tío Raúl que te invitara al almuerzo conmigo.

—¿Ah, sí? ¿Y qué dijo?

—Que la mesa estaba repleta. Pero era mentira.

—Tú no te preocupes por mí. Yo sé que Raúl me aprecia. Te voy a enseñar las cartas que tengo de él. —Volvía con su caja fuerte en miniatura—. Mira ésta que empieza «Naty, mi hermanita del alma...».

Y seguía leyendo una melopea romántica escrita quince años antes.

Yo no lo sabía todavía, pero el pobre Raúl no se atrevía a nada, ni a mudarse, ni a divorciarse, ni a tratar con gente, si su hermano Fidel no se lo permitía.

Fue esperando el elevador para subir a casa de mi tío cuando conocí a mi hermano Fidelito. Tenía el pelo rizado y pajizo de jabao, con algún mulatoto criollo bordeándole las abuelas. Alto y lindo, con un par de ojos caídos, nada más que de verlo se me arremolinó un golpe de sangre en el sitio donde duermen los presentimientos:

—¡Tú eres mi hermano! —Y me le colgué al cuello.

El pobre se puso bizco de la mala impresión.

Se rindió a la evidencia cuando nos presentaron los tíos antes de dejarnos solos para favorecer el diálogo.

—Entonces debes saber que tenemos otro hermano.

—¿Otro? ¿De dónde salió?

—Es una historia simple: la madre, Amparo, coincidió con Fidel en un viaje a Oriente que duró tres días.

Él no supo que la había dejado embarazada hasta mucho después.

—¿Y qué edad tiene?

—La misma que yo.

¡Un viaje de tres días hasta Oriente! Habían demorado cantidad.

—¿Cómo se llama?

—Jorge Ángel. Jorge Ángel Castro. Yo... me voy para la Unión Soviética la semana que viene y no tengo tiempo de presentarlos, así que te dejo su teléfono y tú...

—¡A la Unión Soviética! ¿Qué vas a hacer allá?

—Voy a estudiar Física Nuclear. Eso es lo que el viejo quiere que estudie...

¡Madre mía! Aquello tenía que ser peor que la química.

—¿Te vas así, solito?

—No, no. Se van mis tres amigos conmigo.

—¿Y por qué no te llevas al hermano?

—Él se queda estudiando Química. —Y me sonrió con una sonrisa que se le fue para el lado izquierdo de la boca y que lo hacía sentirse un poquito mal a uno, como poca cosa. Se despidió enseguida—: Y no dejes de llamar a Jorge. Cuando venga de vacaciones vamos a estar juntos los tres. Tú y yo ya nos iremos conociendo por carta.

Esa tarde volví a casa con una paloma tierna aleteándome en el pecho.

—Tata, Tata, conocí a mi hermano Fidelito.

—¿Ah, sí? ¿Cómo es?

—Es alto, lindo y tiene dieciocho años.

—¿Le preguntaste si él había oído hablar de ti?

—Sí. Había oído.

—Y entonces él, que ya es un hombre, ¿por qué no vino a conocerte antes?

—Pues no lo sé.

—Ten cuidado, m'hijita. Tú no necesitas un hermano que no te quiera.

A la semana siguiente, Tata se murió.

Para vivir la muerte de Tata lloré y lloré, olvidada de todo. Fue un golpe que me tuvo meses en un trance enfermizo, sin peinarme, sin bañarme, sin comer, porque no sabía hacer nada de eso sin ella.

Y todavía ahora, cuando escribo esto, se me van llenando los ojos de lágrimas. «Son golpes como del odio de Dios; como si ante ellos la resaca de todo lo sufrido se empozara en el alma, yo no sé.»*

Tata Mercedes era mi Rosa de los Vientos.

Hilda Gadea, la viuda del Che, y mami hicieron por esos días un descubrimiento conjunto: sus respectivas hijas estaban muy solas y necesitaban una amiga.

De modo que una tarde me encontré en el recibidor a una chinita muy mona, sentada con una señora que parecía un tótem incaico, Madre Rana Venerada o así.

La chinita era Hildita Guevara. No era china sino una india hermosa, con el pelo a granel negro satinado, las piernas gordas y bien formadas y un par de tetas de campeonato.

Nos miramos con odio, y con más odio todavía miramos a aquellas madres que nos habían hecho una encerrona.

—Suban a jugar a tu cuarto, Alina. Enséñale a Hildita las Barbies.

* César Vallejo, *Los heraldos negros*.

Casi me da una apoplejía. ¡Barbies! Pensaría que en vez de encerrarme a fumar la pipa de abuelo Manolo en la biblioteca, me metía ahí para jugar escondida a las muñecas.

Subimos a mi cuarto, donde andaban por las paredes y los muebles las huellas de mi fase pictórica antes de que también se me estriñera la pintura, junto a las improvisaciones de los pintores psicodélicos y puntillistas.

—¿Quieres fumar?

—¡Claro!

Saqué una caja de Aromas de la mesita de noche y le pasé los fósforos.

—¡Coño, pero ésos son suaves!

Hildita fumaba tabaco negro.

Nos volvimos inseparables.

Al principio fue una amistad catártica y triste, en la que alcanzábamos el sueño agarradas de la mano con los ojos reblandecidos por el abandono de nuestros padres heroicos: el de ella, muerto sin haber tenido la oportunidad de hacerse perdonar sus olvidos, y el mío, tan vivo y más ausente que si estuviera muerto.

La Celia Sánchez de Hilda Gadea era la Segunda Viuda, Aleida March, que acaparaba para sus cuatro hijos con el Che honores y privilegios.

La adolescencia es un eslabón perdido en el crecimiento sano. En ese mismo umbral dejamos la impedimenta de la angustia existencial y nos avivamos.

Hilda Gadea acabó por echarle el ojo y el respeto a un joven de buen ver y casóse con él. Hildita y yo quisimos averiguar cómo tiemplan las Veneradas, a ver si de una vez nos sacudíamos la inocencia. Una tarde en que se retiraron para «dormir la siesta» empezamos a abrir despacito las persianas del cuarto, para que el cambio de luz no los alertara.

Fui expulsada sin perdón y sin retorno de la casa aquella, pero seguimos siendo amigas extramuros.

Ya era yo un monumento nacional en Ciudad Libertad cuando pude colarme en la Escuela de Natación. Éramos las veinte niñas que íbamos a inaugurar el primer equipo de ballet acuático en la isla y si el arte me era poco, el deporte no.

Las mamás con hijas núbiles se pusieron en movimiento. Era una oportunidad inmejorable de poner sus trabajos en manos del Estado socialista.

La escuela era un paraíso culinario con efebos bronceados. Los deportistas forman parte de la propaganda de la Revolución y desde siempre reciben trato preferente. Es mejor ser campeón de Cuba que ministro.

La comunión en el sudor y la competencia anuda inefables lazos.

Vivíamos para entrenar cinco horas diarias, comer y dormir y entrenar y comer y dormir. Nadie se quejaba de Fidel ni de la «situación».

La escuela llenaba sus plantillas con hijos de papá, los hijos de los amigos de papá y con algunos que venían de tierra adentro y que estaban agradecidos de vivir entre elegidos y pasar los fines de semana invitados en sus casas.

Era 1968 y se usaban los pelos lacios y la flaquencia.

¡Quién iba a ser flaco con aquella comida de privilegio! Lo del pelo era más fácil, porque nos planchábamos las melenas.

Teníamos que estar bellas por la mañana. Ésa era la cosa. Estudiar, no tanto.

Y, ¡aleluya! No había Escuela al Campo.

Los miércoles venían las madres con un uniforme limpio para terminar la semana.

Mami arrebolaba los corazones de los polistas al punto de hacerlos arracimarse detrás de un muro para verle la estampa. Ese miércoles estaba muy nerviosa:

—Hoy por la noche va Fidel a casa, pero prefiero que te quedes aquí, A, porque quiero hablar con él de ti precisamente. De tu problema. Así que es mejor que no estés, y si te quiere ver de todas maneras, que vuelva mejor otro día para que...

—¿Tengo algún problema nuevo, además de la inadaptación, las mujeres de espalda, los ojos de pescado y la bronquitis alérgica?

—Que él no te atiende como es debido. Ése es el problema.

¡Vaya novedad! Llevaba trece años haciendo lo mismo.

—¿Sabes cuánta gente hay en esta escuela que ni conoce al padre?

—Lo hago por ti.

Por mí, que no hiciera nada. ¿Desde cuándo no iba Fidel por casa? Dos años es mucho tiempo cuando a una le están despuntando los senos.

Por primera vez estaba viviendo sin su sombra. Sin que nadie me excitara la culpa contándome fusilamientos, expropiaciones, abusos carcelarios y visas denegadas y me pidiera casas, zapatos, ingresos en hospitales y salidas del país. Hasta ella había dejado de sacrificarse, manejando los fines de semana hasta Santa María para bañarnos frente a la casa de él, a ver si aparecía. Como la vez en que salió gritando del agua «¡Fidel! ¡Fidel! ¡Alinaaaa!», hasta que el Comandante nos pudo rescatar de la golpiza de los escoltas y se fue a echar una competencia de natación con ella.

No tenía ningún problema. Ni andaba ya de alcahueta del tío Ramón y su nueva amante, con base en la finca de tía Angelita, que me tenían de mandadera de sus recados amorosos, para angustia de Suli. Al punto que hasta los primos locos me guardaron años después el odio amarrado en sus camisas de fuerza.

—No quiero verlo. No me interesa verlo.

Pero los adolescentes no tienen voluntad propia.

Es la noche siguiente y ahí está mami, radiante. Un arcángel a la vera del Comandante acostado en mi cama, con los brazos detrás de la cabeza.

—He estado demasiado ocupado estos dos años. Es que el tiempo se me vuelve nada. Es muy difícil mantener una Revolución. Últimamente, he estado negociando con Japón la compra de unas máquinas de hacer frozen y estoy muy satisfecho. En dos meses más van a estar instaladas. Por lo menos una en cada barrio. Así que la gente se va a poder tomar un heladito, con tanto calor que hace. Pero lo mejor es que negocié la compra de la fábrica de barquillos y vamos a poder producirlos en el país.

Menos mal que los barquillos no iban a ser importados... No lo aplaudí porque estábamos solos.

—También me van a vender los japoneses una fábrica de calzado plástico con un nivel de producción incrementable de miles de zapatos diarios. Es increíble: metes una bolita de un plástico derivado del petróleo en la máquina y sale un par de zapatos con tacón y todo. De hombre, de mujer o de niño. Se pueden hacer varios modelos. He comprado la maquinaria muy barata. Creo que a la larga va a resolver el problema del calzado en la población.

Me tenía hechizada.

—La otra noticia es que ya está lista la modificación a la Constitución. El nuevo Código de la Familia entra en vigor la semana que viene, así que cuando quieras puedes usar el apellido Castro. Lo único que tiene que hacer tu madre es reunirse con Yabur.

Me vi en la formación de la escuela, delante del mar, apabullando a la gente con aquella noticia a destiempo.

Era hacer el ridículo.

Y me iba a quitar la alternativa socorrida: «No, no. Yo no puedo hacer nada por usted. Le juro que no soy hija de él. Qué va. Nada. Ni una carta.»

—Creo que me voy a quedar con el Fernández. Es que me llamo así hace mucho tiempo y no me gusta dar explicaciones.

A él le daba igual.

Se fue, dejando dos manchas de betún negro en la sobrecama, y en el aire las promesas de volver pronto.

Jorge Ángel, mi hermano nacido tras un hechizo de viaje, parecía tonto, era callado y lucía bien. Me dio por quererle la invalidez y la dependencia de sumisión en que lo tenían Fidelito y una novia perpetua de nombre Ena Lidia.

Acostumbrado como estaba a viajar con la impedimenta, los fusiles y las cantinas de comida en la parte de atrás del jeep cada vez que su hermano el príncipe heredero se dignaba invitarlo a algún sitio oficial, y a quedarse en segundo plano sin que nadie lo presentara, andaba con la identidad y la autoestima medio perdidas.

Fidelito me escribía cartas amables y engoladas desde la URSS, con recomendaciones de obediencia y militancia y posdatas de saludos cariñosos para mi madre, pero yo iba prefiriendo al hermano postergado, azorado con esa familia variopinta que le fui presentando poco a poco. ¿Por qué lo tendría escondido Fidelito?

Fue mami la que le regaló a Jorge un afecto incondicional. Nos hicimos tan íntimos que la boda de él con la Perpetua empezó a planearse con lujo de detalles en casa. Teníamos notario, flores, el traje de la novia y las cosas de comer apalabradas, cuando el idilio se despeñó.

El invitado de honor y padrino de la boda iba a ser Fidelito, que llegaba tras dos años de darle al núcleo de la física en la Unión Soviética. Cierto que habíamos tenido una agarrada epistolar, porque yo le había descrito al Viejo como «un cabrón que no se ocupa de sus hijos» y el respondió con airadas frases de exégeta. Había dado el incidente por olvidado cuando llamó Vilma para pedirme que estuviera vestida y lista porque iban a pasarme a buscar camino del aeropuerto.

El salón de Protocolo estaba repleto cuando entró mi hermano inconfundible, con una rusa ofuscada que no entendía aquel recibimiento oficial y multitudinario de hombres vestidos como los militares de su tierra.

Y yo allí como *Guarapo* el perro, moviendo la cola y con la lengua afuera, la primerita para ser besada.

Mi hermano se pasó media hora dando abrazos y parabienes. Cuando no le faltó a nadie y todo el mundo estaba mirándolo y mirándome, me dio la mano.

—Gracias por venir.

Y eso fue todo.

Con la sonrisa de desprecio que se le corre para el lado izquierdo de la cara. Aquel infatuado se creía el próximo emperador romano.

Los tíos no habían calculado semejante reacción, y como no sabían qué hacer conmigo a esas alturas me llevaron con ellos y sus hijos al apartamento, donde el cocinero de gorra encopetada estaba logrando un almuerzo suculento y tardío.

En el mismo edificio, derrumbando paredes medianeras, le habían preparado un dúplex de amor a la pareja como regalo. Recorrimos los predios amueblados y volvimos al séptimo piso. Yo tenía atragantados el desconcierto y la sorpresa. Si hay catástrofes indigestas, ésa era una. Mi próximo Plan Quinquenal del Socialismo se soportaba exclusivamente en el amor de mis hermanos.

Llegó la repartición de regalos. Había regalado discos de los Beatles y de Raphael, su preferido y el mío, y repartido entre mis primos ropa y juguetes, cuando se me acercó finalmente.

—A ti no sabía qué traerte, pero aquí tienes. —Y me dio un frasco relleno con esas esencias nauseabundas que eran los perfumes rusos de la era comunista.

Estaba desesperada.

—Mami te manda todo su amor. Que no puede esperar para darte un beso por todas las cosas lindas que le has puesto en mis cartas. Dice que la casa es tuya cuando quieras.

—Dile a tu madre que no tengo nada que buscar en su casa.

Se me paró el corazón, pero ya se sabe que lo tengo fuerte. Me acordé de Myrta y las cartas traspapeladas por el bueno del censor de la cárcel y asumí que, en una escala aérea prohibida por los principios de la Revolución, mi hermano había tenido un encuentro secreto con su madre en España, que tenía exiliada allí a esa otra integrante del consorcio de brujas contra mi madre.

Dejé el perfume en la encimera de la cocina y salí del apartamento. No tuve ánimo para volver a casa donde mami me estaba esperando excitada para saber cómo había ido el encuentro.

Parada en la esquina esperé el paso azaroso de una guagua cualquiera que me llevara lejos. A mis pies, arrugada en un montoncito imperceptible, estaba tirada la esperanza. La recogí y me enganché a la puerta de la ruta 69, clavando los codos en algunas paletillas y con la puntica del pie derecho atornillada al estribo, que era el modo de viajar en la isla cuando quedaban autobuses.

Jorge Ángel llamó una tarde: ya no iba a celebrar su boda en mi casa. Iba a ser en una de Protocolo, en el Laguito, y Celia ya se había encargado de todo.

—Me apena decirte que Naty no está invitada.

—¡Maricón! —le contesté.

Vaya con los hermanitos que Dios me dio. Uno era Fouché en pañales y el otro el Padre de los Pendejos Oportunistas.

—¿Qué tiene el mundo contra mami? —le pregunté a mi adorado primo Mayito.

—Eso a ti no te importa. A las madres no se las juzga. Se las quiere. Es el único derecho que se tiene sobre ellas —dijo Mayito moviendo dulcemente las orejas.

Empecé a ejercer el derecho de amor sobre la mía a carga pesada. Si ella no podía entrar en un lugar, yo tampoco. Me puse a ser un poco la mami de ella, porque abuela Natica era tremenda y se pasaba la vida criticándola. La trataba como si fuera oligofrénica y nunca pudo llevar amigos a almorzar a la casa porque Lala se burlaba de ellos con una vehemencia y una puntería infalibles.

Había tratado de devolverle a mami su jerarquía, pero estaba visto que ni Hércules con sus doce trabajos era capaz de romper la rabieta de rechazo que le tenían. Ella seguía empeñada en demostrar que era revolucionaria a carta cabal, aunque le aplicaran el potro del tormento y que lo de ella no había sido una inclinación uterina momentánea por el peludo, sino una decisión de por vida.

Cada vez la veía menos, ahora que había logrado ser miembro del Partido Comunista tras vencer las oscuras acechanzas de Celia, refugiada un poquito más cada día en su capricho y enajenándose, adentrándose en ese mundo de heroína incapaz de sentir las humillaciones ni la doblez del despecho.

Y como no podía salvarla de sí misma y estaba dentro y fuera, y todas las actitudes me parecían exageradas, quise convencerla de que aceptara otro de los puestos que le ofrecían continuamente en embajadas, de espía o de lo que fuera, para que me sacara de aquella discordia que no era nuestra y volviera a ser una mujer encantadora. Pero ella había descubierto un modo de ser, y era refractaria al juicio ajeno.

Le dejé el campo libre a mis hermanos y sus artimañas en un exit que me libró de almuerzos dominicales y de la doble moral de mis complicados familiares.

El asedio de Celia y sus malas intenciones duró el tiempo que le duró la vida a esa mujer más dura que pedernal, hasta que un cáncer maligno que le atacó desde los pulmones hasta la lengua la dejó más escuchimizada y vermicular de lo que lució nunca.

Pero cuando ocurrió esa muerte habían pasado diez años y mi madre ya estaba presa en sus ideas fijas.

A juzgar por todas aquellas caras apasionadas, los Castro la trataban mucho mejor cuando era la puta del barbudo que cuando se convirtió en la ex querida del Comandante.

Septiembre del 68 nos devolvió a la Escuela de Natación todas lindas y rollizas por el hambre desaforada en unas largas vacaciones sin ejercicio, con el pelo y el uniforme recién planchados. Estábamos paradas en el primer matutino cuando el director nos dio la noticia:

—Como el Ballet Acuático no ha sido declarado deporte olímpico, lamentamos informarles que el equipo de la susodicha disciplina queda desintegrado por orden del Ministerio de Educación. Se les ruega a las participantes devolver el par de trusas, la bata de baño de felpa, el gorro, el naricero, los zapatos y el uniforme escolar. Todo lo cual quedará a cargo de la tía del albergue, previa firma de un recibo al portador. Tras lo cual tendrán permiso para llamar a sus padres. ¡Que vengan a llevárselas!

Y se acabó.

Hice las pruebas para quedarme en natación:

—No está fisiológicamente adaptada al agua —dijo un juez.

—¿Qué le hace falta para estar «fisiológicamente adaptada al agua»? ¿Branquias, aletas, escamas?

Mami estaba furibunda. Fuimos a ver al ministro de Educación, Llanusa.

—Mira Naty, no puedo hacer nada por la niña. Si se queda en la escuela van a decir que es un privilegio por ser la hija de Fidel.

—Es la mejor del equipo y lo saben todos. ¡Hizo una prueba de natación fantástica y mira con lo que me salen! ¿Quién ha visto semejante explicación?

—Es una explicación como otra cualquiera. La orden de que se queden todas fuera es mía. Tienen fama de malcriadas. Los hijos de papá no estan bien vistos en ninguna parte.

—Trata de encontrar una solución. Esa escuela ha sido lo mejor que podía pasarle a Alina.

—Puede ser... A propósito, hijita, ¿cómo se llama esa enfermedad que dices que tengo?

—Ginecomastia —contesté—. Crecimiento inmoderado de las mamas en los hombres. Y ojalá se le lleguen a arrastrar por el piso, señor ministro.

Eso, en nombre de todos los estudiantes de mi escuela, presos en las granjas de rehabilitación que ese palurdo tetón les había inventado para reeducarles los gustos por la ropa apretada y el pelo largo.

Volví a Ciudad Libertad con el ánimo en rebeldía y los maestros acabaron por no dejarme entrar a sus clases.

Nadé cinco horas todos los días hasta que logré un récord inmejorable en mariposa y espalda y me gané el derecho a entrenar con la preselección de natación. Y como ya tenía el pasaje de vuelta al paraíso, el día de la competencia no me presenté en la piscina.

Siempre he sido así: cuando estoy a un pasito del logro, lo dejo.

La casa de 22 empezó a corromperse. Los techos soltaron tortas de cal y yeso para exponer una ramazón de cabillas herrumbrosas y tuberías podridas.

Mami encontró un ejecutivo poderoso capaz de mover los hilos de las permutas en «zonas congeladas».

El 19 de marzo estaba desalojando el cuarto del chofer con una fiebre de catarro onerosa, cuando se vino abajo la tabla de una repisa y descubrí la caja fuerte.

Antes de avisarle a mi madre, que había tenido el hábito criticable de donarle todos sus bienes a la Revolución y el Socialismo, llamé a abuela Natica, la preservadora de lámparas y otros tesoros familiares.

Pero Lala no pudo quitarse de arriba a los amanuenses de la Seguridad Personal a cargo de la mudada y subió a los altos del garaje escoltada.

Ellos fueron los que violaron el secreto de la caja a base de soplete y martillazos, para revelar la melancolía de los antiguos dueños que, huyendo del descalabro en 1959, habían enterrado ahí, antes de la póstuma estampida, sus tesoros más preciados. Títulos de propiedad, dinero, joyas.

Abuela quiso retener un polvero de oro recamado con el pretexto de que ése era el día de mi decimoquinto cumpleaños, pero los de la Seguridad no soltaron prenda.

—¡Auxilio! ¡Auxilio! —gritó Lala, histérica de repente. Pensé que se había vuelto radical y que iba a iniciar en ese mismo instante una batalla contra los abusos del Comunismo Mundial.

A sus pies, nadando en un líquido azul turquesa, estaba mi homúnculo azul.

Uno de los bocales de mi infancia se le había caído de las manos.

SEGUNDA PARTE

La casa nueva está en «esquina de fraile» y le da la luz bendecida de la tarde. Es de piedra de cantería. El diseño excluye las puertas interiores y se abre de salas, comedor y saletas, como ofrecida. Los jardines se van encaramando por la piedra y está custodiada de flamboyanes. Un jacarandá le ruega al cielo con la premonición de la furia arboricida que iba a azotar a los vecinos años después.

Era el día de mis quince primaveras, habría apuntado Tata secretamente en sus notas a la fisiología.

El mensajero del Comandante llegó de noche, vestido a su imagen y semejanza. Un campesino macho, canoso y fuerte que se llama Sosa y es invariablemente portador de buenas noticias.

—Éste es el regalo del Comandante. Felicidades, muchacha.

Era un frasco de perfume Cristal y a la vez una lamparita.

Y hablando de Fidel, ¿desde cuándo no se aparecía por casa?

—Menos mal que respondió. Pensé que a lo mejor ni le daban el recado —comentó mami.

El perfume fue el primer milagro. El segundo era un turno en el Polinesio.

Quedaban en La Habana tres restaurantes abiertos y una mesa costaba broncas callejeras a golpes y pedradas hasta que llegaba la policía, después de noches de cola que acababan en frustraciones.

Iba ataviada con un juego sastre de pantalón y chaqueta de

lamé plateado sin mangas, que era la moda de los setenta según mi madre, confeccionado entre Juana y Lala Natica.

Parecía una morsa envuelta en papel de regalo y estaba moribunda, pero no iba a amargarles el placer del sibaritismo gastronómico a mis matriarcas. No tenía a quién invitar. Me había ido quedando sin amigos, entre éxodos y cambios de escuela.

Estando el Mercedes Benz en fase terminal, nos dirigimos a tomar la ruta 27. Éramos una extraña trilogía.

—¡Eh, caballero, empezaron los Carnavales! —fue la galante referencia de un criollo a mi atuendo.

Como en efecto. Las tres cuartas partes de la vida consisten en hacer el ridículo.

Cada vez que «cambiaban» a mami de trabajo tenía que permutar yo de escuela por el aquello de hacerle la visita.

Esta vez la mandaron al Mincex, que es el Ministerio del Comercio Exterior, convertida en especialista en Geplacea o Grupo de Países Latinoamericanos y del Caribe Exportadores de Azúcar. A pesar de ese título nobiliario, la ubicaron en un buró dentro de un closet reformado.

—¡Mincex, Minfar,[8] Mincul,[9] Minil,[10] Micon![11] ¡Parece palabrería vietnamita! Hasta el idioma ha cambiado en esta isla —decía abuela Natica.

Y por si era poco, el partido le orientó amablemente la obligación ineludible de estudiar una carrera. Tuvo que apechugarse el ánimo y arremeter con la licenciatura en Lengua Francesa del Horario para Trabajadores, de siete a once de la noche todos los días, cuando estaba a un paso de la jubilación.

Todo lo cual, unido a sus obligaciones de Delegada del Sindicato.

La vida se le había vuelto un enredo de mayúsculas.

El Mercedes Benz regresó del coma lleno de alambritos, con injertos de Volga y de Moscovich. Le hacía huelgas continuas.

Y por si fuera poco todavía, el jefe la cogió con ella.

Andaba mami llorando su agobio por las avenidas y las calles, según rumores aviesos que no tardaron en llegarme, cuando tomé cartas en el asunto.

Se me ocurrieron un par de ideas.

La obligué a quedarse descansando un día:

—Un solo día, mami, ¡por el amor de Dios! Desde que te conozco no has faltado al trabajo. Anda...

Y fui a fajarme con el tipejo irracional que era su jefe, Eduardo.

—Se pasa la vida haciendo el trabajo de los demás.

La acusó de querer ayudar tanto a la gente que andaba descuidando el trabajo propio. No se daba cuenta de que ella no es de sí misma. De sí misma no tiene más que descontento enterrado a fuerza de voluntad.

Y la acusó de andar enloquecida con la licenciatura. Y de pasarse las mañanas en el quiropedista dejando los espejuelos en la mesa para que la gente pensara que andaba por los alrededores.

—La licenciatura se la mandó el partido. Si ayudar a los demás es un defecto, ella lo tiene. Es incapaz de hacer un cálculo artero referente a espejuelos presentes estando ausente. Ya le diré que te ponga las patas en el buró: tiene más callos que un archipiélago. ¿Y sabes por qué? Porque cuando pendejos como tú estaban meándose en los pañales todavía, ella botó su casa y su familia por la ventana para que pendejos como tú llegaran a ser lo que son ahora. ¿Y sabes qué más? Si no la dejas en paz, te juro que te voy a arruinar la vida. Esa mujer tiene edad para ser tu madre.

La segunda opción era una moneda al aire.

Fui a ver a mi tío Raúl, que por ese entonces me había dado un trabajo de traductora del francés en su oficina.

—¿Sabes, tío?, leí todas las cartas que le escribiste a mi madre antes de que el maricón de Pacheco se las estafara en nombre del Museo de la Revolución. Eran cartas muy bellas.

A Raúl lo atrapó la melancolía de los viejos tiempos.

—Es que ella se portó como un hada feliz con toda la familia.

¡Qué casualidad!

Y ya que estábamos en una vibración poética, me saqué del alma que «ella se ha vuelto triste y por más que haga para descongelarle el alma, de mí no depende porque es como una flor enferma que suelta el perfume cuando no se espera y que se cierra con la primera luz del día en vez de abrirse, y en cambio, andaba desplegada de corola para quien no la veía ni la apreciaba y los había

III

ayudado tanto a ellos, con todas sus joyas empeñadas sin retorno para comprar las armas de la gesta del Moncada», y bla bla bla. Conseguí cambiarle el Mercedes Benz por un carro «si no nuevo, por lo menos decente».

—A ti te gustan los Mercedes y pueden arreglarlo perfectamente en el taller número Uno del Minint. Es del mismo modelo que los tuyos.

—Nada de eso, sobrina. Vendan el carro. Así se quedan con un dinerito. Parece que están pagando lo indecible. Y, si quieres mi consejo, traten de venderlo en el campo. Los guajiros se han llenado de dinero con la Bolsa Negra y no tienen en qué gastarlo.

En efecto, no había nada que comprar. Y puesto que estaba a dar, le hice una última petición:

—Tío, ¿qué te parece si para matarla de felicidad la incluyen en los actos del 26 de Julio? Es que cada vez que oye decir que los participantes en el asalto al cuartel Moncada se reúnen todos los años y a ella no la invitan, se me pone mustia.

—Eso no te lo puedo prometer. Lo tengo que consultar.

De resultas de lo cual a mi madre le llegó un VW azul al otro día, y una invitación para los actos del 26 de Julio unos meses después. Con cierta variación: no estaba invitada con los ex combatientes, sino con los familiares de los mártires, aunque el único mártir del Moncada en la familia fue la melena inglesa, rizada a fuerza de permanente, que mi abuela Natica había soltado en su viaje inquisidor a Oriente.

Acabé por espabilarme y dejarme de tanto reto de natación inconcluso para ir al Preuniversitario Saúl Delgado de El Vedado, donde reinaba una fuerza de la educación tenebrosa: la Marquetti. Un apellido italiano de alcurnia beisbolera en una cara negra de ojos refritos y boca dientuda, que le tenía un odio visceral a todo lo que fuera «dirigente», y como no podía cogerla con ellos, acosaba a los hijos.

Hildita Guevara y yo coincidimos allí en la distancia y el tiempo de las lejanías fortuitas con la amistad inalterada.

Se le había muerto la madre en menos de seis meses, porque el cáncer no perdona a nadie. Me contó algo que enterré por momentánea cobardía, entre las múltiples confesiones circunstanciales y desesperadas de tanta gente y el apego a mi propia inocencia:

—¿Sabes lo que me dijo antes de morirse? Estaba ahí, con los pulmones medio podridos, a punto de echarme arriba el último suspiro y no pudo aguantarse. ¿Sabes lo que me contó? Que a mi padre lo dejaron morir en Bolivia los cubanos. Que todo fue un montaje para el Héroe Necesario. Que todas las cartas que dejó son imitaciones de calígrafos expertos. ¡Hasta la mía! Y que vigilara la verdad, que se sabría algún día. ¡Por qué la gente no se puede morir dejando en paz a los vivos, carajo!

No supe qué contestarle. Rana Venerada siempre me pareció demasiado densa y, además, ¿a quién le gustan las desmitificaciones?

Ni mi amiga Hildita pudo con ella. A seis meses del curso dejó el Instituto, no sin que la Marquetti le deparara una última vejación. Se casó con un mejicano exiliado en Cuba tras la matanza que un tal Echeverría[12] perpetrara contra obreros en México, antes de convertirse en presidente y ser recibido en la isla con bombos y platillos, previa detención de todos los mejicanos exiliados allí por su causa. Al parecer, es una práctica usual de todas las policías del mundo.

El marido de Hildita estuvo preso por esos días y la desilusión se les coló en el cuerpo.

Fui a verla cargada con un maletín de ropa y un par de zapatos, porque ella estaba viviendo entonces la miseria de la que me había salvado con sus préstamos cuando ambas teníamos once años.

Tenía un recién nacido en brazos. Con ese hijo plagado de parásitos caribeños acompañó al marido, desterrado en un segundo exilio que, quién sabe por qué, tuvo por base Italia. Volví a saber de ella años después, cuando otra derrota la devolvió a Cuba, agradecida. Era el único lugar donde contaba con un psiquiatra y viejos amigos para darle el desayuno a su segundo hijo, porque ella no tenía lucidez suficiente para distinguir entre una botella de ron y un biberón de leche.

José Ramón Pérez había alebrestado doncellas en el Pre de El Vedado gracias a sus múltiples encantos.

Tenía un par de ojos verdes de picardía, dientes pequeños y perfectos, y una pelusa rebelde empenachada en la cabeza redonda como un queso. Pero los atributos que lo hacían diferente y único eran sus botas de gamuza con flecos, sus jeans variopintos y un VW blanco: un vestuario de catálogo en el país de la Libreta y una paloma mensajera perdida en el inexistente tráfico, en la época en que esperar una guagua levantaba plegarias en las paradas.

Y también tenía un padre en el buró político.

Sobrados motivos para que la Marquetti lo expulsara de la escuela, sin impedirle ser el pepillo de oro.

Cuál no sería mi sorpresa cuando se fijó en mi desaliño.

Las flechas del amor son misteriosas.

Su ilustre padre había cambiado el lecho matrimonial por el de una jefa de despacho veinte años más joven. Dejó a la familia sumida en un duelo de abandono y propició en el hijo una sensibilidad insensata.

Mi novio estaba un tanto enfermo. Tenía dieciséis años cuando se convirtió en el primer hombre de la casa. Mi novio pasaba de mis rodillas a las de abuela y apretujaba y besaba a mi evasiva madre.

Una de sus obligaciones era apagar las luces y cerrar bien la casa antes de irse, dejándome debidamente acostada y sexualmente intacta.

Teníamos un ritual de despedida: José se sentaba al borde de la cama, metía la mano izquierda debajo de la sábana y me empezaba a tocar despacio para «aprenderme todo lo tuyo de memoria». Ya tenía la cabeza y medio cuerpo debajo de la sábana en una exploración minuciosa con la lengua, cuando abuela resucitaba en la oscuridad de sus ronquidos herméticos.

—José Ramón, ¿todavía estás aquí?

—¡Ya voy cerrando la puerta, abuelita!

Como el Lobo de la Caperucita, abuela Natica se volvía a dormir soñando con una cura milagrosa para la enfermedad de la mata de mango del jardín que abortaba unos fetos enormes sin semilla antes de temporada, y en los injertos de los rosales y los crotos.

Yo quedaba revolcada, agotada y húmeda en el desorden de las sábanas frescas. José salía caminando despacio. Nunca rumbo a su casa.

Cuantas más mentiras decía y más problemas se buscaba mi novio, más amigos tenía: convirtió lo de hijo traumatizado de papá dirigente en oficio provechoso. Firmaba en vez de pagar las cuentas en el rebautizado Hotel Habana Libre, que era su reino. En casa le decíamos Baby Hilton y allí se iba entrada la madrugada, después de dejarme excitada y feliz en un mundo onírico acompasado a los ronquidos de mi abuela, a encontrar consuelo a su propio calentón envarado en los brazos de algún ave nocturna en el cabaret del hotel. Jamás me molestó con otros apremios y seguí siendo virgen. No por mucho tiempo. José Ramón tenía la ambición trastornada por la policía del Ministerio del Interior, como cientos de jóvenes que pensaban, no sin razón, que la Seguridad del Estado era una elite. No sé con qué carnet de membrecía convenció a alguien para que le prestara un Colt 45. Fue frente a la entrada del Polinesio donde sacó la susodicha y metió una ráfaga de disparos en el césped de la acera, poco más allá de las diez de la noche, contra un par de machos que descubrió metiéndose con mis piernas y las redondeces alentadoras de mi madre, mientras él pagaba la cuenta de los Zombies y los pollos a la Barbacoa.

Pasamos una larga noche en la cárcel preventiva de Zanja y Dragones en pleno barrio chino de La Habana Vieja, donde a mi madre, por sus aires de persona respetable y miembro del Partido Comunista, le brindaron para dormir una perseguidora[13] parqueada enfrente.

Se acostó en el asiento de atrás. Sacó por una puerta su par de piernas finas rematadas en unos zapaticos viejos de la época de Francia, y así durmió toda la noche.

Al amanecer, la gente que pasaba por la acera se paraba a contemplarla.

Habían pasado veinte años desde el día en que Fidel, triunfante y aclamado, estuvo explicando durante más de nueve horas cómo pensaba separar al ejército regular de aquel propio que recién bajaba con él de las montañas.

Una medalla de la Virgen de las Mercedes, la Obbatalá sincrética, le colgaba del cuello, y unos cientos de palomas blancas le sacudían el alpiste en las hombreras de la camisa.

La celebración de ese aniversario de la fundación del Minint[14] y el Minfar tenía lugar en el Círculo Social Obrero Patricio Lumumba, otrora club Biltmore de Miramar, en medio de una música y unas homilías que hubieran alterado el neurovegetativo de un lama, cuando me pasó por delante un trigueño alto con canas incipientes, un pliegue amargo en la boca y andares de gato.

Padezco un daltonismo estético y la gente es bonita o fea según un tercer ojo que ha desafiado los esfuerzos de amigos y enemigos por hacerme ver realidades, pero a Yoyi le eché encima todos los ojos que tengo y no paré hasta que me lo presentaron, con tan buena suerte que me dejé conducir a casa, terminada la noche, en un Chevrolet desvencijado que mi futuro esposo tenía asignado en aras de cumplir cabalmente su misión de teniente de la Contrainteligencia propuesto para el grado de capitán y llegar puntualmente a sus clases de kárate. Era una Cenicienta en carroza prestada. Yo tenía dieciséis y mi príncipe el doble de mi edad. Igual que Charles Aznavour.

Secretamente empezó a escribirme poemas tentativos y secretamente empezamos a vernos en los ocios del mediodía.

Pero en la isla los secretos no existen, y una avalancha de rumores desagradables nos puso en evidencia.

Mi novio José Ramón, proscrito en su prisión domiciliaria tras los disparos frente al Polinesio, me señaló el rumbo de la puerta del no regreso, y en cuanto a Yoyi, casado con una cantante negra que es todavía la mejor voz de Cuba, con un par de maletas llenas de trapos, papeles y zapatos, tuvo que iniciar un periplo incierto de estancias acortadas en casas de los amigos.

Y los amigos de Yoyi eran lo mejor que Yoyi tenía. A mami y abuela le gustaron muchísimo, todos encantadores y todos con posibilidades: restaurantes y cabarets los fines de semana, casas en la playa y cabañas en la montaña, pesquerías, viajes...

El mundo mágico de la elite militar cubana. Lo mejor uniformado de la nomenclatura.

Mantenían útil y feliz a Lala Natica, gracias a sus dádivas en manjares, resucitando en la cocina sus viejas recetas de *gourmet* como la langosta al chocolate amargo y el *soufflé*, o en el teléfono dando consejos para desavenencias matrimoniales a las esposas, unas señoras veinte años mayores que yo y que tenían poco tema de conversación conmigo.

Y mami no tenía que preocuparse de roturas, arreglos ni emergencias, porque de pronto la Fortuna estaba exprimiendo el cuerno del lado bueno.

Entre Pepe Abrantes, recién nombrado ministro del Interior, el Gallego Franco, jefe nacional de la Policía, los gemelos de la Guardia[15] de las Tropas Especiales, y su jefe Pascualito, se resolvían todos los entuertos.

Los gemelos se llaman Patricio y Tony y estamos almorzando en L'Aiglon del hotel Riviera.

—¿Qué son las Tropas Especiales?

—Una unidad de elite. Son las tropas de asalto del ejército al frente de todas las misiones especiales de guerra.

—¿Asalto? ¿Qué cosa va a asaltar Cuba? ¿No somos una isla pacifista y antiguerrerista? ¿No defendemos el derecho de autodeterminación de los pueblos y la no ingerencia del Imperialismo en los asuntos internos de todos los países?

Me sabía la prosopopeya de memoria. La había oído cientos de veces.

Yoyi se puso lívido, mi madre me clavó un codo en las costillas y los gemelos me miraron como a caída de Marte. Pero no era marciana. Era comemierda.

De modo que en adelante no se cuidaron mucho para hablar de sus cosas secretas.

Lo malo era cuando los amigos estaban en peligro de muerte: a Abrantes, la campaña de Fidel por Allende en Chile[16] le costó que se le fibrilaran las cuerdas sensibles del corazón, en una enfermedad crónica, por correr al lado del jeep del Comandante durante un mes en un asunto que ellos llamaban la Operación Salvador, y que amén de dejar a Abrantes con una condición cardíaca de por vida casi les cuesta la vida a los gemelos.

Al parecer, la cosa estaba bien montada desde el principio; las «líneas de penetración» o algo así: la Tati, la hija de Allende, ya estaba casada como había sido previsto con el pobre Luis, un oficial de la Seguridad, aunque divorciarlo de su mujer cubana para hacerlo cumplir la misión en Chile había sido un problema. Y Allende había aceptado a Tony como jefe coordinador del GAP, el Grupo de Amigos del Presidente, que era la escolta personal del futuro presidente, gracias a un agente chileno entrenado y formado en Cuba, el Guatón.

Yo oía y no oía aquella terminología especializada. Lo del viaje prolongado de Fidel haciéndole la campaña a Salvador Allende era cosa diaria en la televisión.

Estaban los gemelos en Chile, y sus mujeres disfrutando en las mesas de hierro blanco del jardín de casa un almuerzo amañado por Natica, que después de quince años de abstinencia podía toquetear a gusto las cabezas de ajo, el encaje del perejil, la lanza mortífera de la langosta en la cola y llorar a gusto las nanas de la cebolla, olvidada de las privaciones de la Libreta, cuando una misma voz tomó la radio y la televisión para anunciar que los tanques de los militares estaban rodeando el Palacio de la Moneda y que Allende, allí atrincherado con sus hijas y el GAP, estaba dispuesto a dar la vida por defender la democracia. Y ya estábamos en estado de duelo inconsolable las esposas, los amigos y yo, cuando aparecieron de repente sanos y salvos los gemelos con la tropa, la mitad del GAP y su jefe, el Guatón Marambio, que se iban a asilar en Cuba.

Lo mejor de todo es que tuvieron tiempo para empacar regalos y arramblar con televisores y lavadoras, cuando nosotros los hacíamos muriendo en la Moneda, defendiendo al presidente.

Una mañana, poco después, en La Habana, la Tati amaneció muerta. Se había pegado un tiro con la pistola de su esposo, el oficial Luis, de la Seguridad cubana. Al poco tiempo se mató la hermana de Allende: se tiró desde uno de los últimos pisos del hotel Riviera.

Fidel tuvo una victoria filosófica:

—No se logran revoluciones sin la violencia de las armas.

Los gemelos, Yoyi y yo nos fuimos a soltar el vapor del estrés en una de las cabañas de Tropas en Soroa, un lugar entre lomas apelambradas de helechos y otras criaturas de la humedad en el aire intocado y limpio.

Otra Escuela al Campo me interrumpió el idilio. Dos meses y medio en el Plan Tabaco de Pinar del Río. No me quedaban amígdalas que extirparme ni apéndice, ni ojos de pescado ni otras verrugas juveniles que incinerarme en las diabólicas manos de Alonso el dermatólogo. Tuve que presentarme con la carga habitual del cubo, el sombrero, la maleta y las chancletas de palo. Establecí una huelga unipersonal de «no baño, no comida». Para subsistir en la miseria alimentaria del campamento, les cambiaba las mangas de las camisas a los campesinos por un plato de arroz y frijoles mientras me cubría de una capa de resina de tabaco repelente, cuando una madrugada la luz de una linterna en la cara me encandiló las pupilas.

—Tienes una reunión urgente en el almacén —dijo la Marquetti mirándome con todos sus dientes.

En el almacén, el imperio de los ratones que desdeñaban el azúcar turbinado para mear en los sacos de arroz y los paquetes de gofio, estaban recostadas, encima de los sacos, cinco de mis compañeras: Hildita, Aimée Vidal, la hija de una presentadora de televisión famosa y querida, y otras tres muchachas provenientes de un estamento que mortificaba la sangre de la Marquetti.

La cosa empezó por la higiene. Nos acusaron de no bañarnos. Nos defendimos alegando que había diez letrinas rebosadas para quinientas mujeres y que uno salía de allí más cochino después del baño que antes.

—¡Eso no es todo! Juegan al baseball y, en vez de irse a dormir, se pasan las noches cantando y rascándose mutuamente las pulgas y los piojos que, desgraciadamente, no hemos podido erradicar del plantel, ¡en un toqueteo infame!

Conchita Ariosa asentía con una sonrisa comprensiva de sus dientes mermados y su amiga Luisa la secundaba. Ambas eran primer secretario y segundo secretario, respectivamente, de la Juventud Comunista. En referencia al baño, la acusación se deslizó jabonosamente hasta la de homosexualismo activo.

La Marquetti estaba determinada a convertirnos en parias. Y lo hizo de cierta forma, porque algunas muchachas perdieron a sus novios por los rumores y se quedaron con el destino de adolescentes malinterpretado y torcido.

Cuando regresé del campo, Yoyi se había casado con mis matriarcas y estaba instalado en casa.

Fue una grata sorpresa encontrarme su crema de afeitar en mi lavabo y su reguero de hombre sustituyendo al mío en mi cuarto y mi cama.

A pesar de ciertas observaciones venenosas de abuela —«Alina, ¿cómo puedes acostarte con un hombre que se lo ha hecho a una negra? ¡Eso atrasa, m'hijita!»—, ella misma le había dejado el espacio libre.

Y a mí me mandaron a dormir al cuarto del fondo...

Lo cual no impidió un derroche de calentones y masturbaciones, que me parecían cosa de disfrutar a posteriori, después de consumar el himeneo... Así que me introduje en el cuarto una noche y lo conminé a derribar aquel incómodo obstáculo que lo traía ojeroso y trasnochado.

—¡Dale ahora que todo el mundo está durmiendo!

Fue muy romántico y quedé embarazada.

Por aquello de la maledicencia social, mi madre se sentó conmigo y habló:

—¿Un hijo tú, que lo dejas todo?

Me cayeron arriba las mujeres de espalda, la inadaptación social y todos los traumas de hija abandonada por un padre esquivo. Me dejé llevar al Mejor Hospital Ginecológico de Latinoamérica, decían, pero algo pasó en el salón del aborto, porque después de eso me despertaba todas las noches dando aullidos, y cada tarde, puntualmente a las doce, una mano que me doblaba de dolor me retrepaba la entraña y me hacía sudar de terror mudo en plena clase. Como si aquella alma desterrada no pudiera perdonarme.

Pero seguimos preparando la boda.

Mami desenterró de un huacal que había hecho la travesía francesa metro y medio de tela de tira bordada.

Con eso y uno de los vestidos de olán de hilo de Natalie convertido en refajo, Juana la Costurera me inventó un traje de novia. Fijamos la boda para el 28 de marzo. En la playa... Los amigos nos habían organizado una noche perfecta.

Hasta que una tarde sonó el teléfono.

—¡Quiero hablar con Alina!

—Con la que habla...

—Pues yo soy Leivita, el jefe de la escolta de tu padre. ¡Y el encabronamiento no me deja ni hablar! ¡Mala hija! ¡Sí! ¡Mala hija que no respeta al padre, al Comandante!

Creí que era una broma y colgué. El nombre diminutivo volvió a llamar:

—¡Y ahora pónme a tu madre!

—¿Yo mala revolucionaria? Pero compañero, ¡contrólese y respete! —decía ella.

Después amenazó a Yoyi con la ira eterna del Servicio de Contrainteligencia y volvió a gritarme que no podía salir de la casa hasta que el Comandante en Jefe tuviera tiempo de mandarme a buscar.

—¡Si piensas que voy a estar aquí esperando por el tiempo del Comandante! Me caso dentro de cuatro días, ¿sabes? Lo más que puedo hacer es estar localizable.

Cada vez que salía y donde estuviera, se aparecía un chequeo de la Seguridad Personal, dejando a la compañía aterrorizada. Qué decir de mi madre, del futuro esposo y de todos esos amigos que no sabían si pelearse con él de repente.

Estábamos en la Bodeguita del Medio, el emporium de la indigestión con todos esos mojitos y chicharrones, debatiéndonos en los avatares del pospandrial, cuando Leivita en persona se me erigió delante en toda su talla de cinco pies y me maltrató respetuosamente hasta meterme en un Alfa Romeo torturado de antenas.

—¡Amarillo llamando a Azul! ¡Amarillo llamando a Azul! Me dirijo al punto con el objetivo.

El objetivo estaba verde de rabia.

Por la expresión disgustada de los guardias que abrían y cerraban puertas en los sótanos del Palacio de la Revolución, llegué a pensar que había alterado el pulso de las últimas setenta y dos horas de la Historia de Cuba.

Fui conducida a un despacho rectangular con pavé de madera y profusión de plantas tropicales. Me sentaron frente a un buró adosado a una estantería con algunos libros y pomitos de semillas.

Eran las dos de la mañana. La digestión y el CO_2 mortífero de tanta mata encerrada me tenían adormecida cuando entró el Comandante, incómodo y parco. Lo miré de arriba abajo. Las botas eran un modelo nuevo, de charolina con punteras cuadradas, que le afinaban las canillitas. Le sonreí y lo ataqué primero. Con un beso.

Silencio.

Y diálogo.

—Te he mandado a buscar por lo de la boda.

—Ya.

—¿Para cuándo lo tenían pensado?

—Lo seguimos teniendo pensado para el 28 de marzo. Y estás invitado, claro.

—Lo que no me explico, lo que no puedo entender, es que no me hayas pedido permiso.

Tuve el impulso de sacudirlo por las solapas.

—¿Permiso? ¿Y cómo te lo pido? ¿Rezando? Nunca he tenido ni un teléfono adonde llamarte.

—Ya sé. Reconozco que no me he ocupado de ti lo suficiente. ¡Pero casarte a los dieciséis años!

—Diecisiete, desde hace una semana.

—Es lo mismo. Apenas conoces a ese hombre.

—Lleva meses viviendo en casa y es el que se ocupa de todo. ¿Sabes?, como nada más que hay mujeres ahí y todo está tan difícil y hasta aparecen huellas debajo de las ventanas del jardín como si estuvieran vigilando para entrar a robar...

—Pero es que ese individuo no tiene nada en común contigo. ¡Estaba casado con una cantante!

—No te irás a poner igual que mi abuela con el asunto de que la mujer es negra y que si...

—¡Deja de interrumpirme, por favor! ¡Creo que ese individuo es un oportunista!

—Oportunista de qué, si en mi casa lo único que hay son problemas y miseria. Él fue el que capturó a la sirvienta que se robó el samovar de plata y... Mira, es muy tarde y no tengo ganas de seguir hablando mierda.

—¡No eches malas palabras que yo no las estoy usando contigo!

—Disculpa. ¿De verdad estás hablando en serio?

—No sé si sabes que ese hombre estuvo preso.

—Malversación. Era jefe de un almacén y repartió algunos televisores entre sus amigos. La gente cambia.

—La gente no cambia. Te voy a poner un ejemplo: un hombre me quiso hacer un atentado. Fue hace diez años. Lo salvé del fusilamiento y le apliqué la pena mínima. Conversé con él varias veces. Hasta atendimos personalmente a la familia. Lo soltaron y no demoró ni tres meses en volver a caer preso.

—¿Te hizo otro atentado?

—No. Estaba tratando de salir ilegalmente del país con toda la familia.

Sería que tanta mata enrarecía el ambiente y estaba respirando un aire viciado. El caso es que no podía seguirle el razonamiento.

—Todavía no me cabe en la cabeza que no me hayas pedido permiso. —La discusión tomaba vertientes bizantinas—. Y no llevas tiempo suficiente con ese hombre. Un noviazgo debe durar dos años por lo menos. Tampoco te voy a preguntar si ya... No me gustaría hablar de esas cosas contigo.

Se refería a la virginidad. Y como no me convencía, atacó a fondo:

—Y no es sólo que haya robado. ¡Ese hombre es un violador!

—¿Cómo?

—Sí. Se sabe que cuando era interrogador en Villa Marista violó a algunas detenidas.

—Me apena muchísimo que este sistema haya escogido como oficial de la Contrainteligencia a un ladrón convicto y sospechoso de ser un violador.

Y se me acabaron los argumentos.

—Si te casas pasado mañana con ese hombre, ¡deja de contar conmigo como padre!

—No voy a notar mucho la diferencia.

—Si no te casas, te prometo que la situación va a cambiar. Lo único que te pido es que esperes un tiempo.

Mi ancestro ganó la negociación con la promesa de poner la comida y la bebida de la boda si llegaba a darse algún día.

Me llevó a dar un paseo por el Malecón durante el cual hizo promesas de paternidad militante, y llegamos al Nuevo Vedado. Cuando abrí la puerta y lo vieron al lado mío, mami, Yoyi y abuela se pararon en atención. El pobre Yoyi le hizo el saludo militar, parado ahí en la sala en piyama y chancletas. Abuela hizo un exit desdeñoso y mami empezó un murmullo ruculante de «qué bien te ves» y «¿cómo está todo?».

Fidel se puso a llamar por teléfono a Lupe Véliz, la esposa de Núñez Jiménez, aquel que reescribió la geografía de los libros escolares. Ella le estaba preparando algún dulcecito de actriz, periodista, o bailarina extranjera. Estaba despuntando la madrugada cuando lo acompañé a la puerta.

—Después de todo, no parece tan mal muchacho.

—¡Viste! Oye, ¿de dónde son esas botas tan lindas?

—¡Ah! Son hechas a mano. Italianas. Me las mandó a hacer Celia.

Suspendimos la boda hasta nuevo aviso. Fidel intentó cumplir su promesa de cambiar y convertirse en padre.

El día que llegó Brezniev a La Habana vino por casa en uniforme de gala. Le hicimos zalemas y reverenciamos su magnífica presencia.

Después Fidel se fue para Europa (del Este) y, como cuando llegó a Chile, hubo a su regreso recibimiento familiar en la casa de Protocolo número Uno, donde se empeñó sin resultado en que Fidelito y yo hiciéramos las paces.

Para hermanas, cuñadas y sobrinas, trajo un pomo de champú y una cajita de chocolate ruso. Hasta a mami le tocó regalo. Para los hombres trajo relojes Bulova.

Sosa, el militar de las buenas noticias, llegó a casa con una sonrisa ancha y un juego de pulsera, collar, aretes y prendedor en estuche ruso. No eran brillantes: eran «vidirantes» rusos, peor que los perfumes de la misma proveniencia.

No pasó un mes antes de que Fidel me mandara a buscar para invitarme al cine en otra de sus casas del Laguito.

Me sentó en el teatro con un abrigo afelpado, porque hacía un frío para nutrias, y nadie imaginará lo que vimos: el documental de su viaje por Europa del Este. Yo, que había estado evitando todos los cines.

Estaba fascinado con lo bien que se vestía la gente en Europa. Decía que en Cuba no era igual.

¿Cómo iba a ser igual si la gente se ponía vestidos de tela de saco pintados a mano? Pero cuando mencioné la Libreta de Abastecimiento con sus dos metros de tela y sus dos carreteles de hilo al año, me cambió el tema.

Yoyi y yo nos casamos en agosto, cinco meses después de la fecha pospuesta.

Fidel puso la comida y la bebida de la boda. Dulces y una ensalada de espaguetis con mayonesa y pedacitos de piña. Diez botellas de Havana Club y una de whisky para él, todo servido en bandejitas de plata por la Seguridad Personal, que se había encargado de vetar a todos mis invitados, incluyendo a Hildita Guevara y su marido indeseable.

Mi boda fue una actividad política con brindis. Hasta la notaria era del Ministerio del Interior.

Fidel llegó a tiempo, autorizó la boda con una firma y se divirtió. Yo no, y el infeliz de mi marido, menos. Para aguantar aquello se emborrachó como no lo había visto nunca. La luna de miel asignada por el Palacio de los Matrimonios, de tres días con dos noches en el Habana Libre, fue una ordalía de desencanto y vomitera. Mi padre, antes de retirarse a última hora de la boda, me llevó aparte para advertirme:

—No me avises cuando te divorcies.

—No te preocupes. Sigo sin tener tu número de teléfono.

Tratamos de resarcir la luna de miel fallida en Varadero. Una semana tirados al sol como dos morsas y más aburridos que un par de cocodrilos en un florero.

Abuela Natica había retomado su antiguo hábito de vigilar y defender el honor de las hembras de la familia, como había hecho en los tiempos en que su hija se le desordenó con el rebelde barbudo.

—Yoyi, mi nieta está muy joven y muy linda para que te estés acostando con esa gorda inmunda. ¡Parece mentira!

La «gorda inmunda» era la jefa de la zona congelada del Nuevo Vedado, encargada de decorar las casas de los dirigentes, con los muebles decomisados en otras.

Me fui a vivir con él en el apartamento diseñado por la gorda inmunda. De noche no podía dormir.

Extrañaba mi cuarto, mi baño, mi cama y mi almohada. A las dos de la mañana hacía una travesía trasnochada por la avenida 26 hasta mi casa.

Nada tuvo que ver la gorda con el puñado de diablitos que se me alojó en el cuerpo la noche en que mi padre acusó a mi marido de violador y ladrón.

Me tenían confundida, todavía, la adoración y el temor reverencial de los que lo aplaudían y le gritaban «¡Viva! ¡Viva!» como si tuvieran la brújula de pensar extraviada.

El mes de agosto siguiente, era una divorciada de dieciocho años. Y parecía que la Contrainteligencia y la unidad de elite de las tropas de asalto se hubieran propuesto la operación conjunta de acostarse conmigo. Me encontraba a uno de los «mejores amigos» de mi marido en todas las esquinas o dentro de casa. Abuela Natica les abría la puerta, negada a abandonar aquel interludio de actividad social y culinaria, y seguía empeñada en ponerme al teléfono con sus esposas.

La solución que se me ocurrió fue poner tierra de por medio.

El cantautor nacional Silvio Rodríguez era el Flautista de Hamelín designado por el gobierno para arrastrar a las masas al nuevo invento pedagógico.

La Escuela en el Campo era la versión perfeccionada del sueño martiano: ya no se trataba de trabajar en el campo dos meses y medio, sino de vivir y estudiar allí mismo. Se levantaron unos edificios grises por toda la isla. Los alumnos vivirían ahí seis días a la semana, en clases por la mañana y por la tarde, en el campo.

> «*Ésta es la Nueva Casa*
> *Ésta es*
> *la Nueva Escuela*
> *Casa y Escuela Nueva*
> *como cuna*
> *de Nueva Raza.*»

A pesar de lo cual Silvio es un poeta inmejorable.

—Los uniformes han sido seleccionados según el criterio de comodidad y modernidad —decía Fidel—. Si bien las telas sintéticas son calurosas, tienen la ventaja de no arrugarse con facilidad. Lo que evita el uso de las planchas en los albergues, reduciendo la posibilidad de accidentes e incendios. Los zapatos son fácilmente sustituibles... —Eran los mismos zapatos plásticos de la fábrica japonesa que había comprado en el año 67, y que seguían llenando de hongos los pies de la patria—. No es cierto que los alumnos amortizan rápidamente la inversión con su trabajo. No en los primeros tres años —repetía incansablemente.

Leoncio Prado era una construcción de prefabricado a hora y media de La Habana. El alivio de exiliarme de casa duró poco: allí no se acababa nunca la comunión en el baño, el sueño, la caca, la templeta, la brujería, la chusmería, las delaciones, la militancia comunista, la doble moral y el robo.

Nos tocó el Plan Piña, con plantaciones hirsutas de espinas asesinas. Trabajamos meses con la boca hecha agua, el fondillo caramelo y la anatomía torturada por las heridas, siempre con hambre, esperando la recolección para darnos la gran panzada.

Maestros y directores habían simplificado el fraude para que sus escuelas ganaran la Emulación Socialista: nos escribían el examen en la pizarra el día antes.

Pero teníamos entradas preferentes a la universidad y yo seguía endiablada en la Medicina. A los predios de la escuela llegó una tarde Honduras, un amigo de Yoyi, el más persistente de aquella horda falaz y perseguidora que pretendía encamarse conmigo tras el divorcio. Era un indio hondureño y lo parecía. Y era huérfano abandonado en la isla. Lo había mandado la madre a La Habana a pasar unas vacaciones con una tía. Una tarde, cuando volvió a la casa desde el retozo incansable de los doce años, se la encontró vacía.

La tía voló sin avisar cuando vio llegar la Revolución.

Podía imaginarme al niño indio solo en La Habana Vieja, en medio de la furia tumultuaria que gritaba «¡Viva! ¡Viva!» y «¡Paredón! ¡Paredón!», con la experiencia echándosele encima como una catarata gélida.

Lo había recogido el ejército y no tuvo ningún problema hasta la primera vez que se vio con pase en la adolescencia y no tenía adónde ir.

—Entonces descubrí las funerarias. Ahí te puedes quedar toda la noche. Y siempre hay alguna doliente que consolar...

Tenía una imaginación destemplada. Y tenía grado de subteniente en las Tropas Especiales. Éramos un par robusto y alegre y, claro está, empezamos a vernos a escondidas hasta que se enteró el bueno de Abrantes y lo mandó *ipso facto* a hacerse cuarto dan de kárate en el Japón. Me escribía cartas hermosas. Me llenó la vida y el corazón de faltas de ortografía, de faltas de puntuación, de faltas de sintaxis y de un montón de otras faltas, sin pudor ni dolencias, con el amor y la necesidad tan alegres, elementales y desnudos que apenas me perdono no haber seguido viviendo en ese trozo del pasado.

Cuando Fidel me mandó a buscar para perdonarme el primer divorcio, estaba lista para dejarle entrever la perspectiva del segundo.

No me dio tiempo. Estaba ahí sentada, oyéndolo hablar de los hidropónicos para el nuevo Plan Quinquenal, donde seguía con la pretensión de hacer crecer uvas, fresas y arroz alimentado con sali-

El bisabuelo Francisco Ruz, con
su sombrero de campo.

La conexión británica:
el bisabuelo Herbert Clews, con su
esposa Natalia y su hijo Enrique.

El abuelito Manolo Revuelta, el santanderino.

El abuelo Ángel Castro, el gallego, cacique de Birán.

La abuela Lina Ruz, a quien Alina debe su nombre.

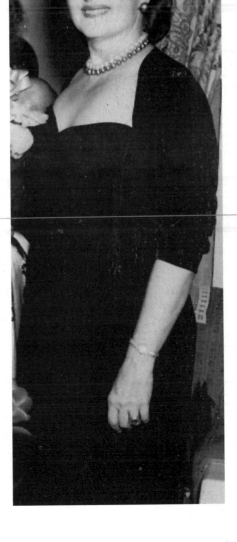

La abuela Lala Natica en 1948.

4

Fidel a los tres años.

Compromiso de Naty y Papi Orlando, en 1948.

Naty en 1955, un año antes de que Alina naciera.

Fidel en 1955.

Con Naty, el día del nacimiento de Alina, 19 de marzo de 1956.

6

El día del bautizo. De izquierda a derecha, y de arriba abajo: Natica, Natalie, Elsie Clews, doctor Orlando Fernández Ferrer, Caridad Betancourt de Sanguily (la madrina, con Alina en brazos), Antonia Ferrer, viuda de Fernández, doctor July Sanguily (el padrino), Naty, y Manolo Revuelta.

Alina con su juguete preferido, un hueso de goma de la casa del perro.

Alina con su gorra de la Legión Extranjera.

Alina con Tata Mercedes.

Alina cumple un año.

Naty con Alina en el jardín de la casa
de las calles 15 y 4, en El Vedado.
(Foto tomada el Año de la Libertad, 1959.)

Dibujo de Fidel por Alina
a los 3 años.

Alina en brazos de Tata Mercedes.

Alina y Natalie, en 1958.

Naty con Natalie y Alina, en 1959.

Alina con los odiados zapatos bitono, con su grupo del jardín de infancia, en 1959.

Durante una fiesta de cumpleaños. Alina en brazos de Raúl Castro. A la derecha de Raúl, Vilma Espín, su esposa. La segunda mujer a la izquierda de Alina es Lidia Castro, medio hermana de Fidel, que en este libro aparece como Lidia Perfidia.

Mami dice que tengo
unos muy bonitos
carteles rosados

Dile a Fidel que arregle
el abastecimiento
tu comprendes porque

El primer mensaje de Alina a Fidel
(en torno a 1960).

1963. Estrellita del Carnaval con su Robin Hood chino.

Camino de París, en el zoológico de Madrid (1964), Alina y Naty.

Con unas paperas monumentales.

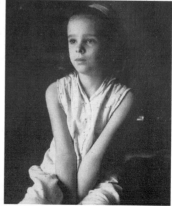

Naty y Alina en 1964.

Alina en la Île de la Cité,
París (1964).

Fidel jugando al béisbol.

Alina al pie de la tribuna
desde la que habla Fidel (1966).

La revista *Pionero* publica
unos versos de Alina,
sin que ella se entere, en 1966.

EL MAR

El mar bravea
alza sus crestas blancas
y se va a fracasar sobre la orilla
de arena fina.
Negro se ve a los ojos del humano
pero no se ve más que
con el corazón.
Ya comienza la tormenta.
Las crestas blancas sobre las olas
se convierten en altas montañas de
                 (pena,
nevadas en la punta,
de base vacilante.
Y gastan roca, como la pena
gasta el corazón.

Llueve, llueve.
Las gotas son como perlas,
sobre un fondo gris,
Corren, corren, sobre las mejillas
de la Naturaleza.

Las nubes viajan cual
pájaros enormes
sobre cielo vuelto corazón.

Pero llega una sirena
cual una perla más,
con cabellos dorados
piel rosada
boca de rosa
y el mar se vuelve tranquilo,
ya las olas se inclinan
ante la pura alegría y belleza
de aquella sirena.

Las crestas blancas la acarician.
Y las montañas de base vacilante
               (se vuelven
en fuertes montañas de amor.

El cielo, azul se vuelve.
Las gotas cual perlas
yacen sobre las algas,
y la arena húmeda
lleva huellas de felicidad.

El mar lleva fondo transparente
con miles de peces.
El cielo, fondo azul.
Y el corazón, fondo puro.

Alina despidiéndose de Tata Mercedes
cuando se va por primera vez a la «escuela
al campo», en 1967.

Fidel ejerce de padre con motivo de la boda de Alina con Yoyi Jiménez (1973).

Alina con Yoyi, su primer marido.

En el jardín de la casa en Nuevo
Vedado.

Alina con Honduras,
su segundo esposo.

Alina, embarazada de
Mumín, con Panchi,
su tercer esposo.

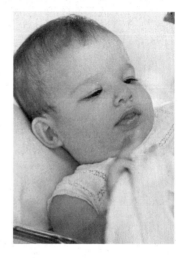

NATAL

Para Alina, tan pura, tan perennemente niña
y flor;
para Loor,
que ya va a una y media primavera
en este dulce día de hoy:
A ellas.
Todo extensivo a la hermana siamesa de aquella
                                    /Joan Crawford
deslumbradoramente sabia y bella,
y a Señora del porte de otros días:
a Natalia Clews, a quien bañó,
en las manos y pies, la luz de una estrella:
a las cuatro verdaderas niñas-mujeres,
de parte de quien tanto las quiere:
de este que siente un trueno en el pensar;
en lo más profundo del alma, el milagro de un
                                    /lirio
y, en el combate, alza una bandera(el lema:"Ni
                                    /hiel ni pesar").

Marzo 20/79.   Pedro Emilio.

Un poema de Pedro Emilio Castro dedicado a Alina con motivo del nacimiento de Mumín (1977).

Mumín al cumplir un año.

Mumín con Raúl Castro y su nieto Raulito. (1985).   Mumín a los dos años.

Celebrando el segundo cumpleaños de Mumín.

Mumín a los 5 años.

Natica, Naty, Alina y Mumín
(1989).

De modelo en la casa de modas
La Maison (1991).

Alina en 1989,
en la época en
que trabajaba
de modelo.

Otra instantánea como modelo.

Alina en 1992.

En actitud pensativa.

Una fotografía reciente.

tre, cuando se me coló en la vista una energía perversa. La piel se le fue borrando y tuve la visión de un amasijo de tendones y nervios anudados en un aura de mal, y un tercer ojo enorme y sanguinolento le salió de la frente.

Me sacudí el espanto, pero desde aquella noche algo se me quedó roto por dentro. Se me fueron las Lunas mensuales y se me paralizó el intestino.

A pesar del amor encendido y correspondido de Honduras, empecé a desgastarme y a odiar ese cuerpo mío que no me respondía y me hacía muecas de renegado.

Lo fui castigando, quitándole el alimento.

Celebré el fin de curso, la admisión en la Facultad de Medicina, y el esperado regreso de mi novio epistolar con cuarenta kilogramos.

Honduras llegaba al aeropuerto José Martí. Ahí estaba yo, parada, con cuatro pares de medias debajo del pantalón y los ajustadores rellenos de trapos, cuando me pasó mi novio por al lado y siguió de largo.

No podía reconocer a aquella espátula que le sonreía con una mueca morbosa de muerta viva. El amor lo volvió lúcido. Me metía la comida en la boca a pedacitos medio masticados, como se hace con un pájaro enfermo.

La anorexia era una enfermedad desconocida en Cuba. Él descubrió lo que no han hecho muchos médicos psiquiatras: la enfermedad de la falta de amor se cura con el cuidado del amor.

Mami sacaba experiencia médica de algunos *New York Times* atrasados que llegaban a su trabajo, a su closet reformado en la oficina del Mincex. Concretamente, de las «Cartas abiertas al doctor» y sus consejos. Una tarde se me apareció en la terraza.

Yo estaba tirada en la hamaca y estuve oyéndole la traducción con la cabeza parada:

—«Señora, si su hija muestra un afán de bajar de peso que ha llegado al descontrol y no puede dejar de intentarlo, es que padece de anorexia nerviosa. La enfermedad tiene que ver principalmente con el tipo de relación establecida con la madre durante la infancia.»

—Tú no tienes la culpa de nada, mami. Si es que puedes vivir con eso.

Para mami, la culpa es un sentimiento conocido y confortable.

—Tal vez. ¿Por qué me has estado oyendo todo el rato con la cabeza tiesa como un pollo? ¿Nunca la recuestas?

—Supongo. No se me cansa.

Lo cual la devolvió al portal, esta vez con un libro de psiquiatría:

—«Cuando una persona es capaz de sostener la cabeza en el aire ininterrumpidamente durante un rato prolongado sin cansancio alguno, estamos en presencia de lo que se describe como "almohada psicológica", y forma parte de los rasgos paranoides de la personalidad.» Por cierto, si quieres que Honduras siga viviendo aquí, se tienen que casar. No admito concubinatos en esta casa.

Y salió dejándome con el cuello reblandecido para siempre.

Pero el concubinato no era la verdad absoluta. Sino el Comité de Defensa de la Revolución, que ya había venido pidiendo el RD-3,[17] la Carta de la Oficoda[18] y la Certificación de Trabajo «del compañero que está viviendo en la casa, compañera. Ya sabe que no se puede tener un ciudadano "agregado" si no lo avisa en el CDR».

A Honduras le costó menos trabajo que a Yoyi conquistar a Natica, sin negra en el obituario y con aquellos cargamentos de comida y las tinas de helado de almendra que se llevaba del comedor de oficiales de Tropas Especiales.

Y lo mejor de todo es que arrastraba a los mismos amigos de antes: los gemelos de la Guardia lo habían apadrinado hacía tiempo. Llegó a ser como un tercer hijo para los padres de ellos, dos viejos adorables apodados Mimí y Popín.

A Fidel le gustó tanto aquel nuevo marido no anunciado que nos invitó a esperar el nuevo año en casa de Abrantes.

Y el mismo Abrantes lo nombró, después de aquella velada exitosa, ayudante y chofer personal.

Yo estaba en la escuela de Medicina.

Todo iba de maravillas hasta que empezó la guerra de Angola y la isla se histerizó en un súbito afán guerrerista.

Lo primero que vaciaron fueron los barrios de los negros. Seguían siendo los mismos que antes de la Revolución: la Dionisia, el Palo Cagao, Llega y Pon. De negros fueron los primeros pelotones que Cuba mandó al África.

Aquello olía a desprecio por todos lados.

Me puse pesadísima. Quería que me explicaran cómo Cuba se había vuelto imperialista después de tanto cacareo con la Autodeterminación de los Pueblos y la No Injerencia en los Asuntos Internos.

Pero ya conocía esa expresión que me ponían cuando les parecía marciana.

Así que me fui a palacio a hacer antesala en la recámara de Fidel, para ver si me daba, por fin, sus razones de Estado. Después de esperar un tiempo me lo encontré delante de un mapa lleno de alfilercitos.

Con eso disponía las tropas.

Por fin tenía una guerra de verdad. Estaba aburrido de asuntos menores en Siria, Argelia, Namibia, Afganistán y América Latina. Estaba emancipándose de los rusos. Ni me oyó cuando le pregunté cómo, si vivíamos bajo amenaza constante de una invasión yanqui, iba a dejar la isla desvalijada de su ejército y sus armas.

Salí de palacio con la amarga convicción de que me habían estafado la conciencia y de que los yanquis estaban encantados de tener a Fidel a noventa millas, sembrando la subversión en el resto del mundo. Con Fidel ahí, siempre iba a tener empleo su ejército de rubios mascachicle, desempleado tras Vietnam y Corea.

Como un equipo de fumigación que mandaban donde quiera que el otro les sembrara el comunismo.

Si se hubieran puesto de acuerdo no lo habrían hecho mejor.

Los amigos que habían sobrevivido a Chile salieron para Angola siguiendo los pelotones de negros.

Para eso eran las tropas de asalto. Todo un ejército de soldados cubanos.

Yo seguía con el rollo de que defender el comunismo contraviniendo los principios del comunismo no tenía humana explicación.

La cogí con Honduras:

—Tú no vas a ir, ¿verdad? Tú te vas a negar a hacer huérfanos en Angola, ¿verdad?

—¿Estás loca, viejita? ¡Quién me ve a mí de mártir y pendejo! ¿Cómo voy a decir que no? Y la Revolución...

—¡No me vengas tú también con eso de que te vas a Angola por defender la Revolución! ¡La Revolución está aquí en Cuba, me parece!

Me bajé de la luna de Valencia y se me quitó la ceguera temporal y conveniente. La vida se me había convertido en pesquerías, en casas en la playa y en trapos y relojes.

Tuve un ataque de principios:

—¿Para qué se dicen soldados? ¡Ustedes son mercenarios!

Mi amor se rascó la cabeza para pensar.

—No debería, pero te entiendo —dijo—. Lo que pasa es que pensar, Alina, para un socotroco como yo, es una actividad peligrosa. Que piensen los que pueden. Yo hace mucho rato que no soy nadie.

Él me había enseñado un montón de cosas. Como cuando tuvimos que echar a un lado tanto amor de papel y enfrentar esa miseria cotidiana que acaba con las magias y él me decía cuando yo lo rechazaba:

—No me sueltes nunca la mano. El amor crea sus propias necesidades poco a poco.

Así que le contesté:

—No te preocupes. A lo mejor aprendo a vivir con las verdades cambiadas.

Los mercenarios, aunque muchos de los ex combatientes de Angola ni lo imaginen, eran efectivamente eso: soldados cubanos pagados por Agostinho Neto. Hasta las estadías de los barcos cubanos en los puertos le fueron pagadas al gobierno.

Cuba se quedó un poco más miserable y más desnuda. Y de luto.

Entonces designaron a Abrantes, que ya era ministro del Interior, para inspeccionar las tropas en Angola. Tuve la sospecha premonitoria de que su vulgar ayudante, Honduras, no iba a poder volver si lo acompañaba, enfrentado a los cuestionamientos de sus amigos y compañeros de tantas armas, porque los cuarteles, con sus rencores y chismorreos, en nada se diferencian de una casa de putas.

Y como tenía los ovarios en paro, la digestión paralizada y una multitud de otros trastornos que me tenían psicosomática toda, y porque tenía miedo de que me dejara morir de inanición en la casa si me quedaba sola, sin su comida premasticada y sus cuidados, Honduras convenció a Abrantes de que me dejara ingresada para un chequeo el tiempo de la supuesta gira.

Me quedé a esperarlo en una habitación de ese coto cerrado que es la Clínica. Allí se atiende al buró político y sus parientes, y a efecto de cuños y certificados médicos se llama Unidad Quirúrgica del Minint.

A las tres semanas regresó Abrantes de su gira. Desde el aeropuerto llegó a hacerme la visita para contarme que Honduras se había tenido que quedar en Angola porque las murmuraciones de la tropa apuntaban al hecho de que le estaba zafando el gancho a la muerte compartida nada más que porque estaba casado con la hija del Comandante.

—En efecto. Siendo soldado debía tener en cuenta ese defecto mío.

—Un oficial designado te llevará el salario y las cartas que vayan llegando. Él ya firmó la autorización para que cobres su dinero. Me encargó que te cuidara mucho.

Esa noche me di de alta y regresé a casa.

Las cartas de Angola me dejaban en un trance de miedo:

Ahora soy del pelotón de exploración imagínate y ayer estube mas de seis hora debajo de una piedra debajo del fuego pero de las propias tropas de nosotros que eso es lo que pasa cuando se va de avanzada pero ya tu sabes como es tu otro yo que sobrevibo y después fuimos de inspección a la aldea mas sercana y había caido un bicho venenoso en la caldera de la trivu que aqui comen una cosa hecha de malanga podrida disen que fermentada que no te se decir como se llama y el bicho es como una lagartija gorda y de colores con las patas torcidas asi y saca la lengua malirna y tiene el rabo con una puntica al final que es donde lleva el veneno y es el bicho mas feo que he visto en mi vida Cuando ocupamos la población o la trivu como se dice correctamente echaz las casas de tierra y techo de paja sin ventanas la gente estaba rigida envenenada Hubo un lio con Pedrito te acuerdas que ahora esta en la unidad 3 que se quiso echar a una angolana que quedaba viva no sé por qué ay gente que se le sale el salvaje con los tiros que se ve que no son profesionales pero son cosas de la guerra como ya sabes Yo sigo pensando en ti y en la chapilla que me dieron pegué un retrato tuyo ese que estamos juntos en la boda de la hija de nuñez jimenez con el Guaton porque no tuve tiempo de nada cuando me enteré de que me tenía que quedar aqui y tu ya sabes que no fue por mi voluntad sino porque como dises tu esta Tropa tiene mas brete que una casa de putas y estaban diciendo que me había vuelto pendejo por culpa tuya o algo aci me conto Pepe y como siempre tienes razon esta es una guerra de mierda y no tenía que ser pero ezpera que yo vuelva viejita que esto no tiene que separarnos si no al contrario...

Me cansé de esperar la noticia de su «muerte en combate».

La vida no es una línea recta trazada cuando uno nace desde la estrella Sido... Dicen que en el 2000 se vuelve atemporal y refractaria para medirle a uno los destellos del destino y sus desatinos.

La guerrita aquella costó más de veinte mil muertos a un ejército de ciento cincuenta mil hombres, y costó casi todos los matrimonios de la isla: el Partido Comunista se dedicó a la caza de mujeres infieles y el núcleo militante del Centro Laboral se encargaba de la muerte definitiva en una reunión donde abacoraban al esposo tarrudo y lo conminaban:

—¡Compañero, entre el Partido Comunista de Cuba y su mujer, elija!

Los que optaron por un amor comprensivo perdieron el carnet de miembros.

Josefina se masturba. Su madre la entiende y dice que es una cosa normal. Pero como su padre le pega, deciden acudir a un psiquiatra. El psiquiatra dice que la actitud de Josefina es adecuada para su edad.

V/F La acción de Josefina es normal.
V/F La actitud de la madre es correcta.
V/F La actitud del padre es correcta.
V/F La respuesta del psiquiatra es acertada.

Había que hacer una cruz según fuera verdadero o falso.

Había setenta preguntas iguales en el primer examen que hicimos los quinientos alumnos de aquella promoción de la facultad de Medicina.

La asignatura era psicología y la unidad se llamaba «El hombre y su medio».

Además de psicología estudiamos mucho marxismo, anatomía y bioquímica.

Pasamos de la genética porque los maestros estaban cumpliendo «misión internacionalista».

El técnico que guardaba los muertos para el estudio se llamaba Bolívar. Tenía unos hongos florecientes en las uñas a fuerza de cuidarlos sin guantes.

Los muertos apacibles que nadie reclamaba para el velatorio reposaban en tanques de madera rellenos con formol, como los fetos olvidados de mi infancia, y como ellos no se quejaban de nada. Nunca vi a un hombre, antes ni después, tratar a los vivos con el cuidado que Bolívar usaba con sus muertos.

Para entrar a la carrera no bastaba un buen expediente: había que hacer una prueba política, ante un jurado de la Juventud Comunista:

—¿Qué crees de la OLP?
—¿Y de la OPEP?
—¿Y del llamado Milagro Brasilero?
—Explica quién fue Ben Bella y su trascendencia histórica.

Los exámenes eran muy complicados. De test, decían. Había que escoger una respuesta entre cuatro soluciones contradictorias para setenta preguntas.

Saliendo del examen teníamos el «patrón de respuestas» en el mural: setenta numeritos en fila para comprobar si habíamos contestado correctamente.

No había genio en toda la escuela que pudiera contestar a más de diez preguntas de ésas sin aturdirse.

Estudiábamos por grupos de amigos afines. Uno tuvo la gran idea: ¿nadie conocía al que manejaba la imprenta de la Facultad? ¡Sí! Pues con quinientos pesos seguro nos pasaba una copia del examen. Así no había que matarse estudiando con café y anfetaminas. Nos creíamos geniales o únicos.

Cuál no sería nuestra sorpresa al comprobar que llegamos al tercer año de la carrera junto con el resto de los quinientos alumnos: el infeliz de la imprenta había hecho su abril vendiendo exámenes.

Por suerte, la medicina no se aprende sobre el papel en un examen de test. Se aprende por amor a los enfermos y conviviendo con ellos.

Fue por la guerra de Angola como conocí al bailarín.

Sigo sin saber qué hacía Panchi en el cuerpo de guardia del Hospital Pediátrico de La Habana. Yo estaba allí con la hija enferma de mi marido mercenario, una niña abandonada y tristona.

¿Conocíamos al mismo médico?

No me acuerdo. ¿Y qué importa? Después de todo, el amor es el único hito en las cronologías.

Tenía una pelusa rubiancha de niño en la cabeza, la nariz achayotada, una piel por donde rondaban todavía las termitas del acné juvenil... Y unas piernas que parecían columnatas dóricas. Caminaba así. Como si llevara el cuerpo en la carroza de un templo.

¡Hay que ver!

Fue un arrebato compartido. Depositamos a la niña en su casa con un tratamiento de caballo para aniquilarle los gérmenes arracimados en las amígdalas y nos sentamos a conversar en el bordillo de una acera.

La madre había hecho una incursión a la Escuela Nacional de Arte, allá por el año 62, con la idea de convertir en bailarina a la hija mayor y a los dos hijos en músicos. Estaban sentaditos ahí, la madre con los dos varones esperando el veredicto, cuando se les materializó Laura Alonso, la hija de esa bisabuela bailarina, Alicia Alonso, que es la leyenda del Ballet Nacional de Cuba.

—¡Dos varones! A ver, ¡párense y enséñenme el empeine! ¡Dios mío, si son perfectos!

Ni mucho menos. Pero en la Cuba segregacionista y machista de los sesenta, todo lo que bailara y actuara y tuviera huevos había ido a parar a los campos tenebrosos de la UMAP junto con los curas que quedaban y mis peludos condiscípulos de la escuela secundaria. Y la masculinidad en el arte brillaba por su ausencia.

Laura convenció a la madre atribulada de que a sus dos hijos la danza les deparaba mejor destino que la música.

—Señora, en Cuba usted da una patada en el piso y le salen mil rumberos —dijo—. ¡Pero bailarines! Para ser bailarín hay que ser casi perfecto.

La hembra desaprobó y los varones se quedaron para siempre.

—Tenía el acné tan podrido —decía Panchi—, que me obligaron a hacer las primeras funciones bajo pena de expulsión.

Yo le conté que a mí me habían sacado del ballet porque tenía una condena de por vida con la química, en cuyo campo nunca supe definir un «electrón», a resultas de lo cual mi madre me convirtió en alumna preferenciada de Ledón, a ver si el genio ultraquímico del Centro Nacional de Investigaciones Científicas y de todo el país lograba abrirme la sesera al respecto las tres tardes a la semana en que ella hacía el sacrificio enorme de dejar el trabajo para llevarme a los repasos. Y que Ledón, entendido en ineptitudes, desde la tarde misma en que pisé su casa me dio papel y lápices de colores para que le hiciera paisajes de colgar en las paredes o le demostrara las leyes físicas de las *piroutes* y *fouetés*. Y que habíamos quedado el maestro y yo en guardarnos hasta la tumba ese secreto que le estaba desvelando...

Menos de un mes después estábamos los dos bailando un *pas de deux* en una habitación alquilada, gracias a la mujer de Abrantes, en el Hotel Capri. Fue su regalo por mi cumpleaños. Recuerdo perfectamente la tarde y las circunstancias, no menos estresantes por placenteras, en que concebimos con todo el amor del mundo al futuro trol.

Mi esposo el legionario había llegado a Cuba una semana después de que a la hija se le murieran los estafilococos en la garganta y exactamente tres semanas antes de que consumáramos Panchi y yo la Mumín Person.

Se consoló del abandono según el mismo principio sabio que usaba en las funerarias: siempre había a quien consolar, siempre había quien estaba dispuesto a hacerlo. Mis mejores amigas se ocuparon de borrarle las penas.

Y la historia se hubiera muerto en ese punto si no fuera porque usó también las simpatías de mi padre para dejar por sentado su dolor de esposo depuesto. Leivita, el gnomo gritón, estaba en tratamiento psiquiátrico intensivo, como un sinnúmero de jefes de Escolta que lo habían precedido en el cargo. Fue otro fulano el que llamó ofendido para que me mantuviera localizable «hasta que la pueda mandar a buscar el Comandante».

Llegué a palacio con un cochero nuevo.

—Parece mentira que hayas dejado a un héroe de la guerra de Angola. ¡Por un bailarín!

—Yo no lo dejé, Fidel. Él me dejó hace dos años para meterse en una guerra extraña.

—¡Y bailarín! Si es bailarín tiene que ser maricón. ¿Qué va a pasar con tu carrera? ¡He convertido a Cuba en una potencia médica!

Que me aspen si le cuento que estoy preñada, pensé. ¿Quién iba a hablarle a Fidel, el eterno solitario, de amor? ¿Y a mami, la eterna enamorada? En cuanto supo la feliz noticia me extraditó.

—Si quieres parirle a ese muerto de hambre, vete a hacerlo al lugar de donde lo sacaste.

Para llegar a la escuela de Medicina desde donde vivía el muerto de hambre había que viajar tres horas en guagua, y el cuerpo de guardia del Hospital Pediátrico era más placentero y aséptico que el cuarto de solar con cocina donde vivían Panchi, su hermana, el marido y la hija.

Así que empecé a quitarle una mugre prerrevolucionaria al baño con una cuchillita de afeitar, y a tratar de conseguir un inodoro, porque ahí no quedaba desde hacía años más que el hueco recordatorio.

Para conseguir un inodoro había que apuntarse en la lista de necesidades de las Asambleas del Poder Popular. Para llegar a tener un inodoro usado y medianamente sano había que esperar más de cinco años por la taza y algún tiempo más por la tapa del tanque que «son más difíciles de conseguir porque se rompen más», me dijeron.

Aquello provocó el primer encontronazo serio con mi mami.

—Voy a parir en esta casa porque bien sabe Dios que si no fuera por mí estarías viviendo debajo de la tapa de un piano. Lo diste todo y nadie te lo agradeció nunca. Al contrario. Y si el bailarín muerto de hambre viviera en otra tierra, nadie le iba a estafar el sudor del cuerpo; ¡éste es el único país del mundo donde el Estado se queda con todo el dinero que te saca y te tiene cagando en agujero!

—¡Porque el Estado te lo da todo gratis!

Pero no se trataba de discutir de política.

Nos casamos por no perder el derecho que otorga el gobierno a los recién casados: comprar en el Palacio de los Matrimonios. Dos cubiertos, una sábana, una toalla, un bloomer y un calzoncillo, una sobrecama y, si hay suerte, las mujeres pueden conseguir un par de zapatos extra.

Llevaba un chichón crecido en el bajo vientre cuando entré el primer día en el Hospital Docente Manuel Fajardo, donde a mi grupo de fraudulentos nos tocaba aprender la medicina ejerciéndola.

El profesor Wagner nos recibió con el siguiente discurso:

—Nuestra misión internacionalista en Angola es prioritaria para nuestro gobierno. Por eso carecemos de algunos materiales e instrumentos que nuestro ejército necesita más que nosotros. Por ejemplo, hemos tenido que improvisar en el hospital los colectores de orina. Nuestras enfermeras han tenido la iniciativa. Veamos.

—Y destapó a un infeliz aterrorizado, con el pito tieso de esparadrapo y la puntica metida en el dedo recortado de un guante de goma de cirugía. Más esparadrapo y una sonda que reposaba entre gorgoteos de orines sanguinolentos en un pomo de mayonesa Doña Delicias—. Les vamos a asignar un paciente por persona.

Hablaba igual que la Libreta de Abastecimiento.

En el hospital las jerarquías funcionaban al revés. El sujeto más importante era la pantrista, la empleada de la despensa, Diosa de la Comida. Atrás venían las enfermeras, con dominio de todos los secretos inconfesables. Después los galenos, nosotros, los estudiantes, y en último lugar los enfermos. Esa misma semana tuvimos la primera clase didáctica. Maese Wagner hablaba de músculos inguinales y conductos espermáticos de paredes débiles cuando entró el paciente al aula, un viejito que caminaba dándole pataditas dulces a un huevo enorme para hacerlo avanzar. Le habían dicho que su tratamiento y curación en el hospital dependían de aquel acto de exhibicionismo.

El viejo tragó saliva, se bajó la piyama y, como quien acuesta un niño, recostó en la mesa aquel huevo monumental erizado de pelos grises, mirándolo como si fuera ajeno.

—Ésta es una hernia inguinal. Pueden acercarse a mirar y palpar —soltó Wagner.

No habían pasado tres semanas de clases cuando Conchita y Luisa, la Señora Pareja que eran la secretaria de la Juventud Comunista y su segunda al mando, recibieron el mismo telegrama: tenían que repetir segundo año por falta a educación física. Tres horas semanales que le habían robado a la calistenia les iba a costar un año de carrera en la escuela de donde acababan de salir.

Y no pasaron ni tres días antes de que me llegara el mismo telegrama.

Como el viejo del huevo, me saqué la panza hinchada de la ropa y se la puse en la mesa a la directora de la Facultad.

—¿Le parece una almohada?

—No. Indudablemente.

—¿Por qué quieren ustedes que sea yo la primera mujer embarazada en esta Facultad que haga gimnasia sueca?

—La verdad es que dos alumnas te acusan de haber intimidado a la cátedra de educación física.

—¿A toda la cátedra yo solita?

—Sí. Con fotos. Donde sales con Fidel.

Conchita y su edecana eran una pesadilla reiterada. Las tenía arriba desde que puse un pie en el preuniversitario. Se mudaban conmigo de escuela en escuela. Las recordé, acusándonos con la Marquetti de lesbianismo desde unos sacos de azúcar turbinada en aquella Escuela al Campo. Recordé al padre de Alquimia, que para salvar a su hija de una condena más severa por robo en la Leoncio Prado, le contó a la policía que yo era su cómplice. «La hija de Fidel» para acá y para allá. Cada vez que estaba en la cercanía de un problemita, me involucraban, si no eran los padres, los hijos, pensando, calculando que si yo estaba metida en el ajo junto con ellos, la autoridad iba a tirar la toalla.

Le dije a la directora:

—Las únicas fotos que tengo con Fidel son de mi boda. No las enseño ni muerta. Soy una gorda disfrazada con un ropón de encaje. En todo caso, doctora, ¿por qué no castiga a la cátedra? Digo yo. ¡Lo único que le faltaba son diez maestros pendejos intimidados por fotografía!

Volví al Fajardo exonerada, después de una semana de trámites que incluyeron la exposición del vientre en otras mesas del Ministerio de Educación donde, por suerte, ya no estaba Llanusa *el Tetudo* de ministro; destituido, criaba puercos en una granja estatal. Tenía el ánimo agudo y la esperanza en las mínimas lealtades humanas muerta.

Mi paciente, según la distribución wagneriana, se había muerto por culpa de una radiografía mal hecha y otra innecesaria.

Tenía un pulmón comido por el cáncer. Lo tuvieron semanas esperando que arreglaran el aparato de la broncoscopia, hasta que el técnico, equivocado de orificio, lo devolvió con una placa de estómago. Como Maese Wagner no se daba por vencido, repitieron la maldita prueba, que acabó por matarlo tras días de tenerlo cabeza abajo en la cama soltando como mejor podía en una palangana lo que le habían metido en el árbol bronquial.

No había acabado de mandar a mi paciente para la morgue cuando ingresó mi dulce vecina Estercita, que llegó en coma diabético y estuvo revirando los ojos y tratando de escaparse de la vida durante días. En su primera comida de sobreviviente le sirvieron una bandeja de carbohidratos que la hubiera mandado de vuelta al más allá. A los pies de la cama, de los barrotes despintados y torcidos, colgaba una historia clínica vacía. Me dediqué a la búsqueda del culpable y le escribí al director una carta indignada.

Mi nueva paciente fue una viejita con mal de Parkinson. Le dieron unas dopaminas y la mandaron al quirófano. Al parecer, el cerebro mejora cuando se implanta en las zonas dañadas cortes de tejido de embrión de feto humano.

No sabía que el Parkinson se operaba, y sigo sin entender cómo llegaron a semejante conclusión, porque no hay un solo cobaya en el mundo, ratón, conejo o mono, que lo padezca.

Ahí fue donde empecé a notar que la ética médica andaba muy alterada.

Nunca me molestaron los muertos en sus cajones de formol. Compartí con Bolívar unos hongos florecientes en las uñas a base de tocarlos a mano limpia. Pero no estaba preparada para los enfermos vivos ni para los hospitales.

Aparte de enfermos y hospitales teníamos funciones «en el terreno», consistentes en chequear embarazos, casos de venéreas y de tuberculosis. Me tocó el antiguo barrio chino de La Habana Vieja. Llegué a la calle Zanja pensando que de aquellos cantoneses llegados en el siglo pasado como mano de obra barata, y que habían levantado y perdido tintorerías y fondas, apenas quedaría una comunidad mermada.

Mi sorpresa fue considerable cuando descubrí que, hacinados en los mismos tugurios que habitaban desde siempre, seguían creciendo y multiplicándose, sin mezclarse apenas con los cubanos, y que asimismo, en aquellas condiciones de vida infrahumanas donde la comida y las heces se hacían compañía, el bacilo de Koch hacía zafra. La Revolución no había pasado por el barrio chino de La Habana, como no había pasado por la Dionisia, el Palo Cagao y Llega y Pon. Seguían siendo las mismas llagas abiertas de la miseria.

Seguí con el espanto callado hasta que una tarde ingresaron de urgencia en el hospital a un hombre sin edad, porque la gente envejece de pronto con cosas así, y una mala caída lo había dejado paralizado cintura abajo. Estaba tirado ahí, con los ojos azules enormes perdidos en un mar de angustia.

Wagner nos llevó aparte.

—Con discreción y cuidado, aunque daño no puede hacerle, practiquen con el paciente el tacto rectal. Algunos podrán hacerle también la punción lumbar. No todos. Nada más los que piensen ser cirujanos.

Éramos veinte en aquel vistoso grupo de aprendices, y dieciocho le metieron el dedo en el culo. Wagner tuvo el detalle de no permitir más que ocho punciones.

Todavía no podía creérmelo al otro día, cuando el infeliz empezó a temblar como un poseso, en una sala que a las dos de la tarde estaba desierta de médicos y enfermeras.

Busqué ayuda, pero no aparecía nadie. Los busqué hasta en los sitios secretos donde solían acoplarse.

Estaban celebrando a deshora una reunión del partido, para no sacrificar su tiempo libre. Sentaditos allí, estudiando un discurso del Comandante que hablaba de la medicina con la misma furia prioritaria que había hablado de sus vacas cruzadas.

Llevaba media hora corriendo por el piso con mi barriga a cuestas y la angustia de que el diablo se iba a llevar el alma de aquel Cristo convulso, cuando los encontré. La lástima se me cuajó de rabia y solté un torrente de improperios concentrados:

—¡Oportunistas, pendejos y asesinos!

Jadeante, panzona y desgreñada. Una mater dolorosa extraviada y ridícula.

Panchi me llevó ese sábado a comer con Antonio Gades, un bailarín español que andaba por La Habana montando un ballet con rumba flamenca.

El bailaor era intenso, sociable y carismático. Fue una noche alegre de buena música, buen baile y buen vino.

El domingo me despuntó el día con unas contracciones vívidas, inmisericordes y seguidas. El feto había empezado a abrir dolorosamente sus canales propios para escapárseme del cuerpo.

Desperté a mis sagitarianos a una hora en que no tienen programado el cerebro. Mami y Panchi empezaron a gritarse órdenes mutuas y a dar vueltas por la casa. Yo los miraba, paciente y resignada, desde una silla al lado de la puerta de la cocina, con mi bartulito de parturienta encima de las rodillas.

En el hospital me puse a caminar, ignorante de jadeos y técnicas de preparto que no había podido aprender, segura de que la gravedad ayudaría a mi hija, que la sabía femenina y molesta desde la oscura disciplina de comunión en el vientre compartido.

¡Pero vaya desgracia! El equipo de guardia en el Mejor Hospital Ginecobstétrico de América Latina parecía de todo menos cubano y profesional. Eran los estudiantes del famoso intercambio internacionalista, llegados de todas partes, con menos edad que yo y todavía mayor susto y desconcierto.

Otras dos parturientas gritaban a voz en cuello todas las malas palabras del idioma castellano.

En ese escenario me llegó la esperada tortura: una garra se me metió entre el vientre y la espalda, y en un tumulto de sensaciones encontradas, en un colmo de amor-odio, un pujo de terremoto dejó en el umbral de la vida a Mumín mientras su madre, obsesionada con la hora astral y la perfección redonda del ombligo, miraba el reloj y amenazaba a la enfermera con matarla si por casualidad le dejaba a su hija un dedo parado como un chupete en medio de la barriga, atributo que exhiben las nuevas generaciones cubanas por alguna razón ignorada.

Mumín nació a media mañana de aquel domingo de diciembre, y no voy a decir la hora para evitarle brujerías siderales, que hay gente con poder para interrumpir el tránsito apacible y agorero de las estrellas.

Era un trol. Con aquella nariz desparramada y un matorral de pelo parado y negro rematado en las cejas, hubiera estado perfecta asustando a la gente debajo de los puentes.

A Natica le costó trabajo asumir aquello.

—Cuando me llevaron al cunero había dos bebés rosados, rubios y preciosos, y le dije a Panchi: «Tiene que ser uno de esos.»

Pero me señaló uno con el pelo prieto y una nariz de mulato. ¿No te la habrán cambiado?

Abuela Natica es de la Comisión de Estímulo.

Mumín no ha cambiado desde que llegó al mundo aquella mañana excepto para su progreso estético. No lloró nunca de hambre ni de enfado. Yo tenía las tetas rebosantes de leche y adoloridas, pero eso no era asunto suyo. Quería dormir y que la dejaran en paz. ¡Estaba tan cansada!

La Mumín sobrevivió a todos los experimentos de la maternidad ignorante con la misma alegría. Abría los ojos antes que nadie y siempre me la encontraba echando sonrisas desdentadas, sin un lamento. Movía las manos y me encandilaba con esas dos estrellitas diurnas.

Con ella pegada a la teta y un amigo que estudiaba conmigo, habiendo perdido al entrañable operario de la imprenta dado el cambio de Facultad, tuve que prepararme para el examen sobre el sistema respiratorio. Con la herida del parto apenas descosida, me senté en el aula donde el profesor Wagner me tenía preparada una venganza majestuosa.

Repartió el examen pasándome por delante y por detrás como si fuera etérea, hasta que protesté.

—Lo siento. Tú no puedes hacer el examen. No tienes asistencia.

—¡Pero si he faltado una semana! ¡Oiga, estaba de parto!

—Eso a mí no me importa. Ten la bondad de salir del aula.

Y salí. Arrastrando la moral que se me deslizó piernas abajo como un calzón sin elástico.

Mi tía Vilma olvidó a la empleada de la Federación de Mujeres Cubanas que había prometido en un ataque de generosidad filial.

La única persona que conseguí era limpia como la divina concepción, pero tenía más hongos en las uñas que el técnico Bolívar, y a la Mumín acabó por salirle en la panza una ramazón roja de contagio.

Abuela Natica se declaró en posición contemplativa, y mami no podía dejar el trabajo.

Pedí una baja temporal por maternidad y me llegó una resolución de expulsión por abandono de estudios. Hasta el día de hoy, la

Facultad se vuelve sorda cuando pido una copia de mi expediente académico.

La maternidad y la Libreta de Abastecimiento son enemigas irreconciliables. Ni colchón tenía el trol, porque no lo vendían en la ferretería sin un certificado del hospital afirmando que el niño había nacido vivo. El jabón de lavar que daban al mes no alcanzaba para la zarambanda de pañales meados, ni los quince metros de «tela antiséptica» para poder hacer pañales suficientes.

El agua se había ido de la casa desde el momento en que el ministro de Transporte, unas calles más abajo, se hizo instalar piscina en el jardín. Y la calabaza, el plátano y la malanga vivían en el recuerdo.

Las peregrinaciones por la comida del trol incluían viajes quincenales en la ruta 85 a casa de mi suegra, que me dejaban yerta, y viajes mucho más cortos al huerto de un viejito que me daba unas cuantas viandas por tocarme las tetas.

Panchi volaba en Cubana de Aviación a giras interminables e impagadas con el Ballet. Mami volaba incansable de una oficina a un aula o una reunión en su pájaro azul, su VW cortesía de Raúl. Abuela Natica viajaba por el éter desde el teléfono, y yo iba de un lado a otro de la casa, vigilando las herviduras de culeros y pomos y la tranquilidad intacta de mi niña, cuando se personó en la casa mi amado Sosa, con una sonrisa de parabienes y una caja de regalo forrada de papel morado con un bote de talco, un ajuar de boticas, gorra y abrigo de lana para bebé y una bata de casa del mismo color cianótico de la caja.

A fe mía que Fidel no supervisa sus regalos. Hice manifiesto mi agradecimiento y seguí dedicada a restregar culeros en agua de lejía para que estuvieran inmaculados y a inventar recetas noveles de papillas para hacer crecer al trol, que se había puesto glotón en su tránsito para gnomo.

El trol me disciplinaba la vida con un horario de cordura que no quería alterar por nada en este mundo. Quería ser su mamá por encima de todas las cosas. Pero su mamá tenía que seguir estudiando, que hasta la mía tenía un diploma en la pared que me sacaba a relucir a cada rato, añadiendo el corolario de que ella, a más de cincuenta años, había podido y cómo yo no.

Su dulce presión no era nada comparada a la que ejercía la Federación, el Comité de Defensa de la Revolución, y todas las organizaciones de masas que ululaban sus consignas y que, efectivamente, habían convertido a las hembras cubanas en unos seres en pantalones que se multiplicaban entre el trabajo, el estudio, la tropelía del transporte público y las colas de la bodega, sin tiempo para sí mismas.

Habían pasado más de veintidós años de su tragedia cuando pudo regresar el tío Bebo, hermano de abuela Natica y «el hombre mejor vestido de Jamaica», con chaqué, botines, guantes y sombrero de copa, antes de que una resolución ministerial revolucionaria lo dejara cesante y desterrado.

Llegaba el tío Bebo al aeropuerto representando a la Comunidad Cubana en el Exilio, el nuevo nombre que Fidel le había dado, a cambio del de «gusanos», a esa multitud lastrada con su pasado y la amputación dolorosa de su familia y su tierra.

Fidel estaba permitiendo la reunificación familiar y reuniendo un poco de moneda convertible. Los «gusanos» volvían a la isla, convertidos en crisálidas regalonas forradas de dólares y repletas de regalos.

En los hoteles se habilitaron las tiendas de la Comunidad y se formó un desorden tremendo. Hubo que prohibirle a los militantes del partido que recibieran o trataran a sus familiares exiliados de visita, por lo que mandaban a sus hijos y parientes, en una agonía de mendicantes.

El asunto se convirtió en motivo de delaciones y de broncas familiares, porque las nuevas generaciones, criadas en la gritería antiimperialista, sintieron amor a primera vista por esos tíos y primos que les resolvían la anemia vestimentaria y física.

Bebo conservaba sus aires de lord. No se casó nunca. Tenía un criado hindú y hacía yoga por las madrugadas, paliando la diabetes con esa disciplina del espíritu.

Introdujo en casa de mi madre algunos adelantos civilizados de importación, como las toallas de papel y el detergente sólido, y ancestrales costumbres como la del whisky vespertino en familia.

Pero ahí se decepcionó, porque a las siete de la noche su sobrina Naty seguía trabajando y a su hermana Natica se le había deslavado desde hacía tiempo el paladar de las buenas y virtuosas bebidas. Fuimos a la diplotienda a comprar el whisky y la soda y en nombre de mis matriarcas me dediqué a satisfacerle los gustos. Como un reloj le tenía su hielo y su sifón a la hora en punto en que el sol empieza a decrecer en la isla y la luz atosigante se va diluyendo en el atardecer.

Bebo había metido su termómetro personal en el ambiente familiar de mi casa. Dictaminó:

—En mi vida he visto una situación más enferma. ¿Qué puede haberles pasado a mi hermana y a mi sobrina? ¡Se comen cada cosa con un gusto! Cosas que en mi época, y en la de ellas, por cierto, eran para los perros y los puercos... Mira que mi hermana y tu madre fueron dos mujeres exquisitas, ¡eh!

—¿Te dieron gofio en el desayuno?

—Y luego, ¡esa forma que tienen de tratarse! En vez de hablarse se ladran, y a ti te dan órdenes como si fueras el marido de las dos. Y esa manía que tienen de no escuchar a nadie. Yo no venía muy esperanzado pero desde luego, sobrina, lo que me encuentro... Me da mucha pena contigo.

—Me preocupa Mumín, tío. Daría cualquier cosa por llevármela lejos.

—A ver, ¿qué hace Natica metida todo el día en casa de Naty cuando tiene su apartamento justo en la acera de enfrente?

—¡Yo que sé! No le gusta estar sola. Llega aquí a las nueve de la mañana y se va a las diez de la noche.

—Y cuando llega tu madre esto se convierte en un infierno. ¿Has visto cómo quieren que me bañe? ¡Sentado en un banco, con un cubo y una vela! Me parece que estoy en el Medioevo y ellas lo ven tan normal.

En efecto, la luz se iba, el agua faltaba, y, después de una intensa reflexión, Natica había decidido que para el tío Bebo y su longitud corporal era más fácil sentarse al lado del cubo que agacharse para sacarle el agua.

—¿Y cómo te las arreglas tú?

—No muy bien. Trato de aliviarles los problemas. Les he traído un par de maridos, pero este tercero es como si hubiera metido al diablo en la casa. Y no me cuidan a Mumín ni para que salga un par de horas por la noche.

—Eso pasará rapido. La gente se va enamorando de los niños según crecen. ¿Por qué Natica no te da el apartamento? Las parejas deben vivir solas.

—Pues no sé... Es su apartamento.

—Sí, pero no lo usa. Déjamelo a mí. —El tío Bebo dominaba la política como el yoga. Decía que Fidel estaba en otras manos y que los únicos que estábamos en manos de Fidel éramos los cubanos—. Oye, sé sincera conmigo. Tú no te ves con Manley, el presidente jamaicano, ¿verdad?

—Tío, yo nada más que he visto a ese prieto en televisión.

—Es que en Jamaica andan diciendo que viene a Cuba a verse con la hija de Fidel.

—Sin ir tan lejos, tío, aquí mismo, ni yo conozco a la gente que, con tal de sacarse de arriba a la policía, anda por ahí diciendo que se ve conmigo.

—No me extraña, tal como está el ambiente y el miedo en que viven. ¿Qué vas a estudiar?

—Diplomacia.

—¿Estás loca? En cuanto cambie este gobierno te quedas sin trabajo.

Gracias a los inmejorables manejos de mi tío, heredé de mi abuela en vida un lugar donde vivir sola con el trol, que se había puesto preciosa y maldita, con mañas de manipuladora. Al año había aprendido a servirse del teléfono y llamar de una casa a otra, de casa de su abuela a la de su madre y viceversa, buscando voluntades complacientes con la suya.

Fue la viuda poderosa de un mártir de la Revolución al pie del retiro, con conexiones extensas e intrincadas en el Ministerio de Relaciones Exteriores, quien trajo la solución para el indeseado desempleo de mi capacidad intelectual:

—¡Esta niña está hecha para la carrera diplomática!

La viuda era una mujer estentórea. Impuso la decisión de amadrinarme a grito pelado y fue así como me vi en la Facultad más elitista de Cuba, reservada únicamente para militantes de la Juventud Comunista que fueran vanguardias nacionales.

El dogmatismo se podía cortar con cuchillo.

Había escurrido el bulto todas las veces en que me propusieron de militante con una serie de enfermedades oportunas, y me vi de pronto rodeada de cubanólogos y aguerridos defensores de la ideología marxista.

La «Escuela del Barniz», como la llamábamos, se proponía desbastar un poco a aquella gente para que pudiera representar a Cuba sin comer el pollo con las manos y supiera decir *merci* en algunas lenguas.

Estudiábamos idiomas, literatura y arte universal, marxismo y protocolo.

La maestra de protocolo, que había sido embajadora en el Vaticano, nos enseñaba a poner mesas de almuerzo para hombres solos, a comer caracoles y otros especímenes en su concha, a combinar las corbatas con el color del traje, la camisa y las medias, a romper elegantemente los caparachos de langostas y cangrejos, y a enjuagarnos los dedos pringados en el cío «con agua y pétalos de rosas las mujeres, con agua y una rodaja de limón los hombres». Cosas todas que había integrado cuando Lala Natica me educaba en la alcurnia de la comida a base de bandejas de plata con lentejas y sirvientes inexistentes que servían a la rusa y a la francesa.

Vegetar entre aquellos gendarmes ideológicos de veinte años era mortalmente aburrido. Mis otros problemas eran la maldita puntualidad por las mañanas, porque el trol tenía sus caprichos de última hora antes de salir para el Círculo Infantil Amiguitos de Polonia y un sueño indómito que me doblaba la cabeza en cuanto conectaba el trasero con el pupitre, y que ni las anfetaminas o el café denso y amargo ahuyentaban. Cada final de turno el timbre me despertaba y así pasaba las ocho horas de clase, en un estado zómbico entre dos metabolismos.

El marxismo acabó por trastornarme la vida. Empecé a tomarme en serio las leyes de la dialéctica, donde todo es lo mismo y su opuesto, un fenómeno niega al anterior, y resulta que uno propiamente es una unidad y lucha de contrarios.

En *El capital* explican con gracia cómo explotar a la gente pagándole menos, y la única diferencia apreciable entre Estados Unidos, Cuba y Rusia es que en unos se sabe a qué bolsillos va a parar el dinero y en otros no. Nunca pude saber adónde iba a parar en Cuba el dinero de los que hacíamos trabajo voluntario mientras todo iba de mal en peor, más raídas y más pobres las gentes, las casas desconchándose de repellos y pintura.

Si a Fidel no le hubiera dado la megalomanía y no hubiéramos trabajado para la guerra de Angola y todas las guerrillas, a lo mejor seríamos igualmente infelices pero menos miserables.

La filosofía tiene la culpa de que no haya libros en la isla. Porque cuando uno empieza a leer cosas universales y a meditar, el cerebro se llena de aire y de pajaritos y uno trasciende, perdiendo pie con esa realidad agitada que lo envuelve a uno en consignas. Fidel lo sabe muy bien, porque leyó de más y de sobra todo el tiempo que estuvo preso, pensando que la vida le iba a transcurrir en aquel trámite inmóvil, donde uno tiene más libertad que cuando anda batiendo un merengue colectivo que no crece nunca.

Pero no voy a echarle la culpa a la filosofía si cuando Panchi llegaba de sus viajes me encontraba agotada.

El poco tiempo que estaba en Cuba tomaba el relevo ayudándome en la eterna búsqueda de la comida del trol y en otros menesteres, desajustándome todas las disciplinas. Cuando acababa por habituarme a su presencia y a su orden de vida, otra gira se lo llevaba.

Me le fui despegando lentamente, incapaz de compaginar su mundo de espacios abiertos con el mío.

Cuando terminó el curso, estábamos divorciados.

Mami tuvo una reacción sobradamente inesperada:

—¡No voy a permitir que mi nieta crezca sin padre! —Y se llevó a Panchi a vivir a su casa, en la acera de enfrente.

—Nos vas a echar a perder la existencia a todos.

No me hizo caso.

El único maestro de la Escuela del Barniz que está dibujado en el recuerdo es José Luis Galbe, republicano español residente en Cuba y maestro de literatura universal. Cuando se le levantaba el vuelo de la excitación poética, evocaba el rayo verde milagroso de las puestas de sol en el mar Egeo, mezclado con citas de sus óperas propias surrealistas, y contaba cosas tremendas, con las zetas subidas:

—La intelectualidad debe comprometerse en los procesos sociales, pero sin perder su identidad. Eso no es lo que está pasando en Cuba. En Cuba está pasando lo contrario. Les voy a contar la tarde que me invitaron a una lectura de poesía en la Unión de Escritores y Artistas de Cuba. Estaban todos los autores cubanos de la Revolución: César Leante, Fernández Retamar, Pablo Armando Fernández, Ezequiel Vieta, etcétera. Cada uno leyó un poema. Al final pidieron que leyera el mío. Cuando acabaron de aplaudir les dije: «Vean. Mi poema está hecho con una frase de cada uno de los que ustedes han leído esta tarde. ¡Señores! Me permito decirles que han caído en la mediocridad. Considero la originalidad en el arte una indisciplina. Pero hay que reconocer que ustedes no tienen asomo de coraje creativo.»

Aquel viejo sin hijos, nietos ni familia donde lucir sus vivencias me encantaba.

Iba ya por Balzac y los iluministas:

—¡A ver! ¿Quién de ustedes se ha leído *La comedia humana*?

Levanté un índice pálido de timidez. Fidel me había regalado toda la colección de Balzac en francés. Diez tomos en edición de papel cebolla que había leído disciplinadamente.

—¡Pues la felicito a usted! ¡Se ve que ha tenido muchísimo tiempo que perder!

Tenía razón mi maestro de literatura. Me perdía la vida leyendo vidas ajenas gracias a santa Termita, patrona de los devoradores de libros. La vida que estaba llevando no era normal, metida en esa falange feminista de la Revolución, buscadora de títulos universitarios como yo, rebalsándose como yo en la tarea milagrosa de sacar un hijo adelante sin lo mínimo necesario.

Y estaba más sola que el último de los mohicanos: nada más estábamos las matriarcas, cuando lo normal es que en la familia ayuden todos para empujar la vida.

Iba surcando un segundo año en las marismas barnizadas de la escuela de Diplomacia cuando ocurrió un escándalo bochornoso en la embajada del Perú, un edificio emplazado, como todas las fortalezas con derecho institucional de asilo a los cubanos, en una zona residencial y congelada frente a la Quinta Avenida de Miramar, escondido tras rejas de más de dos metros, rematadas en punta de lanza y con un soldado de guardia por cada tres yardas de terreno para impedir los intentos de asilo.

Una noche, por colarse en el recinto, unos tipos mataron a un guardia de posta. Cuba reclamó a los asilados y los peruanos se negaron a entregarlos.

Se estableció un diálogo entre el gobierno y la embajada. Los peruanos insistieron en darle protección a los asilados, y los cubanos le quitaron la protección a la embajada.

Aquello fue tremendo. La fuerza del gentío que pedía asilo dobló los cercados. Centenares llegaron atravesando los patios colindantes. Los conductores de las guaguas paraban y gritaban:

—¡Hasta aquí llegó el viaje, caballero!

Una parte del pasaje se quedaba sentada y perdida, y la otra salía a la carrera a meterse entre las cercas destrozadas. La cantidad de carros abandonados por sus dueños dio lugar a una baja en la Bolsa Negra.

En menos de tres días se hacinaron en la embajada muchos miles de cubanos.

El gobierno no podía seguir haciendo el ridículo. Acordonaron la embajada con barricadas que empezaban kilómetros antes, sin poder frenar la corriente humana que seguía fluyendo y fluyendo.

No le quedó a Fidel otro remedio que proveer a la embajada de agua y comida para la gente que copaba los techos, las ramas de los árboles y las rejas de las ventanas, si no quería verse acusado de genocidio.

Esa multitud desesperada recibió el nombre de «escoria».[19]

Y fue el mismo Fidel quien intentó convertir el revés en victoria, con los famosos «actos de repudio a la escoria».

En un acuerdo de beneplácito, el gobierno pactó con la embajada el respeto a los futuros exiliados, si los devolvían a sus casas hasta darles una salida ordenada.

El mar de fondo que se levantó en la calle es una de las cosas más terribles que recuerdo, y me trastornó la confianza en el género humano: «¡Escoria! ¡Escoria!», le gritaban los cubanos a los cubanos.

Hordas de gente azuzando, golpeando, humillando y linchando sin que la policía moviera un dedo.

Y desde la ventana de una guagua, la imagen extraña y pasajera de una mujer encartonada, como esos vendedores de lotería que parecían paneles ambulantes. La palabra «escoria» escrita por detrás y por delante, y la expresión furibunda y pervertida de los que la hostigaban.

En el edificio de la esquina de casa organizaron uno de esos actos cívicos. Duró semanas. Le quitaron la luz y el agua a la familia, y por los altavoces instalados al efecto, gritaban: «¡Puta! ¡Singada! ¡A tu marido le partieron el culo en la embajada!»

Las familias de Miami llegaron al rescate con todo tipo de embarcaciones, alquiladas y propias, porque el Perú no daba abasto para tanto refugiado. Tuvieron que hacer varias travesías con cargamentos de locos abandonados, criminales egresados de las cárceles con los ojos todavía mal acostumbrados a la luz, y efebos sonrientes, homosexuales de verdad o de mentira.

Hicieron obligatorio el acto de pedir la baja en oficinas y escuelas, pero ni eso logró medrar aquella furia de estampida en la gente.

Un mediodía nos reunieron en los bajos de la escuela de Diplomacia en un acto «sin violencia», dijeron, para un jovencito de quinto año que se iba del país.

Él y la madre atravesaban las filas silenciosas y hostiles hasta que un gallardo muchacho de primer año, diplomáticamente, le reviró la cabeza de un gaznatón a la mujer y se formó la debacle.

Como malditos nazis, los persiguieron calle arriba más de doscientos alumnos, revolucionarios ofendidos a la caza, y los hubieran matado a golpes si no llega a ser por un ciudadano que los rescató a tiempo y que dejó los cristales del parabrisas en el asfalto de la Tercera Avenida.

Aquello me sacó de quicio de mala manera.

Agarré al de primer año por el cuello sudado y hediondo de la camisa:

—Maricón, hijo de puta, más que cobarde, pegarle a una mujer delante de su hijo, a que si me tocas te reviento los cojones, ven...

—Me puse en posición de combate y todo. Para algo me había casado con dos instituciones del kárate. Parecía una gallarusa histérica.

El tipo se abochornó.

—¡Detrás de un extremista hay un oportunista! —espeté; era experta en Lenin—. A lo mejor tú eres el que se quiere largar de esta mierda y no se atreve.

Los espectadores no aplaudieron.

De nada valió la reacción del maestro José Luis Galbe para cambiarles la conciencia. Cuando volvimos al aula estaba sombrío. La decepción le resalaba los poros y le anudaba las cuerdas vocales. Hizo la misma cita de Lenin y los llamó cobardes.

Por esos idus empecé a hincharme. Llegaba por la mañana normal, me sentaba, me dormía, me despertaba y me volvía a dormir y así pasaba el día hasta que me convertía en un buda soñoliento. De vuelta, recogía al duende en el Círculo Infantil y sacaba de los zapatos un par de pies como jamones.

En el apartamento retumbaban toda la noche las infamias del micrófono instalado para el repudio en el edificio de la esquina. Hasta los borrachos que pasaban de madrugada paraban allí para sacudirse del ánimo el repertorio de su mala sangre en frases irrepetibles.

Mumín dormía tranquila, pero me dio por pensar que la había echado al mundo como una carta en un buzón equivocado.

Fui acumulando culpas.

Me ingresaron por segunda vez en la Unidad Quirúrgica del Minint, para averiguar cuál era aquel trastorno desconocido que me convertía en esponja de líquidos no tomados. La primera semana perdí ocho kilos —pura agua— sin motivo aparente, ante el desconcierto de médicos y enfermeras.

Pero yo sabía lo que me pasaba: absorbo la mierda ajena por ósmosis.

Y estaba psicosomática.

A cuyos efectos me pusieron en manos de un psiquiatra con artrosis que hablaba rodando las palabras con tal de que una lengua desmesurada no se le fuera a salir de la boca. Nos quisimos enseguida.

Lo convencí de que me hiciera la narcohipnosis para ver si bajo los efectos del Tiopental se desvelaban los arcanos más ocultos del disgusto capaz de convertirme de la mañana a la noche en un buda hidropésico, pero bajo la influencia mesmérica no hablaba nada, o lo hacía en idiomas indescifrables.

Acabé por acompañar a mi médico de tragos o a casa de su querida. Después de todo, hasta los psiquiatras necesitan que los escuchen.

Salí de allí cuatro meses después. No me hubiera ido jamás: la estaba pasando de maravilla.

Un boxeador retirado me había convertido en una futura gloria del Minint en las carreras de fondo, entrenándome dos veces al día.

La familia Castro transitaba el lugar itinerantemente. El día de mi cumpleaños, el tío Ramón, que seguía embrujado y rascándole las mismas canciones tristes a las guitarras, me despertó con un *cake* gigante rodado en una camilla.

Por ausencia manifiesta, estaba libre de la escuela barnizada de los repudios.

Hasta Fidel me hizo una visita inesperada con dos cajas de coliflores de regalo criadas en hidropónicos, que el cocinero Espina adobó y cocinó para mí según sus recetas expresas.

Su visita debió trascender cierta preocupación, porque poco después me cayó un trabajito cómodo: Núñez Jiménez resultó ser literato, además de geógrafo y espeleólogo, y necesitaba ampliar su equipo de editores y correctores. Siguiéndole a Fidel la huella, apareció en el cuarto de la clínica con la propuesta de que le revisara un libro sobre Wifredo Lam, la gloria cubana de la pintura. De modo que ganaba dinero desde la cama.

Había adquirido el estatus de «padecer de los nervios» y estaba decidida a usarlo el resto de mi existencia consciente: no hay nada mejor en Cuba que ser considerado loco inestable. Lo inhabilita muchísimo a uno.

En la habitación tenía televisor y video.

De noche me daban pase y me iba a hacer de extra en una película cubana que estaba filmando el actor español Imanol Arias, donde profitaba de los cuidados de su maquillista Magaly Pompa, de quien aprendí los secretos de la simulación facial a base de sombras.

Regresaba de madrugada, trasnochada, feliz y cansada para irme a entrenar con mi boxeador negro.

Era la niña mimada de la Casa Quirúrgica.

Me hubiera quedado allí toda mi vida si no hubiese sido porque extrañaba al trol y sus actitudes.

Y fue en referencia al trol como me vi sentada nuevamente en palacio, tras egresar del paraíso en que había vivido los últimos cuatro meses. Fidel no había saciado la curiosidad por el papel recurrente de sus genes en mi descendencia, y detesta las imperfecciones.

—¡Qué flaca estás! ¿Por qué estás tan flaca?

—Es que Regoiferos me ha convertido en corredora de fondo.

—¡Eso está muy bien! ¿Quieres que te mande a pedir un bocadito? Aquí los hacen muy buenos. ¿Un café con leche?

—¿A esta hora no será mejor un whiskicito?

Nos lo tomamos.

—¿Cómo está la niña?

—Va para duende. Se está poniendo huesuda.

—¿Es de buen comer?

—Es golosa.

—Los niños deben tener su refrigerador propio. Es más higiénico. La comida del recién nacido debe estar aparte, a salvo de gérmenes. No donde todo el mundo meta la mano. Estoy estudiando medicina, ¿sabes?

No lo sabía pero no me extrañó. Me imaginé que los próximos discursos estarían floridos de citas médicas.

—Te voy a mandar un refrigerador para que pongas sus cosas. Que sepas que lo voy a pagar de mi bolsillo, aunque no tengo mucho dinero ahora. Últimamente he tenido muchos gastos. Fidelito llega definitivamente de la Unión Soviética y necesita instalarse con su mujer y divertirse un poco.

—Claro, claro.

—Lo del refrigerador es aparte. Quiero ayudarte con la niña. ¿Ochenta pesos te parecen bien?

—¡Aleluya! Con eso multiplicado por tres pagaba la cuenta de la luz.

—¡Perfecto!

—¿Qué es eso de tener problemas nerviosos?

—No sé. Me hinché cuando una serie de cosas andaban mal y solté el agua cuando mejoraron. Lo del Perú y los actos de repudio...

—¡Qué tontería! Hemos salido de un montón de enfermos crónicos, sin hablar de los criminales, que se arreglen los yanquis con ellos. Los problemas nerviosos son una debilidad, una imperfección.

—Siempre tengo la impresión de estar en el lugar equivocado. Quiero irme.

—¿Irte, adónde? ¿Fuera de Cuba? Tendría consecuencias políticas. Olvídate.

—Me dijiste lo mismo cuando tenía once años y la familia de Wifredo Lam me invitó a Francia, tres años después de salir de allí.

—Tú lo que necesitas es descansar.

—Pero si llevo cuatro meses descansando...

—Vas a quedarte aquí en palacio lo que queda de curso y ya veremos qué estudias el año que viene. Esa carrera de Diplomacia es una estupidez.

El tío Bebo y él coincidían en algo.

Levantó el teléfono y me pidió la baja de la escuela.

Mi estancia en palacio seguía un plan confeccionado para ayudar y redimir a su nuevo protegido Willy, hijo de Guillermo García, el señor que había vaciado varias cisternas del Nuevo Vedado para llenarse la piscina. Consistía en almorzar con un elenco escogido y estudiar ruso por las tardes con un maestro.

—Si quieres ayudar al muchacho, búscale un buen psiquiatra. Es un profesional de la mentira —comenté hablando de Willy.

—No te he pedido consejo. Te he pedido ayuda. ¿Qué hora es buena para ir a conocer a la niña?

—Es mejor que yo te la traiga. —Quería evitar el barullo de los necesitados.

Cuando le llevé al trol vestido de merengón sintético, él nos estaba esperando en el pasillo. Se agachó como hacía Papi Orlando, con los brazos abiertos. Mumín corrió, se paró, lo miró mejor y dio media vuelta para agarrarse a mi saya.

Los habitués del comedorcito de palacio seríamos Osmani Cienfuegos,[20] hermano de un héroe de la Revolución; Montané,[21] ministro de las Comunicaciones inexistentes; su hijo Sergito, altamente cotizado entre las mujeres hasta que, poco antes, una operación interminable en el cerebro lo dejara convulsivo, balbuceante y perdido en un mundo de infante del que iba saliendo poco a poco; Faustino Pérez,[22] el padre de aquel novio que trastornaba con sus mentiras una generación antes de que Willy le heredara el síndrome; Chomy,[23] su nuevo jefe de despacho; un Celia Sánchez vestido de Mao Tse Tung; el propio Willy, apodado Macha Papa por el diámetro cefálico en que pergeñaba sus encantadoras mentiras, y yo, la que se hinchaba según los dictados indiferenciados de la psiquis o el soma. La única mujer que pisaba ese recinto, además de la federada empleada que les servía los platos.

Estaban encantados conmigo. Tanto, que empecé a hacerme moñitos en la cabeza y a usar batones con mantillas al viejo estilo hippie para que no se les ocurriera tomarme en serio. La mesa de ocho puestos estaba en un saloncito. A la derecha de cada plato había dispuesta una selección de pastillas para potenciar la atención, la concentración y la virilidad, cuyo consumidor preferencial era el viejo Montané, que estrenaba esposa nueva.

Los temas se elevaban a veces:

Montané: ¡Carter va a salir reelecto! Ese Reagan no tiene ni una posibilidad.

Su hijo convulso: Pe... pe... pero pa... papá, ¿qué di... dice?

Otro: Tiene en contra a los judíos y a los negros desde el escándalo de Andrew Young. ¡Tiene en contra al dinero! Ése no sale reelecto ni en otra vida.

Montané: ¡Ya verán! ¡Ya verán!

Vimos que Carter no salió reelecto y Montané fue nombrado asesor político de Fidel para América Latina. Yo inventaba nuevas combinaciones de moñitos todos los días.

El maestro de ruso era un albino que llegaba titilando de ceguera después de un viaje en guagua desde el otro extremo de La Habana para enseñarle idioma a los dos hijos de papá, y no conocía misión que lo dignificara más, sobre todo desde que Fidel empezó a inspeccionar las clases, en cuya circunstancia se ponía rojo y después transparente, con la sangre arterial y venosa corriéndole debajo de aquel pellejo de papel de China.

A mí también me llegaban tarde las alegrías. ¡Al fin tenía a mi papi en la escuela, mirándome estudiar!

No había quien aguantara aquello de trascender las infancias fallidas y acabó por mandarme a buscar a su buró de siempre.

La penumbra del matorral y el whisky inclinan a confidencias. A pesar de los moñitos yo era Naty número Dos disfrazada: me atormentaba la conciencia social.

—¡No me dirás en serio que Montané es asesor político! Lo habrás nombrado precisamente para no hacerle caso, ¿no?

—¿Qué dices? ¡Chucho es un hombre muy trabajador!

—¡Mami trabaja más horas que él, y metida en un closet!

El cargo le duró poco a Montané.

Editar los libros plagiados de Núñez Jiménez seguía siendo mi entrada de dinero estrella.

—¡Ese libro *En marcha con Fidel* que está escribiendo tu doble es una vergüenza! Parece que la Revolución la hizo él.

—¡Y a mí qué me importa! Son trescientos mil pesos de derechos de autor, y la mitad son míos. ¿Qué te pasa con Núñez? Es muy inteligente. ¿A que tú no sabías que las anguilas desovan en el mar de los Sargazos?

—No lo sabía. Pero si para entretenerte hay que leerse dos o tres definiciones de la enciclopedia antes de tu visita...

En verdad lo que me molestaba era que aireara allí por las madrugadas su preocupación o su desconcierto conmigo y que al otro día fueran un rumor habanero.

—No irás a permitir que te publique ese librito de *Conversaciones entre Fidel Castro y García Márquez*. Tal parece que nada más que hablan de comida. Las langostas «subiéndose a los muebles del Gabo...». Los cubanos, para ver una langosta, tienen que ir al acuario.

Estaba pedantísima:

—¿Por qué has mandado a la cárcel a ese puñado de artesanos?[24] ¿Vender coturnos de palo y batones de tela de tapar vegas de tabaco es un delito?

—¡El Estado jamás puede perder el monopolio del comercio!

Lo malo fue cuando le pregunté si el Estado propiciaba también la Bolsa Negra en sus tiendas de venta en dólares, y una semana después estaba todo el personal preso.

Ser lleva y trae de la opinión pública y las miserias de la nación no me trajo nada bueno.

—¿Por qué no me llevas a pescar uno de estos domingos?

—¡Porque yo voy de pesquería para descansar!

Poco a poco volví a mi posición de oidora. Era más inteligente dejar que me contara los últimos progresos de su vaca Ubre Blanca, que no paró de dar leche hasta que se puso en el libro Guinness, de los progresos de su hijo menor Angelito, sometido, con tres años, a un plan de aceleración de la enseñanza. O de sus nuevas adquisiciones culinarias. Ni la secuencia de mis matrimonios parecía interesarle:

—Quería contarte que me voy a casar...

—Llévate unas cuantas semillas de marañón. Son frescas. Me las acaba de mandar Agostinho Neto. No te doy muchas porque nada más que mandó una lata. ¡Seguro no has probado las de calabaza tostadas! Se embarra de aceite una olla de hierro, como para tostar café, y se van dorando hasta que la cáscara casi se despega...

—Los diálogos se deslizaban entre la coquetería y el histrionismo—. A propósito, ¿quién es la próxima víctima de tus matrimonios?

Me iba de madrugada, con mis dos pomos de mayonesa Doña Delicias llenos de semillas de marañón y calabaza, que masticaba sibaríticamente, reflexionando en que, si «las mentes nobles corren por los mismos canales», como decía mami, la mía tenía que ser muy plebeya porque me costaba un esfuerzo ingente seguir los razonamientos del Comandante.

No era un buen modo de vida: niñera del machaca papas, mona de aquellos viejales libidinosos, portadora de quejas y sugerencias, buscadora de envidias y venganzas y más que vigilada, porque la cercanía con el Jefe le impone a la Seguridad Personal una jerarquía de reglas inviolables: a saber, seguimiento las veinticuatro horas y vigilancia telefónica permanente. Cuando una tarde Fidel me mandó a buscar para exponerme sus planes de mi próximo año de estudios, mencionando cosas como «computación» o «informática», yo había empezado a mostrar nuevamente el síndrome del sueño en clases y a retener líquido. Tras la huella del sabio Willy, faltaba a los almuerzos. Había llegado el momento de la insurrección: iba a arrastrar a toda la vigilancia a una buena noche de rumba habanera y pensaba tenerlos despiertos hasta bien entrada la madrugada.

Uno no aprende nunca a temerle a las decisiones súbitas, y estaba hasta las tejas de ser la Cortesana de Palacio.

La «próxima víctima» iba a ser un nicaragüense amoroso que había mamado el sandinismo en la teta. Con tal de salir de Cuba, estuve contemplando la posibilidad nefasta de dispararme una segunda Revolución en compañía de aquel joven aburrido y austero.

Fidel tenía razón.

Esa noche de sábado, mi noche insurrecta, elegí el cabaret del Hotel Riviera. Le dije a mi novio que me iba a visitar a unas amigas. Trasladé al duende dormido a casa de mi madre, y me cambié de ropa en el garaje.

Necesitaba una noche perdida contemplando bailarines hermosos, con los oídos atronados por la música y los tambores y las patas inquietas por lanzarme a bailar a esas alturas de las dos de la mañana, cuando los funcionarios duermen y la gente se desordena.

En la mesa de al lado había un hombre solo. Mantuve la vista estrábica entre la pista y él toda la noche.

Nos echábamos miradas de puro odio.

Las luces conminatorias nos botaron del cabaret. Ocurrió en la puerta de entrada al hotel, cuando la separación era inminente y él me había seguido, malencarado y silencioso: dimos el paso dialéctico...

Convertimos todo el odio en amor con un beso repentino y largo que nos dejó sin aliento por la sorpresa mutua, y así fuimos de sorpresa en sorpresa durante una semana, sobrándonos las pocas señas en el idioma universal del toqueteo y la ternura.

El objeto de mi amor estaba hecho a mano por un orfebre a las órdenes mías. ¡Cuando la magia se mete! Nacimos el mismo año y a la misma hora en latitudes diferentes. Aprendimos a decirnos todas las poesías enjoyadas que la pasión inventa sin ridículo. Hacíamos el amor como los dioses perpetran sus milagros, y brindaré el resto de mi vida por ese impulso extraviado y anónimo que tuvimos, un don nadie y una cualquiera que se conocen en una ciudad cualquiera.

La Habana se nos convirtió en un sitio para vivir toda la vida, y andábamos ya por la máxima esa de «hasta que la muerte nos separe» cuando nos separó la policía.

Seguridad Personal me dio rienda suelta durante una semana. Estaba en el mejor momento de mi vida, el más relajado, irresponsable y feliz, abrazada a mi torre de Pisa mirando el mar desde el jardín del Hotel Nacional, olvidada de mí misma, cuando una mano férrea me dio un tirón:

—¡Está arrestada!

—¿Qué?

—Está arrestada por andar con un extranjero. ¡Por prostitución! Y no proteste si no quiere hacer un escándalo público.

Debo ser la única prostituta que la policía cubana ha tratado de usted. Tratándome de usted me llevaron a la estación.

No me hicieron el honor habitual del calabozo. Me acomodaron en el banco granítico de un pasillo, desde donde presencié el espectáculo sádico que ofrecen todas las cárceles del mundo: abusos y golpizas. Sentada ahí esperé la Nochebuena, y pensaba esperar el nuevo año, mientras cuatro oficiales me interrogaban por turno. A los tres días de rabia un matasiete me sacó de allí, me regaló unos chocolates «para la niña» y me escoltó, silencioso, hasta la casa.

Me senté en el apartamento a esperar la hora de ir a buscar al duende a su Círculo Infantil. Estaba rumiando la ofensa y la impotencia cuando sonó el teléfono. Era un Abrantes furibundo:

—Y te prohíbo que te muevas de la casa. ¡Estás en prisión domiciliaria!

—¡Anda a meter presa a la madre que te parió! —Y colgué. Colgué para abrir la puerta. Era Chomi. Por lo visto el buró político se movía con los relojes sincronizados.

—¿A qué se debe el honor? Nunca has puesto los pies en este lugar...

—¡Tú lo sabes muy bien! ¡Un italiano! A estas alturas con actitudes de prostituta... Tu padre está muy dolido con todo esto.

Me puse escatológica:

—La única puta que hay por aquí eres tú, ¡so maricón! ¡Envidioso! ¡Ya quisieras para ti esa pinga italiana! ¡Lárgate ahora mismo y dile a Fidel que se meta a todos los mediadores pendejos como tú por el culo!

Como no salía del asombro, le di unos cuantos empujones y le cerré la puerta en la espalda.

Mami estaba muy nerviosa.

—Pensé que te habían cogido tratando de irte del país.

Todavía conservo una espantosa sensación de derrota cósmica: había conocido a mi media naranja y una fuerza oscura me la quitó.

No quise saber nunca más de aquel personaje egregio y olímpico, más frágil que cínico, incapaz de proteger a su hija de las manipulaciones de sus sicarios.

En aquella época, antes de que La Habana se convirtiera en una feliz escala sexual, y Varadero en el paraíso de las venéreas, a la que fuera detenida por estar con un extranjero le tocaban cuatro años de cárcel, bajo la condena de «peligrosidad».

Si bien me ahorraron ese indudable beneficio reeducativo, perdí el trabajo de editora y nadie quiso emplearme «sin consultarlo» con alguna instancia misteriosa.

Mami abogó por el intento de volver a la Diplomacia en curso nocturno para trabajadores, comprometiéndose a cuidar el baño y las comidas del duende Mumín, que andaba por esos días estrenando un vocabulario en el que las mujeres tenían la «monstruación» y cuando no la tenían corrían para que les hicieran un «leningrado».

Crecería en un país hermético y aislado, sin libros, sin prensa, sin ropa, sin fantasía, sin dinero, rodeada de delatores que sustituyen los ordenadores de la policía con una red de denuncias.

¿Cómo hacer para que no pasara, como yo, el tránsito difícil a la adolescencia con los pies metidos en un par de zapatos dos tallas más chiquitos, ni se enfermara de disgusto por la falta de amor y compañía?

Me faltaba el ingrediente principal que mantenía en marcha heroica o facilista a millones de cubanos: una última esperanza en que Fidel Castro les iba a arreglar la vida, o ese fatalismo que heredamos, tal vez, de los españoles y los esclavos.

El modo de vida en Cuba es una corriente que te empuja. Pasaron meses antes de que asumiera mi condición de bicho raro y me deshiciera de todas las compulsiones que la convierten a una en la Mujer Nueva. Ocurrió la noche en que faltó a clases un maestro y volví a casa para asistir a la comida del duende que, por el parabién de mis estudios, había sentado sus cuarteles generales en casa de mami. No estaba allí.

—¿Adónde está Mumín?

—Está en casa de Mercedes.

—¿Haciendo qué?

—Comiendo.

—¿Comiendo en el Altar a la Obesidad? ¿Quieres que acabe con la piel de la cara podrida como su padre?

—Yo no tengo tiempo de hacerle las comidas.

—Entonces yo no tengo tiempo de estudiar esa carrera inservible.

Esa noche acosté al duende en el apartamento, satisfecha, y me senté a pensar.

¿Cómo iba a ganarme la vida ilegalmente sin que se notara tanto?

Puse un comercio imperceptible: hice una leva de zapatos viejos en el barrio y después de forrarlos con recortes de encaje y tela, los revendía.

Todo lo que fuera cuenta, semillas, pedacitos de piedra preciosa y alambre se me convirtió en aretes.

Pero hacían falta dólares. Sin marido proveedor y sin familia exiliada, era imposible alimentar, vestir y calzar a cuatro mujeres con lo que daban en las Libretas de Abastecimiento. Las dos latas de leche condensada al mes, el cartucho de azúcar y los dos jabones, el cartuchito de detergente...

Para conseguir dólares había que salir a putear en la intrincada red de la madrugada hotelera, donde los extranjeros van poniéndole precio a las cubanas como se hace con el ganado en las ferias.

Yo arrastraba un tufillo a persecución y vigilancia que me ponía las cosas difíciles, por más que lo intenté.

Los dólares estaban más seguros, continuos y a mano en el cuerpo diplomático acreditado.

Me conseguí un amante argelino que se quedó prendado con mi baile del vientre y, tras una relación tormentosa y clandestina, en la que nunca se acostumbró a mi estridente paranoia, me ofreció amablemente la mano para convertirme en su tercera esposa.

Lo cual me hizo pensar en el retiro.

¿Y si convencía a mami de que vendiera su cuadro de Lam? Necesitaba un invitado de gobierno generoso, de esos que pasan por la aduana cubana como Pedro por su casa. Fueron tiempos malos. Las únicas dos proposiciones de trabajo llegaron del Comandante: cubanizar el Habana Libre, en un plan del Ministerio de Cultura, o empezar en una oficina clandestina, encargada de robar libros científicos en inglés sin pagar derechos de autor. Pero no quería aceptar nada que viniera del Comandante.

Abrantes, que antes tenía la deplorable costumbre de llamarme de madrugada para hablar de Calderón de la Barca o de Emilio Zola, según le bajara un período español o francés, adquirió la costumbre aún peor de pasar por delante de la casa en un chirrido de acelerones y frenos.

Fue creando un vacío a mi alrededor que empezó por obligarme a sacar del apartamento a un amigo modisto cuya estancia él consideraba inmoral.

—Lo han dicho unas compañeras en la reunión del partido del Banco Nacional. Que cómo la hija del Comandante va a tener un diseñador maricón viviendo en su casa.

—¡Era lo que faltaba! ¿Ya critican a Fidel en las asambleas? Vamos avanzando hacia la democracia.

—Eso no es asunto tuyo. Pero si no lo sacas tú de aquí, lo sacamos nosotros.

No tenía que preocuparme por mi moral: la cuidaban el Ministro del Interior y la Seguridad Personal.

La vez siguiente se apareció con el tema de que estaba frecuentando a «elementos indeseables», cuya categoría era incapaz de definir apropiadamente.

Me tuvo secuestrada la vida social por mucho tiempo.

Después de dos años de silencio aparente, un bombillo interno le encendió a Fidel la preocupación afectiva y mandó de vuelta al soldado de las buenas noticias con el sobre de los ochenta pesos y tres cartuchos para desear un feliz Año Nuevo.

Un pavo gigante, unas libras de frijoles negros con cuatro botellas de vino argelino y unas cuantas biografías de Stefan Zweig.

Nadando en la sangre del pavo había una tarjeta del jefe de Gobierno.

—Dile a Fidel que se meta toda esta...

—¡No quiero ni oírlo! Ni lo devuelvo, ni me puedo quedar con esto. No seas boba m'hijita. Y no me busques problemas.

Mumín había crecido compartida a tirones. Las matriarcas, desde la acera de enfrente, habían emprendido una ofensiva sagitariana contra mi modo de vida, despechadas por la inutilidad aparente del mismo y sin medir que me debían sus mejores disfrutes y una gran proporción de sus comodidades.

Yo seguía acumulando culpas. Estaba en esa época de la vida en que uno acaba por no saber si es propio o ajeno y tiene las lealtades perdidas.

El pavo fue a parar a casa de Pablo Armando Fernández, uno de los escritores comprometidos que mi viejo y difunto maestro Galbe citaba en sus «cadáveres exquisitos» de poesía cubana.

La que nunca sabrá por qué fue a parar allí esa Nochebuena del pavo es la que escribe.

La gula no es el motivo: era más vegetariana que las palmas. Debe ser una inclinación que me compele a meterme en camisa de once varas todas las navidades. Parada en la avenida 26, esperé más de dos horas por alguna botella.[25] Los taxis son nada más que para extranjeros.

Paró un tipo en un Lada azul metálico. Cuando íbamos a la altura del puente de hierro soltó el timón y se me enganchó a las tetas.

—Mami, ¡qué cosa más rica como las llevas sueltas!

—¡Hijo de puta, para, que nos vamos a estrellar! ¡Imbécil, que no son tetas, son algodones!

Mi vieja anorexia me acababa de salvar de una violación y no tomé el asunto como una señal de mal agüero.

Entré a la cocina de Pablo con paso de guerrera satisfecha, y le estaba dando un beso a la anfitriona cuando una voz que me sonó a ecos reconocibles de otras vidas dijo:

—¿Quién es esa mujer de los ojos tristes?

La voz salía de un hombre incapaz de disfrazar la elegancia bajo una barba de dos días y un trajecito ridículo. Tenía la piel rosada de la buena comida mediterránea y la apostura clásica de una estatua. De ésas que llegan de la elegancia del tiempo. Todo él era... intenso. ¡Vaya con la histeria de las pasiones! Pasamos en casa de Pablo una encantadora velada beoda e inquisitiva, tras la cual lo sabíamos todo el uno del otro. O casi todo. Al día siguiente estábamos en un balcón de la calle Paseo, en El Vedado. Él contemplando el mar y la sospecha del horizonte allá donde se encuentran irreconciliables las dos Américas, y yo mirando las azoteas descascaradas y marchitas, pobladas de antenas y tanques de fibrocemento añadidos para sobrellevar la falta de agua, cuando terminé mi resumen existencial:

—Eso soy yo.

—Y yo soy esto. —Me dio unos manuales ilustrativos de Alcohólicos Anónimos—. Ni siquiera sé por qué empecé a tomar. No me importaban los motivos. Quería limpiárselos del alma. Había empezado a tomar cuando apenas era un niño viejo, allá por los dieciocho años.

—Nunca voy a dejarte sola —dijo. Y yo se lo creí.

Lo acompañé al aeropuerto. Esa noche el alma se me puso viajera en la duermevela. Estaba yo en una feria donde las niñas se adornaban la cabeza con estrellas de alambre encintadas de blanco y los hombres andaban vestidos de negro con gorguera, cuando el maldito teléfono me provocó el preinfarto de siempre, con los chiflidos de la larga distancia entre los países del Tercer Mundo y los gorgoritos clásicos de las interferencias del Minint.

Era él.

Quería reiterarme que no me abandonaría nunca y presentarme a sus amigos del Centro Vasco, desde el *maître* hasta la cajera:

—¡Encantada! Sí. ¡Sííí! ¡Encantadaaa! Claro. ¡Clarooo! ¡Encantadaaa! —Aullábamos las gatas en celo y yo en el silencio pétreo de las dos de la madrugada.

Cuando mi amor volvió a los quince días, yo era una autoridad en alcoholismo, en bandas de mielina descarnadas, en la importancia del amor, la fe y la caridad junto con la vitamina B_{12} en la curación, y lo ayudé a pasar esos días de extrañamiento en dique seco a base de trucos y carantoñas.

Mi amor era un hombre de demasiadas luces, aunque no pudiera definir el segundo exacto en que se evadió de la vida. Estudiaba en la London School of Economics y era un estudiante de izquierda comprometido en la época en que mami contemplaba resignada en Londres la defección del último embajador cubano y yo le cambiaba los trapos a mi Barbie. Él organizaba protestas estudiantiles contra las injerencias imperialistas en la isla y, gracias a ese historial de marxismo elitista simpatizante, tenía un salvoconducto para hacer en Cuba lo que quisiera, incluyendo la creación de un Centro de Intercambio de Estudios.

—¿Y qué pueden aportarle los economistas cubanos a los de allá, cuando aquí no existe la economía?

—¡Ah! No existe nada que ambos no ignoren. Pero por lo menos los de aquí se dan su viajecito a México de vez en cuando.

Tenía más cultura que un dolmen extrapolado soportando una piedra de pirámide azteca y un don profesoral que me imponía continuas pruebas.

Mientras yo lo ayudaba a no sorber mojitos y cubalibres, él me veía expandir el delirio persecutorio como la cola de un pavo real.

No había forma de que lo dejara hablar en público ni de que lo acompañara al hotel, por miedo al espectáculo de un arresto en el que me llevaran esposada y arrastrada hasta algún cuartucho tenebroso cerca de la lavandería.

—¿Y si te invito a mi tierra, Alina? En un ambiente menos tenso podríamos conocernos mejor.

—Tengo la impresión de que si perpetras semejante invitación, no vas a poder entrar en Cuba más nunca. Sin mencionar la peregrina idea de que me dejen salir a mí.

—¿Cómo se te ocurre? ¡He invitado a un montón de gente!

—Pero a mí no me dejan ni ir a recoger margaritas en Etiopía. Dame tiempo. Ya se me pasará el miedo.

Él tenía prisa por rehacer su vida. No se había casado nunca. Y yo casi tampoco, con aquellos matrimonios destinados a fundirse como una conexión en serie.

Pero no quise apabullarlo con los procedimientos y las instancias que se nos iban a atravesar en la boda.

He olvidado decir que se llamaba Fidel.

El Ministerio del Interior había estrenado un departamento de extorsión al ciudadano: Interconsult.

El lugar se ocupaba de facilitarle las visas a familias cuyos parientes en el exilio pudieran pagar más de cincuenta mil dólares por persona. Sus agentes en el exterior comprobaban la solvencia de los reclamantes y situaban la visa por Miami o por cualquier otro país de América Latina.

Los matrimonios con ciudadanos cubanos de ambos sexos costaban dos mil dólares y tenían que ser firmados por el ministro de Justicia. Cuando un proceso se dilataba, ambos ministerios se echaban mutuamente las culpas. La gente se perdía en ese lleva y trae después de haber pagado. Muchos matrimonios permanecían divididos y muchas familias separadas sin que se pudiese apelar a ningún tribunal.

Pasar por aquel tamiz de funcionarios en celo requería un humor fino.

Me senté a pensar. En mi sofá azul gris de estilo decadente. Primero tenía que involucrar a mi familia. Luego al teléfono. Por último, a algún intermediario.

La tía Vilma y el tío Raúl partían hacia Alemania para asistir al entierro de un alto dirigente del este. Esperé hasta la noche anterior al vuelo.

Vilma estaba haciendo las maletas, feliz por escaparse de la rutina y por ser reverenciada allende los mares como la Gran Mujer Federada.

—Tía, vengo a decirte que pienso casarme.

—¿Otra vez, sobrina?

—Las demás veces han sido musicales... Presiones, embarazo. Tú sabes.

Le di todos los detalles.

—No lo harás por irte del país, ¿verdad?

En casa de mis tíos se seguía usando el mismo tipo de elocuencia militante.

—Mi novio es un simpatizante probado de la Revolución cubana. México y Cuba son países amigos, ¿no? ¿Qué puede tener de malo que vaya y venga?

—¿Y Mumín?

—Mumín irá a la escuela inglesa. Él estudió en Londres. Hay dos islas que le gustan en el mundo. Inglaterra y ésta... ¿Tú te encargas de decírselo a Fidel? Verás, sigo sin tener su teléfono directo y no quiero que se lo tome a mal.

—Es que nos vamos mañana mismo. No puedo hacerlo antes de regresar.

Aleluya.

Lo demás fue coser y cantar. Llamé a algunas oficinas haciéndome pasar por la jefa de Despacho de Fulano o llamaba un amigo cómplice haciéndose pasar por el ayudante de Zutano. Hasta que puse a las oficinas de acuerdo en una confusión sin pies ni cabeza.

Cuando mi flamante novio regresó, estaba todo listo para la boda. Interconsult y el ministro de Justicia estaban desbordados con tanta llamada del Alto Mando, sea esto lo que fuera.

Nos casamos un 12 de abril. No se lo había contado a nadie. Las realizaciones son, a veces, cosa amañada.

Cuando Raúl y Vilma regresaron de su sepelio intergubernamental, el matrimonio ya había sido consumado.

Estábamos en la cocina cuando mami penetró en el apartamento con su juego de llaves.

—Vine a ver si todo estaba bajo control. —La habían puesto en antecedentes del anticlímax a la abstinencia de mi alcohólico esposo.

—Mami, tenemos que darte una noticia. Fidel y yo nos casamos.

—¿Casarse? ¡Imposible! ¡Casarte tú con un extranjero en La Habana! Si hacen falta...

—Ya sé. Ya nos casamos. Ésa es la noticia.

—¡No! Nonononónóooo. ¡Esto va a ser una bomba en La Habana! —Y miró para el cielo raso de la cocina buscando a alguna divinidad de su panteón ateo. En efecto, levantando los brazos en la única plegaria que la he visto hacer en esta vida, exclamó—: ¡Gracias, Dios mío! ¡Al fin! ¡Al fin! ¡Gracias, Fidel! ¡A ver si alguien la saca de Cuba de una vez!

Y se fue.

Abuela Natica sentenció:

—Los felicito, hijos, pero tú tienes un problemita con el alcohol, ¿no, Fidel? Mi difunto Manolo por suerte no era violento... pero así y todo me arruinó la vida.

Mumín nos dio un sonado beso y preguntó:

—¿Entonces voy a conocer el Nuevo Mundo?

El tacto sagitariano de mis mujeres aplastó considerablemente el ánimo festivo y la *gaillardise* emprendedora de mi estrenado esposo.

Todavía le faltaba lo mejor.

Teníamos cita con Vilma en la Federación de Mujeres Cubanas, y a mí me esperaba un poquito antes.

—¡Tu padre está indignado!

—Ya.

—¿Ya, qué?

—Ya nada nuevo...

—Le has buscado problemas a Interconsult y a dos ministros, sin contar conmigo.

—Fue sin querer.

—Ahora quiere saber quién es tu marido y por qué se ha casado contigo.

—Dile que debe ser por la dote. Debe pensar que tengo una dote monumental. Como los Borgia.

—No seas cínica y ayúdame a hacer esto.

—No serán buenas noticias...

Mi esposo fue introducido en el despacho. El lugar se llenó de dignidad viril y ondas expansivas de su inolvidable voz.

—Pues bien, Fidel, felicidades. Me alegra muchísimo el matrimonio, pero a decir verdad Fidel, quiero decir no Fidel tú, sino Fidel el Comandante, no está... Quiero decir, al Comandante en Jefe le gustaría saber tus intenciones.

Mi Fidel se tragó la humillación y explicó un cúmulo de buenas intenciones que hasta yo ignoraba.

—¿Y cómo ve usted la posibilidad de trabajar y vivir aquí, en Cuba?

Mi esposo no había empollado una oficina en toda su vida. Cuando los imperialistas se pusieron multinacionales, siendo él muy joven, se ganó la consideración y respeto por su previsión y sus sabios consejos, haciendo que la familia vendiera el negocio antes de verse en la ruina.

—En cuanto a vivir aquí permanentemente...

En un relámpago de lucidez se vio viviendo entre apagones de luz y cortes de gas y agua, recibiendo a cualquier hora de la madrugada a mi colección de noctámbulos traumatizados y exigentes, que ya me habían roto la ventana porque no les abría la puerta, y viajando ida y vuelta en un tránsito perpetuo a la Diplotienda, con los bolsillos llenos de listas de comestibles y plantillas de papel con indicaciones sucintas para tallas y colores de los zapatos de los necesitados, actividad a la que lo tenía sometido desde que había puesto un pie permanente en mi apartamento.

—De parte del Comandante hay algo más. Él quiere una biografía suya por escrito.

El Comandante estaba empeñado en ponerle el trago bien amargo.

Era el momento de involucrar a los mediadores.

No podía existir mejor mediador cómplice que Gabriel García Márquez. El premio Nobel es poco comparado con la pródiga liberalidad del prócer cubano, que amén de investirlo como su mejor amigo, fabricó para él la Escuela de Cine Latinoamericano y una fundación con el mismo nombre. Instituciones ambas que no pagan impuestos y son continuas pérdidas de dinero a los efectos del fisco mejicano, país donde reside el escritor.

Para sus estancias habaneras, Fidel le otorgaba un Mercedes Benz con chofer, dos o tres suites en diversos hoteles y el uso y disfrute de la casa de protocolo número Uno, adonde lo visitaba casi todas las noches, sustituyendo la amistad de la entidad bicéfala Núñez Veliz[26] por ésa, más útil en los medios de la intelectualidad internacional.

Cuando Gabo planifica un *reveillon* de fin de año, la oligarquía comunista se pone en pie de guerra. Organiza unas intrigas más rocambolescas que versallescas para conseguirse una invitación. El que estuvo el año pasado y éste no fue invitado padece la llegada del año nuevo con el ánimo en salmuera, esperando que la espada de Damocles venga a cercenar su cabeza y una unidad de la Seguridad Personal se lo lleve preso con su familia, por algún crimen ignorado que el sistema de delación de los CDR haya divulgado gracias a Radio Bemba,[27] y gracias a la facultad propagatoria del tamtam del boca a boca.

En ese ir y venir de su bonachona mediación, Gabo sacó de Cuba a un sinnúmero de presos políticos y casos de Amnistía Internacional. Parecía capaz de llevar a razón al genio.

Había puesto los laureles y el honor de su amistad a los pies de amigas y amigos comunes y les había dado cuando menos empleo, como a mi amigo Tony Valle Vallejo, que fue su secretario particular hasta que pudo asilarse.

Confiaba en el Gabo y en ese conocimiento profundo de la especie humana que rezuman sus libros.

Fui a verlo.

—Gabo, me enamoré de un mejicano y nos casamos... —Le hice la historia del tabaco.

—Con Fidel no se puede hablar de la familia. Es un tema tabú. A lo mejor mi mujer Merche se atreve, pero yo... Lo voy a consultar con ella. ¡Caramba! Me he llevado a presos incomunicados por veinte años de las cárceles de aquí, pero nunca me pasó por la cabeza una misión como ésta. Ya lo digo yo: Cuba es mejor que Macondo. ¿A que no sabes lo que le dan de comer al elefante del Zoológico Nacional?

—Pues no. —Pensaba que el elefante y yo teníamos dos cosas en común, vivir en Cuba y ser vegetarianos. Me equivocaba.

—¡Le dan una tortilla de noventa y nueve huevos! No puedo explicarme por qué no son cien.

—Es que el cocinero nada más que se atreve a robarse un huevo.

Cada loco con su tema. Es como lo de las ideas fijas.

—Gabo, ¿te gusta la pintura?

—¡Por supuesto!

—Y Wifredo Lam, ¿te gusta?

Le gustaba muchísimo. Para él, era la mezcla de un chino con esclavo caribeño y descendiente de india tahína sublimado a la potencia del cubismo. Un cuadro de Wifredo, *La jungla*, está asegurado en un millón de dólares en el Museo Metropolitano de Nueva York. Wifredo Lam es un mito del realismo maravilloso. Con un poco de esfuerzo, si no lograba un apologeta de mi matrimonio, al menos me compraría la *Femme Cheval* de la sala de casa de mami. Si pasaba por las aduanas presos cubanos incomunicados, también podía pasar un cuadro.

Por no quedarme corta en defensores de mi matrimonio extraterritorial, fui a ver a Osmani Cienfuegos, el menos momificado de los que se aposentan en el comedor del Palacio de la Revolución. Nos teníamos simpatía y era un valiente: fue el único que se atrevió a invitarme a salir sin citarme en la calle de atrás del Cementerio.

Osmani debía su puesto hegemónico a su hermano Camilo, un hombre barbudo y carismático que quedó convertido en héroe al principio de la Revolución, cuando su avión desapareció misteriosamente en el mar. Corría el rumor de que Fidel se había deshecho de él. Pero ahí estaba el hermano, oficiando un cargo en el buró político, y ahí estaban los pintorescos padres del héroe, que habían convertido la muerte del hijo en renta vitalicia. Tenían escolta, guardaespaldas y chofer con Alfa Romeo. Al viejo, apodado el Cocodrilito, podía vérsele en la trasera del carro con un sombrero exacto al de su hijo caído.

Cada aniversario de esa muerte, los niños interrumpen alegremente sus clases para acercarse al mar y echarle flores a un difunto que ni siquiera recuerdan.

Osmani me dio una respuesta parecida a la de Gabo:

—Ya veré si me da una ocasión de atreverme a hacer semejante encargo. Recuerdo el ataque de furia que le dio cuando te casaste con Yoyi. Pensamos que iba a matar la mesa.

—¡Para que veas! A mí nada más que me comentó su afición por las presas políticas.

—Tú vete tranquila. Ya se sabe que siempre hay que darle tiempo. Algunas cosas acaban por entrarle en la cabeza.

—Ya sé. Es en lo único que se parece a mi madre.

Ésta fue la respuesta de mi tía Vilma, de parte del Comandante:

—Fidel ha dicho que ya les dará una casa aquí. Dice que si te quiere, se puede quedar a vivir contigo. Que tú, de viajar a México, nada. Dice que sería un problema político. Dice que si sus padres están viejitos y no los puede dejar, que los traiga. Que aquí van a tener atención médica gratis. Dice que les dará un carro y que ya se verá adónde trabaja, porque siendo economista no ve muy bien dónde meterlo.

—Pero, tía, ¿con qué cara le voy a decir esas cosas? ¡Una casa y un carro!

—Bueno, lo del carro lo inventé yo, pero no me parece difícil —dijo, y colgó.

Ay de mí. Conociendo los arcanos del tarot me había casado en día 12. El número del ahorcado al revés.

Mi marido iba y venía de México. Tenía la extraña manía de explorar en mi pasado una acción imprecisa y cada vez que lo dejaba solo me registraba la creación literaria. Empezó a leer todo lo que encontraba en las gavetas y en las cajas de cartón inviolables del secreto. Estudió mis libros subrayados, sin descubrir más que poemas de amor y cartas de pasión desoladas escritas para nadie. Por más que intentaba convencerlo de que tal vez las había escrito para él antes de conocerlo, que eran lo mejor y lo peor que tenía y que podían ser su regalo, no hubo forma de aliviarlo:

—Tienes que haber hecho algo horrible, algo inconfesable, para que tu padre te trate de esta manera. ¿Estuviste metida en algún atentado contra él?

—Hay que darle tiempo. Está jugando. A la disuasión. Es una manía. Se le pasa enseguida.

Las manías y el tiempo de mi padre estaban incluidos en mi estrategia.

Le encantaba, sin embargo, que le contara los sueños del alma viajera. Una de las veces que viajó a consumar el matrimonio, lo soñé bajando las escaleras entoldadas de un restaurante con una mujer y un hombre. Le describí los atuendos y el tinte de las corbatas.

—¿Dónde me dejaron, según tu sueño?

—En el aeropuerto.

—¡Claro! ¿Y a ti quién te lo contó?

—Lo soñé. Como siempre.

Esa vez, se refugió en la embajada mejicana, pensando que algún escuadrón de la muerte a mis órdenes le andaba siguiendo las pisadas por toda la capital federal.

El absurdo no es un buen antídoto contra la bebida.

Empezó a llegar a casa en posición horizontal, allá por el atardecer. Me daba pánico que tuviera un choque frontal con mi duende.

Llegaba con la chaqueta del traje barato de disfraz de proletario toda desvencijada, la corbata de foulard de seda torcida, los bajos de los pantalones oliendo a la fosa séptica que adorna desde hace años el frente de mi edificio, y a una mixtura de whisky, mojitos y rum collins.

—¡Para que lo sepas! ¡Soy gran hermano de la Logia Esmeralda! ¡Y a un gran hermano de la Logia Esmeralda, ninguna hembra le hace estas cosas! —gritaba en la sala a las seis de la tarde.

—¡Y yo soy gran brujera de la Prenda Conga Apaga Siete Luna Cinco Empembe! —le contestaba blandiendo con una mano un fémur exhumado de la caja de vender huesos a los aprendices de doctor y agitando con la otra el batido de vitamina B_{12} y meprobamato que le tenía preparado para las horas curva en que el cuerpo empieza a pedir el azúcar del alcohol a gritos.

Tiempo al tiempo, me decía yo, pensando que una matrona eficiente, sensata y agresiva como la Merche del Gabo iba a poder, a la larga, con las irracionalidades emocionales de mi padre. Segura de que el caudillo tenía cosas más importantes en qué entretenerse que arruinarme noviazgos y matrimonios.

Pero mi pobre marido estaba asediado:

—A mediados de noviembre —dijo— recibí una llamada extraña, referente a «sacar a su esposa de la isla». El tipo quería que nos encontráramos en el café tal, a la hora tal, inmediatamente debajo de la ventana en una mesa donde estaría abierto el *Washington Post* en la página dos... Decía ser de la CIA. Ya te imaginarás que no fui.

Una semana después recibió una invitación oficial del gobierno cubano a través del embajador. Nunca supo quién o quiénes lo habían invitado. Se encontraba en un estado total de desespero.

—Pero, Fidel, todas las seguridades del mundo se imitan unas a otras, si no es que trabajan juntas. No pensarás que guardo secretos de Estado. Ni la CIA ni la Seguridad tienen motivo para halarse las greñas por mi humilde persona.

—Ya no sé. No sé quién eres tú ni quién soy yo. Parece una pesadilla.

¡Y que lo dijera!

Mi esposo me llamó por última vez desde su patria.

—Hay una ambulancia en la puerta de la casa. Tengo dolores terribles. En todo el cuerpo. El médico dice que es por un accidente traumático. ¡Pero el único trauma accidental que tengo eres tú!

Nos divorciamos a través de un bufete de derecho internacional que se ocupa en Cuba de cobrar en dólares la separación legal de todos los cónyuges frustrados de América Latina, a menudo usados por los cubanos para atravesar la frontera de su sueño desde cualquier punto de Latinoamérica hasta Miami.

Firmé el divorcio y fui derechito al hospital con un ataque de asma bestial.

En cuanto me libré de agujas endovenosas y máscaras de oxígeno, salí pitando para casa. Levanté una enorme pira funeraria en la calle con todo lo que había escrito hasta los treinta años, y ahí quemé los papeles de mi vida inventada y onírica. Después fui a una barbería y me afeité la cabeza.

Me fui a pelar «al milímetro» a una barbería de la Seguridad Personal en la calle Kholy. Era el mismo lugar donde oficiaba el boxeador que años antes me salvó de la depresión a base de correr pistas y repetir abdominales.

El barbero se llama Juanito. Lo sabe todo. Para la curación del grajo recomienda poner al sereno en luna llena dos mitades de naranja agria espolvoreadas de bicarbonato y después mantenerlas debajo de los sobacos por medio día.

—Y para problemas de vesícula, cocimiento de «guisaso de caballo». Eso es.

Me relajé en manos de Juanito y su murmullo de recetas paramédicas. Cuando abrí los ojos tenía la cabeza al rape adornada por un moñito encimero, en la punta frontal del moropo. Se había olvidado de que no era un recluta.

—Juanito, ¡quítame la moña! ¡Arrambla con todo, Juanito!

Yo estaba monísima con un vestido rosado de tirantes gracias a la generosidad de Sandra Levinson, la jefa del Centro de Estudios Cubanos en Nueva York, que revende su ropa usada entre los amigos cubanos cuando viaja a la isla para alimentar a sus gatos, confirmar el estatus y recibir el estipendio.

Cuando salí trasquilada, los reclutas formaron una estampida hasta que se fueron acercando lentamente para preguntarme si estaba enferma.

La cosa debe haber llegado lejos porque esa misma madrugada, después de dar algunos frenazos espectaculares, tenía al ministro Abrantes sentado en el sofá de la decadencia y las malas ideas. Una extraña energía desvergonzada nos atravesó las posaderas. No venía para indagar si me había vuelto judía practicante.

—Tú no necesitas casarte con ningún extranjero para vivir bien. Todo lo que necesites me lo pides.

Hay gente que no sabe lo que es el amor propio y no me insulté. Me he pasado media vida parada de cabeza con los ojos bizcos, mirándome el epicentro del hueso frontal y con la lengua retorcida contra el paladar, tratando de meter en el tercer ojo imágenes de amor para la gente que me hace daño. Una técnica del yoga para cultivar la humildad.

Tampoco vivía mucho mejor que antes, exceptuando un Lada que le había costado a mi esposo menos de cuatro mil dólares y que servía de ambulancia en el barrio y de taxi para mis conocidos.

—Entonces te voy a pedir una sola cosa.

Lo agarré, lo llevé para mi cuarto y lo empujé en la cama.

—¡Méteme mano de una vez! ¡A ver si se te quita la obsesión y me dejas en paz! —exclamé.

Pero no quiso.

—¡Yo no hago más que cumplir órdenes!

—Las órdenes se cumplen mejor o peor. No puedo poner una pata en la calle sin que hagan un informito al que le des curso. Si voy a un cabaret tres veces seguidas, intimidan a la gente que me invita. No puedo entrar dos veces a una embajada. Está prohibido que coja un avión en el aeropuerto...

—¿Quién te ha dicho eso?

—A pesar de todo, sigo teniendo amigos. Si alguien duerme en mi casa lo expulsan o lo tratan de convertir en informante. No encuentro trabajo si alguien «no lo autoriza». Si me ves con una amiga, se convierte en tu amante. Soy una isla dentro de esta dichosa isla. ¿Quieres que acabe por pegarme un tiro?

Pero Abrantes no iba empujado por vientos de aberración esa noche. Esa noche traía abierta la espita de la flagelación.

Me acordé de las veces que lo sorprendí recogiendo niñas apenas púberes por las calles, y de las anécdotas escabrosas con que regresaban de los paseos a Cancún el fin de semana esas amigas que me dispersaba, en que la pistola del ministro se convertía en un segundo falo, un consolador pavonado que tenían que meterse en todos los orificios hasta que la exhibición le cargaba al macho las baterías de la eyaculación.

Aquel engendro poderoso y encantador había ido a confesarse con una de las víctimas.

—Yo también tengo problemas. Ya ves, mi hijo...

Y me contó que la niña de sus ojos le había salido maricón. ¡Vaya noticia!, como diría Natica. Desde la época en que Honduras era su ayudante y yo la concubina, sabía que uno de los niños tenía las sensibilidades exacerbadas. Con el tiempo se me había ido convirtiendo en hermano y llegué a quererlo como pocas veces se quiere a un amigo. Era un ser generoso y desprotegido.

—Le he hecho la vida imposible, pero no va a cambiar.

Mira por dónde. El inquisidor inquisionado. ¿Por qué me lo estaba contando? ¿Se lo había tomado como un castigo merecido? ¿Se habría ablandado? ¿Necesitaba un depositario de sus secretos? ¡Necesitaba un mediador! Necesitaba a alguien que convenciera al muchacho de no ponerse un par de pestañas postizas y un batón de encaje para devolverle la guerra creándole el desprestigio por La Habana. Siguió con el tono de confesionario.

—Es verdad que te he hecho mucho daño...

—Prefiero no saber los detalles. Quiero vivir tranquila. Necesito poner el carro a nombre mío. Y necesito trabajo.

Cuando las autoridades se encargan de hacerle la vida agradable a uno, cada minuto es un goce.

La gente que convierte lo ilegal en legal reajustó los papeles del carro y me entregó una cartera dactilar flamante.

A la semana tenía una cita con Rogelio Acevedo, viceministro de Raúl. Iba a trabajar en el Conjunto Artístico de las Fuerzas Armadas Revolucionarias.

Al conjunto habían ido a parar todos los bailarines desechados por el Ballet Nacional por cuestiones de estatura. Las hembras eran unos gnomos virtuosos y los varones unas estructuras musculadas que hacían olvidar la técnica con la buena figura.

Rogelio estaba casado con Bertica, una ex estrella del carnaval habanero cuando éste existía, antes de convertirse en los setenta en una tendencia al diversionismo ideológico. Él era diez años más joven que sus «compañeros de lucha» y había escalado posiciones a pesar suyo desde que el ministro de la Marina de Guerra había sido depuesto, gracias a un indeleble compromiso con el tráfico de drogas que iba y venía por la isla desde la misma época en que las estrellas del carnaval se extinguieron.

Rogelio tiene una cara dictada por la boca. Una boca que parece estar chupando eternamente la teta de la madre. Despierta en la gente instintos de protección.

—Vas a trabajar en el Conjunto Artístico de las FAR, primeramente de relaciones públicas. El Conjunto se encarga de promover, mantener y consolidar las relaciones culturales entre las fuerzas armadas de todos los países del Bloque Socialista, así como de elevar la moral entre nuestras tropas asignadas en los bastiones de lucha en diversas partes del mundo...

La prosopopeya oficial se me coló en la fantasía. Tuve una visión del guaguancó sonando en el desierto arábigo, Yemen, la llanura de Abu Bahr, Angola y La Meca, bailado por ninfas enanas en tangas de paillé con una toca de frutas tropicales a lo Carmen Miranda en la cabeza. Y a los tamboreros percutiéndoles el ritmo con sus tres tambores Batá en Tala Mugongo, Oncocua y Quimbele, bailando en casa del trompo. Imitándose a sí mismos en las estepas siberianas, el puerto de Bakú y las humedades selváticas de América del Sur, en Nicaragua, Guatemala, Chile y El Salvador, lugares todos en que Cuba repartía su ejército en «bastiones de lucha».

Cuando volví en mí tenía un sueldo asignado de 198 pesos mensuales y tal vez, sólo tal vez, si no era suficiente, haría algunas traducciones del francés para el Departamento de Traducciones Técnicas de las Fuerzas Armadas Revolucionarias.

—Mañana tienes un encuentro con el teniente coronel Bomboust. Él te dará los detalles.

El teniente coronel Von Boust es una mezcla criolla de chino y moro. Siempre tiene a su vera una fusta y, bajo el cíngulo que forman su pistola y sus cargadores, una barriga incipiente que, según él, le ha costado «muchísimo trabajo criar».

—Soy de la provincia de Oriente. Cuando llegué a La Habana no tenía donde dormir. Por eso trabajaba como un endemoniado. Mi peor pesadilla era salir de la oficina, porque no podía ir a ninguna parte.

—Yo conozco un tipo que se iba a las funerarias...

—Por eso tenía tanto rendimiento. Trabajaba como un energúmeno. Acumulé más horas voluntarias que toda la Emulación Socialista. ¿Y qué te crees que hicieron mis admirados jefes? ¿Qué crees que hicieron todos esos ejemplares que marcaban religiosamente la tarjeta de salida a las 17.30 de la tarde?

No tenía la menor idea. Por lo visto, ese año estaba puntuado de confesiones. Las altas esferas me habían convertido en depositaria de lo más vulnerable de sus recuerdos. Era como para salir corriendo.

—¡Pues me hicieron la vida un yogurt! De consejo disciplinario en otro, casi me acusan de espía. ¡Todo porque trabajaba más que ellos! Me he vuelto duro. Me ha costado mucho trabajo llegar aquí, y le arranco la cabeza al primero que trate de hacerme daño.

Caminaba dándose golpecitos con la fusta en las botas encimadas a la rodilla.

No era una amenaza. Era una declaración de principios. Era como decir: «Cosas peores me han hecho que endilgarme una hijita de papá.»

—Lo crea o no lo crea, señor Von Boust, no he estado en ninguna parte por voluntad propia.

Entonces sucedió que, mientras él preparaba la respuesta, tuve una visión exacta a la que años antes me había confundido la fisiología en una de las visitas a palacio: el hombre cambió de forma y de sustancia. Se convirtió en una masa sanguinolenta, amorfa y perversa, y me quedé transida descubriendo que por segunda vez había visto al diablo, y que esa visión que me alteraba el entendimiento era la misma que había padecido Chucha la cocinera, ya muerta, cuando años antes le había ordenado a Natica, subvirtiendo todas las leyes de la servidumbre, que no abriera la puerta.

Él me miró la cabeza, la obra maestra de Juanito en el rapado a tijera, y dijo:

—Primero, hija mía, déjate crecer el pelo. Es demasiado extraño y me han contado que cuando entraste los niños de la escuela de la esquina se alebrestaron gritándote de todo. Eso es inconveniente.

Cuando el diablo decide ocuparse de tus cosas, no lo dudes ni un segundo: todo irá bien.

—Sí, señor Von Boust.

La mañana empezaba con esa liberación del cuerpo en sacrificio que son el ballet y la danza, aunque en el salón no cabían veinte personas en fila india.

Mi labor de relaciones públicas consistía en encargar zapatos, inspeccionar vestuario, asegurar meriendas y transporte, hecho lo cual me sentaba a consumar mi mejor especialidad: la Mayor Oreja.

Que si la falta de zapatillas, mallas y leotardos, que ir a bailar a Angola después de estar más de dieciocho horas en un avión de carga y menos de una semana en barco mercante les afectaba las capacidades y los talentos. Que ellos habían estudiado ocho años una carrera y no era para estar meneando el culo en un desierto cualquiera. Que no pagaban el riesgo. Que Fulanito se había pasado dos años en la Microbrigada de la Construcción para ganarse un apartamento que no le dieron al fin, y que era injusto que Mengana sea primera figura porque se acuesta con Zutano.

Los problemas de todos los colectivos del planeta.

Me habían convertido en buzón de quejas y sugerencias y tenía los atributos de discreción y comprensión sin el de la resolución de problemas, pero estaba bien entrenada al respecto. La producción de espectáculos se volvió emocionante cuando a Rogelio París, un veterano egresado de Cinecitá, le encargaron que montara una obra de perfil patriótico para otro aniversario del Minint y las Fuerzas Armadas, utilizando a todo el personal del Conjunto: teatro, orquesta con cantes y danza.

Rogelio había montado el *Sueño de una noche de verano* en la Escuela Nacional de Arte con la misma consigna, y el hombre encontró empleo para bailarines clásicos, contemporáneos y folklóricos, actores, corales y estudiantes circenses, usando los jardines fantásticos de la escuela. Aunque la neblina llegaba tarde, entorpeciendo la siguiente escena, las redes caían en lugar indeseado, las luces especiales se equivocaban de personaje y el burro acabó por empalarse con tanto olor a período femenil, hasta Shakespeare habría estado satisfecho ante aquella mezcla indecible de talentos encontrados que no le deslució ni un segundo la trama.

Tenía el mal hábito de las superproducciones.

En comparación con los jardines de la Escuela de Arte, el escenario del teatro de las FAR era un niño de teta. Temía que Rogelio, que lo hace todo en grande y multitudinariamente menos bañarse, iba a meter Hollywood en La Habana, y que eso, para la producción, iba a ser agotador, porque si en el *Sueño de una noche de verano* no había fuego de fusilería y descargas antiaéreas, que me rebanaran la cabeza si eso no iba a ser la orden del día en una «obra de perfil revolucionario».

Quiso, desde luego, disparos y cañonazos, y muchos, muchos efectos especiales de humo y de luces. Pedía a gritos una máquina infernal que sólo existía en el Teatro Nacional y una polea que levantaba al Héroe Caído, una personificación del Che Guevara, y se lo llevaba enredado en una malla al cielo en un apogeo estilístico.

Para que la puesta en escena fuera cronometrada y perfecta, exigió los radiotransmisores que nada más tenía la policía.

Fue en esos días cuando cayó la amenaza del sida sobre la isla, y la noticia se fue dando cautelosamente, porque en la Revolución no había homosexuales y todavía se respetaba ese error del empirismo científico de que los castigos de Dios son selectivos y de que la promiscuidad es cosa de maricones.

Las arengas públicas del Comandante culpaban al Imperialismo de haber perpetrado esa infamia *in vitro*, pero negaba su existencia en Cuba, mientras en todos los medios militares se les hacía la prueba del HVI a los que hubieran puesto las patas y otra cosa en Etiopía o Angola.

Yo no había ido a ninguna parte, estaba en la pesadilla de producir para Rogelio París y sabía lo de la plaga por Nostradamus.

Me exprimí la civilidad en reuniones con el jefe de la Policía y el de Intendencia de la Seguridad Personal para conseguirle sus radios y sus balas de fogueo. Me movía por La Habana en un camión del ejército cargado con granadas de práctica, fusiles de adiestramiento y cajas y más cajas de uniformes, botas y antorchas libertarias. La única fábrica de hielo seco que quedaba en la isla estaba a muchos kilómetros de La Habana, pero con eso y unos ventiladores gigantes, se le iba a complacer el ansia por la humareda.

Estaba tomándome un merecido descanso un sábado al mediodía, con las patas como dos trozos de mortero encaramadas en la reja del balcón, a punto de empezar con mi duende la ceremonia del arreglado de pelos y manos del fin de semana, cuando vi pasar a mi madre que se dirigía con un trotecito angustiado para la avenida 26.

—¿Adónde vas?

—Han citado a todos los miembros del partido para ver un video de Fidel. A los del núcleo nos toca ahora en el cine Acapulco. ¡Parece que es una amenaza de guerra! No me esperes porque dicen que dura más de cinco horas.

Me la imaginé durmiendo en la penumbra de la sala, arrullada por su voz preferida sin que nadie le apagara el aparato sacándola del encanto.

Aquello de «aglutinar al pueblo en una causa común» era un recurso que Fidel usaba a menudo. Resultaba aburrido: la Crisis de Octubre con sus Misiles, la muerte del Che, el Cordón de La Habana,[28] la Zafra de los Diez Millones,[29] la «escoria» peruana, el genocidio angolano y todas las autoviolaciones del espacio aéreo y marítimo.

Estuve velando a mami para ver qué nuevo catalizador había inventado el Comandante para encolar a la gente.

—¡Los americanos van a invadir Cuba!

—¡No me digas! ¿Cuándo?

—¡El 16 de noviembre! ¡Es una emergencia nacional!

Pobrecita mi mami, trotando de vuelta toda excitada y crédula. Previendo los avatares.

Seguro iba a desempolvar el farol chino que le había regalado Fidel hacía veinticinco años, a ver si había cambiado de opinión y encendía.

Pero ella no fue la única que se lo creyó: por culpa de Granada, de Gorbachov y del sida, estábamos en alerta de guerra. Hay que ver la credulidad de la gente.

La cosa había empezado cuando los yankis invadieron Granada y un presentador de actos políticos se quedó ronco narrando una visión de duelo y apocalipsis: ¡nuestra misión internacionalista en Granada se había inmolado por la bandera cubana!

Durante más de setenta y dos horas, por la radio y la televisión en cadena, narró Manuel Ortega, con lágrimas y gritos de rabia impotente, el exterminio que sufrió la misión patriótica cubana bajo el fuego graneado de los imperialistas hasta que todo terminó:

—«¡Y el último de nuestros combatientes ha sucumbido! ¡Se cae! ¡Se cae nuestra bandera! ¡Se cae cubriendo, amparando, el cadáver del último de nuestros sobrevivientes! ¡Otro héroe para Cuba! ¡Otro héroe del comunismo y la paz mundial!»

La isla entera estaba de duelo por sus caídos y más antiimperialista y beligerante que nunca, cuando todos los muertos se bajaron de un avión en el aeropuerto de La Habana.

Al frente venía el jefe de la misión, Tortoló,[30] saludando eufórico a las multitudes. La única baja cubana decía adiós desde una camilla con la cabeza parada.

Algún empresario yanki y astuto había logrado la asignación de un presupuesto para hacer un amago de guerra, con tal de implantar en Granada unos cuantos hoteles de segunda, aprobado por los lobbies de sus congresistas y senadores.

Y la misión internacionalista cubana, a pesar de la narración espeluznante de Manolo Ortega, no se había inmolado por impedir la construcción de unos Holliday Inn de dos estrellas.

¡De eso nada! La misión cubana en la isla de Granada, donde se había construido un aeropuerto militar con el dinero que no ganábamos los contribuyentes, se bajaba del avión como de costumbre, arreando radiograbadoras, ventiladores, planchas, palos de trapear y lámparas.

La gente empezó a comparar los tenis Adidas con los que usó Tortoló para completar su indumentaria de llegada: «Con tenis Tortoló se corre más rápido y mejor», decían. Una semana después lo mandaron a probar la eficacia de su calzado en la Guerra de Angola. Gorbachov, el pisciano respetable del lunar morado en la cabeza, andaba inventando la Perestroika, una especie de tránsito del comunismo de Estado a una forma más fructífera y llevadera de coexistencia. Nadie le hacía caso, y ya ven. Fidel tampoco, porque piensa que las transiciones radicales no pueden hacerse con ayuda de la gente común.

A la gente común se le acababa de desmayar el mito del heroísmo en aras de la Revolución Mundial.

De ahí a preguntarse por qué no había un poquito de *glasnot* en Cuba, que si ya habíamos estado malcomiendo las sobritas de los rusos por qué no degustar también un poco de su democracia, fue instantáneo.

Para colmo de intranquilidad, una enfermedad venérea desconocida les amenazaba las partes pudendas.

La masa precisaba un lavado de cerebro urgente.

La locura temporal duró meses.

En respuesta a la agresión inminente, Fidel creó las Milicias de Tropas Territoriales, volvió a vestir al pueblo a lo Mao Tse Tung y repartió algunos fusiles con carga de mentirita.

Con el pretexto de las prácticas de guerra quitaban la luz horas de horas. Los rusos cortaron el flujo de comida y una carestía que iba a empeorar dramáticamente empezó por pasar desapercibida en medio de la liturgia combativa.

Cuando el sida se convirtió en un hecho incontrolable y recluyeron a los miles de enfermos en una versión moderna de las leproserías llamadas «sidatorios», nadie lo tuvo en cuenta. La escuela llevaba a Mumín a cavar trincheras y abrir refugios en horas de clase, y a prácticas de formación en batalla los fines de semana. Tenía poco más de siete años. Le enseñaron un himno:

> «*Bush tiene sida*
> *nosotros pantalone*
> *Y tenemo un gobernante*
> *que le ronca los cojone.*»

No le hice caso al alboroto demente hasta una madrugada de domingo: una ráfaga de disparos al lado de la ventana me tiró al suelo. ¿Sería la rebelión al fin? Nada más que podía pensar en el duende. Iba a rescatarla de casa de mi madre con la cazuela de tostar el café en la cabeza, cuando me di cuenta de que no podían ser cosas serias.

Salí al portal toda despelusada. De una acera a otra se estaban disparando con fulminante unos tipos vestidos de milicianos, entre los aplausos felices del vecindario. Como un cachalote varado en la orilla playera de la fosa séptica, un sesentón entrado en canas se hacía el muerto.

Bajé endemoniada.

—¿Y usted no se ve muy grande para ser tan pendejo? ¡Comemierda irresponsable! ¡En esta cuadra hay viejos y niños! ¿Quiere matar a alguno de un soponcio?

—Compañera, esto no es culpa mía. A mí me mandaron. ¡Esto es un ejercicio de las Milicias de Tropas Territoriales!

—¡Y usted con lo reviejo que está, hace todo lo que le digan! ¡Al próximo que dispare lo saco de esta calle a patadas por el culo!

Me fui entre los aplausos felices del vecindario.

Empezó una campaña informativa dirigida y digerida.

Las emisiones del noticiero mostraban encomiásticamente los nuevos refugios que la patria había creado para la protección de sus hijos contra la invasión. Túneles habilitados como dormitorios, enfermerías y aulas. Una vida bajo tierra, perfecta y organizada. Al estilo vietnamita.

Túneles para encerrar a millones. A lo largo y ancho de la isla.

Empecé a preguntarme de qué está hecha la gente por dentro.

Nadie pensó que tantos túneles no se improvisan en tres semanas, ni que bastaba con unas cuantas naves disfrazadas con el US Navy para que se metieran como corderos *qui tolis pecata mundi* en aquellos agujeros, hasta que se les fortaleciera el espíritu patrio, si por algún motivo osaban rebelarse. Nadie pensó que los túneles sirven para meter prisioneros. Nadie pensaba que el Laboratorio de Biología de San José de las Lajas echa un humo sospechoso, de una producción dirigida por un entregado coronel de las Fuerzas Armadas, y que de ahí habían salido todas las enfermedades convenientes para diezmar a la población y arruinar la economía, como las epidemias de la fiebre porcina, y el dengue, otra de las fórmulas de la cola loca del Comandante.

Seguían practicando para meterse ahí en cuanto les conectaran la alarma.

Tenían el cerebro más reblandecido que los fetos nonatos en los pomos de mi niñez.

En el Conjunto Artístico de las FAR me entregaron un uniforme de camuflaje para practicar la defensa del edificio.

Aquel domingo por la mañana llegué de capa y espada, con una gorrita verde encima del cráneo. Hay que ver lo desnudo que anda uno cuando no hace pelo. Me destinaron a una torreta decorativa en la esquina frontal de la casona, con un fusil de palo y una granada de *papier maché*. Herr Von Boust daba órdenes golpeándose las ancas con la fusta. Me le acerqué discreta.

—Perdone, jefe, pero esto no hay quien lo aguante —dije—. Devuelva mi armamento al arsenal y acepte mi más rendida dimisión.

Y le guiñé un ojo. Por primera vez me miró desconcertado: él seguía creyendo en la razón patria. Como los demás, ni más ni menos.

Me senté en el sofá de la mala idea. Tenía envenenados los cromosomas paternos. La intención de Fidel me resultaba de una claridad prístina. Había batido su propio récord. Había completado una estructura de dominio total sobre la gente que podía servir en múltiples situaciones.

¿Qué hacer? Estaba en auge la industria floreciente de fabricar balsas para cruzar las noventa millas hasta la costa de la Florida, pero no tenía coraje para enfrentar a Mumín con una muerte a cargo de orcas asesinas.

Hay veces que uno elige entre la mala vida y la mala vida.

Llené el desempleo con actividades agradables. Iba a clases de ballet todas las mañanas con mi amigo Papucho.

Mi amigo era hijo de Cachita Abrantes y sobrino del ministro del Interior. Había tenido la vida dura: a los diez años se robó el carro de la madre cuando veraneaban en Varadero para llevar de excursión a sus amigos. Tuvo un accidente en el que murió un niño, otro quedó desorejado y él, Papucho, poco menos que Lázaro, resucitó años después de una cárcel de escayola donde le reordenaron la osamenta. No tenía más vicio que el ballet, y en algún consejo de familia decidieron mandarlo a la mejor academia moscovita de arte. Experiencia que terminó abruptamente gracias al encargado de la disciplina entre los estudiantes, un poste de la Seguridad del Estado que se ocupaba de localizar posibles desertores y cuidar la dignidad de los estudiantes cubanos, y no podía entender que un lisiado de dieciocho años usurpara una plaza de bailarín, nada más que por ser sobrino del ministro del Interior. Lo acusó de androginia maléfica y de «insólita tenencia de divisas».

Se ignora por qué el tío Abrantes se echó atrás súbitamente en el plan de convertir en Nureyev a su sobrino. Gracias al típico ensañamiento contra los privilegios de la jerarquía, allí estaba mi amigo, sin terminar su carrera de solista principal.

El padre lo quiso incluir en el Cuerpo de Bomberos. El día que lo presentaron al equipo, Papucho entró en un *saut de chat* a la oficina del padre. Siguió con un *tombé pas de bourré* a la diagonal, lanzó una mochila decorada con *paillet* al aire y terminó con los brazos en quinta coronándose la cabeza.

Convenció al padre de que en el Cuerpo de Bomberos no iba a tener futuro. A ver si lo dejaban en paz.

Era alegre, desinhibido y estaba frustrado. Un alma gemela.

Laura Alonso es la misma mujer decidida que una mañana dictaminó el futuro del padre de mi niña y de su hermano, metiéndolos a bailarines clásicos. Había logrado levantar una academia *ad later* que vendía técnica clásica cubana en dólares. Solidaria siempre, me dejó tomar clases en su instituto.

Allí fue donde llevé a Papucho.

—Laura —dije—, la madre tiene una corporación con ganancia de capital extranjero autorizada como la tuya. Pueden hacer sus *bisnes*. El niño estuvo tres años en Moscú. Ya querrá bailar y todo eso... Por lo menos, puede levantar bien la pierna derecha y en todo caso, será un buen *maître*. Es una puñetera esponja. Se sabe de memoria todas las clases y todas las coreografías que ha visto en su vida soviética.

El genio suele ser generoso. Laura aceptó a mi protegido Papucho, que estaba en ciernes de convertirse en protector mío cuando me tocara, poco después, caer en manos de su madre.

Sin embargo, fue Albita quien me sacó del éxtasis, cuando le conté que sin ocupación se vivía bien pero no tan bien, y que tras ciertos gastos iniciales, la *Femme cheval* que Gabo compró lucía menos inextinguible.

—Pues hija, ahora en diciembre se celebra el Cubamodas y aceptan a un montón de modelos en La Maison, aunque los boten después... Ve a hacer la prueba.

—Yo encantada. Pero ¿cómo voy a meterme en el reino de Cachita Abrantes? Ando de *babysitter* del hijo renegado. ¿Tú crees que me van a dejar ser modelo?

—Con probar no pierdes nada. Usa tus relaciones. ¿De qué te sirve andar acarreando todo el tiempo a Papucho? ¡Que se lo pida a la madre y ya está!

—Le tengo cariño. No se lleva bien con la madre.

—Las cosas de familia se arreglan siempre.

La selección de modelos estaba a cargo de Arelis Pardo. Viuda de uno de los guerrilleros del Che, estaría condenada a un eterno celibato por mantener el estatus, si no hubiese roto el hielo desposando en segundas nupcias a un héroe de Bahía de Cochinos. El partido, en vez de tomárselo a mal, le aplaudió el gesto.

Paseó tiernamente a aquel esposo sin brazos ni piernas en su coche como dos años.

Después de aquel sacrificio, Arelis pudo casarse y descasarse sin que el partido se metiera con ella.

—A ver, enséñame los codos. ¡Y sácate los zapatos para verte los pies! Las rodillas y las piernas están bien... Mañana a las cinco de la tarde tienes un ensayo. ¡Y lleva trusa! A ver cómo tienes la celulitis.

¡La pasarela! Ese tramo de vacío para llenar con la esencia del paso y la apostura, al ritmo de la música.

La Corporación Contex padecía la dirección de Cachita Abrantes. Encargada de vacunar con dólares a la economía nacional contra el bloqueo, engañaba a las aduanas embotellando el ron Havana Club en Canadá o confeccionando en México modelos de algodón variopintos e impresentables.

Organizaba anualmente el Cubamodas, «magno evento internacional», donde intentaba comercializar los diseños y las telas. Habían logrado atraer a Paco Rabanne y hasta Vidal Sassoon se había enredado con una de las modelos ejecutivas. Tenían una lista de personalidades con tendencia izquierdista a quienes reclutar, incluido Hollywood, para darle relumbre a la moda cubana, y mandaban cartas llenas de faltas de ortografía al mundo entero.

La Corporación era dueña de La Maison, Casa de Modas Cubana, que se mantenía abierta todo el año para recibir al cuerpo diplomático, la elite del turismo y todos los invitados de gobierno susceptibles de caer en las redes de alguna criolla esbelta.

La Maison tiene tienda de joyería, antigüedades, ropa y calzado. Peluquería, casa de té, piscina, gimnasio, comedor reservado y un jardín empedrado con muebles de hierro, donde los extranjeros pueden estar de la mañana a la noche bajo la sombra de los flamboyanes. A eso de las nueve y media empieza la exposición de modas. Después de un intermedio empieza el segundo show, en el que tocan los mejores grupos cubanos y se desgañitan los mejores cantantes.

A la hermana del ministro del Interior no se le niega nadie.

La preparación del Cubamodas dura más de tres meses. El grupito de diseñadores entrega sus dibujos, las modistas te ciñen la ropa al cuerpo y la noche antes de la apertura, en plena histeria colectiva después de ensayar más de dieciocho horas, te entregan la bisutería, los modelos recién planchados y los pares de zapatos llegados de allende el mar, en valija diplomática. Cachita da órdenes por un altoparlante usando todas las malas palabras del repertorio.

Pasé el primer Cubamodas con más penas que gloria.

Empezaba la era en que estar asociado con Fidel Castro o cualquier otro jerarca de la isla era ser un leproso social.

Estaba habituada a las definiciones y nombretes que se ha ganado el Comandante, pero no a que me quisieran jalar el mostacho y la barba, como si fuera un *alter ego* ambulante y accesible. Me hicieron la vida imposible.

La incomodidad del seguroso inspeccionando las pasarelas y colándose de paso en el camerino para verles las escurridizas curvas, puso locas agresivas a las modelos.

Empezó una guerra fría que iba a durar más de tres años.

Al segundo Cubamodas no llegué sana.

Una mañana me lancé de la cama con buen viento en las alas porque estaba en los preparativos del cumpleaños del duende Mumín. Pero cada vez que ponía las manos en el timón del carro me entraba un sueño de muerte que me hacía cabecear en las luces de los semáforos. Algún muerto me está diciendo que no maneje más, pensé.

Guardé el carro en el garaje y ¿a que no adivinan? Acepté los servicios de mi amigo Papucho que le había robado el carro a la madre. *Sic transit gloria mundi.*

Tres minutos después se llevaba un stop en la Primera Avenida y una guagua de rusos embistió al Lada.

El carro fue a parar a chatarra y yo me desperte en el hospital con un brazo roto y el codo del otro colgando.

El Papu era un monumento a la ceniza.

Cachita no tiene suerte. Primero, el hijo le mata al hijo de un ministro, y después deja cocotimba a la hija del Comandante.

Fidel no mandó flores, pero puso a llamar al nuevo jefe de Escolta, Batman.

—¿Quién tuvo la culpa del accidente?

—Yo —dije. Me hubiera dejado partir el otro brazo por proteger a mi amigo. Y además, ¿a quién se le ocurre dejar manejar a un kamikaze?

Una operación rápida me recompuso la distribución ósea.

Me había perdido el cumpleaños de Mumín y andaba arrastrando a patadas un talego plástico que me drenaba la herida del brazo, cuando llegó Albita de visita.

La palidez de Albita es de mármol rosa. El pelo negro y brillante, la nariz aguileña y una figura de ángulos elegantes siempre me hacen pensar que algún director de cine falló una musa.

Estaba indignada.

—¿Sabes lo que ha hecho Tony Valle Vallejo? —preguntó—. ¡Ha traicionado al Gabo! ¡Ese hijo de puta lo fue a representar en un festival de cine en Colombia y se ha quedado! Anda haciendo declaraciones. Vengo a avisarte que te ha mencionado.

—No deberías tomarlo así. Tony es buena persona. Así que libró... No me irás a decir que no te lo esperabas.

—¡Yo no!

Me extrañó, porque la claridad de Tony siempre había sido meridiana. Como todos los adultos jóvenes, vivía soñando con largarse de Cuba.

De modo que la simpatía de Cachita Abrantes y mi ascenso en Contex no estuvieron motivados por mi particular manejo de la ortografía, cuando me convirtió en jefa de Relaciones Públicas. A cargo de crear un departamento que no existía, en una empresa que tenía relaciones comerciales con la mitad de los países del mundo.

Seguí modelando todas las noches. Trabajaba como una demente. Había descubierto la promoción y estaba ocupadísima mandando cartas a cualquier *homo sapiens* relacionado con la moda: fotógrafos, periodistas, diseñadores, fabricantes, compradores y expendedores de géneros textiles.

Mi súbito ascenso institucionalizó la envidia.

La secretaria tenía prohibido ayudarme, bajo pena de repudio general. Las máquinas de escribir se rompían y apenas me llegaban respuestas. Los rimeros de cartas habían ido a parar a la basura.

Lazarita, apodada la Jarrita porque tiene muchas partes del cuerpo en forma de asa, era la jefa de modelos. Me habían encargado la promoción de imagen y me llegué al set de fotografía. La Jarrita me gritó la mayor selección de improperios que haya escuchado nunca, con todas las asas al rojo vivo.

Cuesta trabajo imaginar un lugar en el que la propia jefa crea el caos entre sus empleados. Cachita era capaz de cerrar un pase de modas encaramada en la pasarela tocando guaguancó con los tamboreros invitados a la segunda parte de la noche (cosa que desconcertaba a los invitados extranjeros). Pero era incapaz de hacer respetar sus decisiones. Siguió llenándome la vida de responsabilidades.

Me puso a cargo de organizar sus citas y entrevistas personales. Tenía que recibir a los invitados ilustres: vendedores de lencería españoles y brasileros, empresarios de la tela, algún fotógrafo de excepción y algo indefinible que Cachita llamaba «personalidades relevantes».

Tenía que proponer a los miembros del jurado internacional, acomodarlos, atenderlos y confeccionar una encuesta de opinión, diseñarla, fabricarla y distribuirla.

Los espectáculos empezaban con una exhibición de joyería. En una malla enteriza de lycra nos colgaban o cosían las joyas. Se apagaban las luces y un haz de luz te convertía en presencia mágica, en una aparición de oscuridad y brillo moviendo los brazos y las caderas.

Ese año, me tocaba abrir el espectáculo.

El último ensayo del Cubamodas 88 duró más de veinticuatro horas y estaba más allá del bien y del mal, embutiendo todo el humo, el alcohol y las flacideces de mis treinta y tres años en un maillot de lycra color carne tras un paraván del camerino, cuando empezó un tumulto y los de la seguridad salieron en estampida para detener a una horda de gente con cámaras y micrófonos que habían violado el *sanctasanctórum* de la desnudez privada de los modelos. Yo no sabía que ésa era la Prensa Internacional, porque no la había visto nunca. Y lo tenía todo desvestido menos las orejas y la cabeza. De los lóbulos me colgaban unos pendientes coralinos de artesanía nacional que me llegaban a los hombros, y en la frente me reposaba el pico de un pajarraco negro con las alas abiertas que el artesano de las joyas consideró decorativo. Una plasta de sombra morada me llegaba desde los párpados hasta las témporas.

Me parecía al Hada Maleficio.

—¿Quién es Alina? —gritaban.

—*Who is she?*

—*Laquelle est Alina?*

Y ladraban en nórdicos.

—¡Ay! ¡Sáquenlo de aquí! ¡Guardia! ¡Caballero que etamo encuera! ¿Ya no hay repeto? —gritaban las modelos.

Así fue como accedí a la fama: con el trasero al aire, a medio embutir en una malla y con un pájaro embalsamado en la punta de la cabeza.

Que sea lo que Dios quiera, pensé, episcopal, bajo mis párpados púrpura.

Sonó la música inaugural. Una música marina. Se hicieron la oscuridad y el silencio. Salí a la pasarela y me volví melodía bailando como un faquir, porque habían pegado la alfombra con presillas y me estaban desollando los pies.

Unas ocho horas después, Magaly, la secretaria, me condujo a la primera entrevista.

—¿A santo de qué tengo yo que dar una entrevista?

—Es una orientación...

Agarré un gajo de gladiolos mustios y me senté en un butacón de mimbre indonesio, decidida a incumplir cualquier orientación que me vinculara cerebralmente con aquel engendro tropical de la moda.

Los «orientadores» autorizaron a dos periodistas que dejaron para el final de la entrevista su plato fuerte:

—¿Y cómo se siente la hija de Fidel Castro representando la moda cubana?

—Debe haber alguna confusión. La moda cubana tiene su digna representante en Cachita Abrantes, y mi difunto padre se llama Orlando Fernández.

Magaly se puso mal. Así me tuvieron toda la semana del Cubamodas. Eran las once de la noche y yo andaba negándole el parentesco y la representatividad a todos sus periodistas escogidos, abofada y llena de las bolsitas del cansancio.

Llamé a Albita.

—¡Mira por dónde reventaron las declaraciones de Tony! —dije—. Desde los once años, cada vez que alguien me pregunta si soy hija de Fidel, el «sí» se me traba en la garganta. Es que no lo sé pronunciar. Parece un mal sueño, Alba.

—Todos los sueños, malos y buenos, se terminan.

—Y, entre tú y yo, no me importa que me describan como la

bastarda renuente de Castro, pero que me pongan de adalid de la moda cubana supera mi pretensión al ridículo. ¡Las «yayaberas» de Delita! ¡Y la línea Intrépido con esos trajes de camuflaje y esas sandalias de trapo verde olivo! ¡Y las sayas de tilapia! Huelen todavía a pescado y se quedan paradas como pantallas de lámpara. Lo que sea, menos que apoye en cuerpo y alma a los macramés de cordel de Rafael, y las náuticas made in México de Marta Verónica... Es que no lo puedo soportar. Que me carguen en la cuenta lo que quieran, menos ser la apologeta de esos disfraces a lo Cachita.

Albita se reía, pero Magaly se disgustó:

—Díselo al que te «orientó» las entrevistas. Que me quiten el sambenito de arriba.

El cambio de estrategia consistió en unos cuantos matones vestidos de gente que empujaba a la prensa.

Unas semanas después Magaly me entregaba, triunfante, una revista. Ahí estaba yo con el ramo de gladiolos en la silla indonesia. Decía algo así:

«Hija extraoficial de Fidel Castro promueve la moda cubana.»

Seguía:

«Según criterios de exportación y con vistas a consolidar la economía del país, aportando moneda fuertemente convertible para bloquear el bloqueo del Imperialismo que azota nuestra economía, nos hemos propuesto una moda cubana reuniendo la manifestación artística aunada de lo más significativo de nuestros diseñadores...»

Ni Cachita después de una botella de aguardiente Coronilla habla tan mal. Por el contrario, el consumo etílico la pone locuaz y dicharachera. No pude reconocer al creador de semejane fárrago. Y como el artículo venía con las señas de La Maison y debe haberse reproducido en otras revistas, un flujo continuo de turistas empezó a copar con antelación el jardín de la casa de modas. Pasé a ser la mejor atracción zoológica de La Habana. Hubo que poner desfiles diarios y hacerlos dobles el fin de semana. Los turoperadores estaban en su apogeo. Las modelos no me lo agradecieron y hubo amagos de lucha en los camerinos.

Pero seguí aguantando. Estaba cobrando el doble y quería seguir viviendo en el paraíso del robo. Era como tener manos libres en un banco: casi cada día sacábamos zapatos nuevos para reventa, y suculentas piezas de plata y coral negro. No había nada más fácil que desfalcar la tienda. Vivíamos como magnates. Para que me fuera de allí, había que darme candela como al macao.

Y eso estaba por suceder. Según un soplo de mi amigo Papucho, la madre, que se me había vuelto invisible, consideraba que aquello se había salido de control porque los periodistas no dejaban de asediarle las oficinas.

Una noche se colaron tres en el camerino. Lo único que llevaba yo era un par de medias pantis en la mano.

En pellejo como estaba, les escribí la dirección de la casa antes de que los sacaran los sicarios.

—Los espero ahí dentro de media hora. Tengan cuidado. Hay una fosa desbordada en los bajos del edificio.

Cuando llegaron había puesto a mi madre de guardia. Naty era mi último refugio. Los mantuvo en vilo con su educada ambivalencia.

Terminó tras dos horas de conferencia:

—Ahora los dejo con Alina.

Alina repetía:

—¿Y qué puedo añadir?

Fue Bertrand de la Grange el que me dijo:

—Así no vas a ser famosa. ¿No te gustaría modelar en París?

¡Famosa! ¿Quién quiere fama sin infraestructura? ¡Modelar en París! Como si no tuviera espejo. ¡La Moda de las Abuelas Bajitas!

Andaba Gaston buscando disidencias políticas. ¿Qué podía decirle a aquellos europeos? ¿Que Cuba tenía más agujeros subterráneos que una granja hormiguera?

Y la verdad es que, sentada ahí con unas botas de segunda mano de Sandra Levinson en lamé dorado, una mini a crochet, un maquillaje perfecto y una moña embalsamada en laca de alcohol y pez rubia en la punta de la cabeza, no iba a faltarle al respeto a Mario Chánes,[31] que le ha roto el récord de presidio político a Mandela, ni a Armando Valladares,[32] que casi se queda inválido encerrado desde la adolescencia, ni a Llanes, aquel jefe de Escolta que había sido un símbolo de bondad en mi infancia, ni a ninguno de los hombres y mujeres anónimos víctimas del célebre Rompehuesos, que estaban, y siguen, pudriéndose en las catacumbas de antiquísimas fortalezas coloniales por haber dicho y proclamado en público que estaban hartos de la Revolución y de Fidel o que, simplemente, habían tratado de escapar de la isla. Ni a las mujeres que, como yo en busca de dólares, eran detenidas y hasta apaleadas por recurrir a la generosidad libidinosa de los extranjeros, con tal de llevar comida y ropa a sus casas.

Ni siquiera a usurparle el gozo al buen doctor Alí, que regresó de Angola orgulloso porque había efectuado unas cuantas amputaciones victoriosas con instrumentos sacados de la caja de herramientas de su convoy militar...

Cierto acoso social, una disconformidad sofisticada y lenguaraz, y la convicción de que mi padre era un gobernante fallido, no me daban derecho a la palabra.

Esa noche me dormí cansada. Una vez satisfechos los periodistas, ¿qué otra sorpresa me tenía el futuro?

Ni los periodistas estaban satisfechos ni el futuro estaba tan lejos.

—La Maison ha sido designada por el Alto Mando como sede de un aniversario más de Prensa Latina, entre cuyos pioneros fundadores están García Márquez y Jorge Timossi. Ambos asistirán acompañando al Comandante en Jefe. Y para esa noche quiero un desfile de modas impecable. Con las joyas, la ropa infantil, las trusas y todo —ladró Cachita.

Gabo no necesita introducción, y Timossi es un periodista argentino alto de honda voz que ha quedado inmortalizado gracias a Quino. «¡Haber escrito tanta poesía y tanto ensayo para pasar a la historia de la literatura como Felipe el amigo de Mafalda!», dice él. En efecto, Quino y Timossi fueron amigos en la tierna infancia.

Pero lo que no pude entender era por qué un señor que se ha vestido treinta y cinco años con la misma prenda, tuviera una insospechada y sorpresiva afición a la moda. Para la ocasión habían invitado a un montón de periodistas extranjeros que, según Radio Bemba, insistían en mi búsqueda y captura.

Qué raro... Después de todo, yo abría el desfile arrastrándome por toda la pasarela en maillot, profusamente adornada con caracoles, trozos de coral negro y plata y hasta un pájaro embalsamado. Modelaba las trusas, gracias a una inusitada y deplorada carencia de celulitis. La Mumín era una de las estrellas del show de infantes. Me pasó por la cabeza que a lo mejor la cosa era provocarle una congestión cerebral al Comandante en Jefe. Llegué lo suficientemente tarde como para que la guardia pretoriana no me dejara entrar. No me perdí nada: Fidel había mandado suspender el desfile de modas nada más pisar el umbral de La Maison con sus botas. Al parecer, estaba poco dispuesto a aplaudirme a su vez gritando «¡Viva! ¡Viva!».

Cachita dio una disculpa pública a sus modelos:

—La elección de La Maison fue un error del jefe de protocolo de palacio.

Nunca supe quién tuvo la peregrina idea de publicar en la prensa del corazón al Máximo Líder festejando a su descendencia femenina bastarda en el Emporio de la Moda Cubana. Si Cachita, su hermano, o el jefe de protocolo de palacio, a cuyo hijo había agarrado por las solapas en la época pretérita del acto de repudio en la escuela de Diplomacia. Después de todo, esos animales comían en el mismo pesebre.

Hasta una tarde en que se me acercó Delita, la diseñadora culpable de la línea Intrépida a base de lona de camuflaje, sayas implegables de piel de pescado y zapatos de fechoría, y acomodó un nalgatorio considerable en la silla de al lado, determinada a hacerme hablar.

—¿Sabes, Alina?, ¡creo que estamos en alza! El Comandante, bueno, tu padre, tiene metida aquí a su gente inspeccionando. La verdad es que los creadores nunca hemos tenido apoyo, pero esta vez... ¡Creo que las cosas van a mejorar mucho! Sí, señor.

La gente supone que soy «fidelóloga». Según mi experiencia, cuando yo ando por los alrededores y él se mete, es para echarlo todo a perder.

—Me parece una buenísima noticia. Todo va a mejorar. ¡Sí, señor! ¡Ya verás!

Y con la misma me dirigí a la oficina y recogí todos mis bártulos. No vacilé un segundo en adivinar el rumbo de esa barcaza de decorado llamada La Maison: iba directo al fondo. Al parecer, el Comandante conservaba el hábito de inquirir a las malas en qué aguas estaba nadando esta piscis.

Un vendaval de mal instinto me barrió la entendedera. Teniendo que empollar la energía en alguna parte, manejé hasta la nueva clínica de Ezequiel *el Curandero*. Pero estaba desierta y desmantelada.

Ezequiel *el Curandero* se dice biólogo y virólogo, pero lo cierto es que aprendió las artes de las matas medicinales durante sus periplos interminables montado en las barcazas de la marinería mercante, antes de que su membrecía en la Seguridad y su ciencia lo condenaran al internacionalismo de todas las guerras y a otro cúmulo de obligaciones oscuras.

A base de adivinación y experimento aprendió a curar en África, Vietnam y América Latina, donde encontró sus mejores exégetas y clientes. Hablaba del general panameño Noriega como de un buen amigo y de su enorme casa atendida por sirvientas cubanas federadas como de una segunda patria. Es sabido que Cuba es una potencia médica. De vez en cuando le encargaban un cultivo de bacterias invasivas imparables para frenar en seco los deslices vocales de algún indeseable, pero eso era cosa de rumores sin comprobar.

Abrantes lo había santificado levantándole un hospitalito en las faldas del Cimec, una especie de prolongación ampliada de esa Unidad Quirúrgica donde las habitaciones tenían dimensiones de sala de baile y las camareras le proponían un menú selectivo al turismo de salud.

Frente al hospitalito de Ezequiel siempre había una línea interminable de gente de toda la isla con un resumen autorizado de sus historias clínicas para uso del Curandero, en busca de curación o alivio para los males más tenebrosos y disímiles: desde tumores irreversibles hasta niños desollados en vida por una especie de piorrea que los tenía respirando en carne viva.

Ezequiel, cuando yo le llevaba cargamentos de corchos y botellas vacías, trabajaba de sol a sol llenando los recipientes de pócimas, ungüentos o cenizas misteriosas donde alentaba, insospechada, la curación.

Cuando llegué esa tarde al hospitalito, no quedaba nada de la reciente laboriosidad, y las plantaciones de hierbas estaban arrasadas.

—Hace tres meses se lo llevaron preso y mandaron cerrar la clínica. Dicen que fueron órdenes del mismo Comandante.

Mi amigo genocida había desaparecido. Preguntar por él en su antigua casa provocaba ataques de mudez entre los vecinos.

Por lo visto, no sólo Cachita estaba en capilla ardiente. Mi ministro de sombra andaba metido en algún informe arrasador.

El Comandante en Jefe es improbable, pero no imprevisible. Algo gordo estaba por producirse.

Una sensación de derrota me devolvió, desanimada, al Nuevo Vedado.

TERCERA PARTE

La Causa Número 1 de 1989 por narcotráfico empezó con mucho tiento, en un editorial especial del *Gramma*, el periódico del Comité Central del Partido. En vez de cuatro hojas, ese día el periódico tenía seis. Estaba jugando al póquer con otros invitados en la embajada griega en La Habana. La embajadora tenía un sembrado exclusivo de hierbabuena, y los mojitos iban y venían cuando me entró la compulsión extraña de ojear el *Gramma*. No era aficionada a esas cuatro páginas sempiternas de infundios y grandes logros en la recogida del plátano de microjet en Artemisa, que adornan en pedazos la mayor parte de los inodoros de la isla. Me quedé traspuesta con las noticias: «Han sido arrestados por traición a la Revolución los siguientes elementos...»

Estaba detenido el general Ochoa,[33] héroe de la patria y vencedor en la guerra de Etiopía y de Angola.

Estaba detenido Diocles Torralba, ministro de Transporte, que nada tenía que ver con las armas. Estaban detenidos los gemelos de la Guardia. Patricio, todavía a las órdenes de Ochoa en Angola. Tony, vestido de civil, estaba al frente del M6, un departamento encargado de burlar el bloqueo a base de electrodomésticos, carros occidentales y cargamentos de ropa y zapatos manufacturados aviesamente en Panamá y Hong Kong con destino a las diplotiendas cubanas. Y más secretamente, por supuesto, de una parte del tráfico de cocaína. Todo el mundo sabía para quién trabajaba: el gobierno.

Habían metido en la cárcel a un mejunje incomprensible de soldados del Minint, civiles y generales de ejército.

Al día siguiente, un comunicado de Fidel involucraba a casi todo su gobierno en una acusación que mezclaba mariconería, pastelería, tortilla, cocaína y rebelión.

Una semana después estaban en cadena los canales de radio y televisión en el horario inusitado de ocho horas continuas: estaban transmitiendo la causa número 1 por narcotráfico. Un fiscal militar con un Patek Philippe en la muñeca acusaba a aquellos soldados y mercenarios que lo habían sido por más de treinta años, de extender y explotar una red de cocaína desde zonas imprecisas de África y América Latina hasta la drogadicción neoyorquina. Sexo, perversión, cocaína y traición. Decía el fiscal, en nombre de la Revolución, el Partido y la Patria. Fidel y Raúl, su hermano, asistían al juicio escondidos tras los cristales de la cabina de mandos del teatro Universal de las FAR, el mismo al que yo había hecho posible que el Che fuera llevado al cielo en una red.

Esposados y humillados, los héroes legendarios se daban por vencidos, o no, ante una selección familiar restringida.

Los abogados defensores no se atrevían a hablar, ni el fiscal les daba la palabra.

El juicio se inclinó por la vertiente de la buena vida: se cuestionaron peripecias sexuales, orgías grabadas y filmadas y otras ceremonias del culto a la disipación. Al parecer, el Alto Mando de la Patria se había dedicado hasta entonces al vacilón y la gozadera.

Cuando la farsa terminó, unos estaban condenados a muerte y otros a la cárcel de por vida. Fidel tuvo la última palabra. En un pleno del buró político, conminó a todas sus vacas sagradas del oportunismo a pronunciarse según él. Había que verle la cara al atajo de hipócritas pendejos.

«Arnaldo Ochoa, traidor a su estatus de héroe nacional, tenía en su haber, en aguas angolanas, un buque con cien toneladas de cocaína... Y su intención era cambiarlo por armas para dar un golpe de estado militar contra nuestra revolución...»

¡Vaya imaginación! Con semejante cantidad de droga, Ochoa podía hacerle la guerra a las galaxias. ¡Y qué cinismo!

La coca estaba en Cuba por todas partes. Hasta mi amigo Roger el provocador había aparecido en casa meses antes con un tubito de ensayo que llevaba por casualidad en el bolsillo cuando descubrió un cargamento en el cayo adonde su jefe, Guillermo García, el ladrón de agua del barrio, lo había mandado para búsqueda y captura de venados de caza para el turismo.

Había tanta coca en La Habana que acabó por reemplazar la actividad unipersonal de realización pasiva que otorga la marihuana angolana o colombiana, y la gente andaba perdida en una fiebre activa que había mejorado los índices de rendimiento en la producción.

Había más coca que si hubiera caído nieve, y estaba tan permitida que la gente la compraba y trasladaba en cartuchos de azúcar de diez libras de un barrio a otro y de una provincia a otra. Había tanta, que uno llegaba a la conclusión de que las marchas revolucionarias y la continua agitación de las Milicias de Tropas Territoriales no se debían a otra cosa.

No era ningún secreto.

La coca era parte del folklore cotidiano desde hacía tiempo, y echarle la culpa a algunos militares que vivían y morían en otro continente era ultrajante.

Ochoa alimentaba a su ejército en Angola traficando animalitos, colmillos de elefante y cobrándole hombres por hora a Agostinho Neto.

El caso de Tony era distinto. Cómo iba a pagar sus electrodomésticos, sus Nissan y sus Mercedes Benz de importación sino con dinero sacado del narcotráfico. Hacía rato que Tony iba y venía desde Miami vestido de civil.

¿Y con qué pagaban los guerrilleros latinoamericanos el suministro de armas? ¡Con coca! Con coca cobraba el Departamento América su ayuda militar y técnica.

Hasta que condenaron al paredón a Ochoa, a Tony y a Amadito Padrón. Sin decir cuándo se iba a aplicar la pena.

Fue una semana entera de tragedia que me tuvo clavada delante del televisor como una suplicante. Me costaba creer que Fidel mandara a fusilar con un gesto de su índice a sus amigos de toda la vida.

Mis vecinos dictaminaron:

—¡La verdad que el viejo tuyo es un descarado!

Pensaba en los padres de los gemelos, los adorables Mimi y Popín, y los hijos, que había visto crecer. Me llené de coraje y fui a verlos.

Viven los viejos en una casa a la orilla del mar. Las filas de carros de los amigos del oportunismo copaban siempre los sitios del parqueo. Pero esa noche la calle estaba vacía. Por la casa andaban como fantasmas los nietos y deambulaban algunas viejitas con sus sopitas del consuelo.

Popín estaba apagado. Sin ver ni oír. Fue Mimi la que me preguntó:

—Alina, ¿tú sabes cuándo van a fusilar a mi hijo?

Pero yo no sabía.

La valentía social le negó ese año a la hija de Tony el premio académico de mejor estudiante. El resto de los muchachos fue objeto de agravio y expulsión de escuelas y universidades. Para compensar todo lo cual, el Minint les aseguró atención psiquiátrica: unos cuantos médicos uniformados estuvieron a cargo de convencer a los niños de que sus padres habían sufrido un justo castigo. No lograron ningún converso.

Poco después cayó preso Abrantes. Un mes después le dio un ataque grave, cuando se le desfibrilaron las corrientes del corazón. Un Lada de la prisión se lo llevó a dar un paseo en dirección contraria al policlínico. Murió de un infarto masivo.

La madrugada en que murió me vino a buscar uno de sus hijos. Velando al antaño reverenciado ministro del Interior estaba su familia más cercana y yo, que debo sufrir el síndrome de Estocolmo. Por lo demás, el arresto lo había vuelto notoriamente impopular.

Al día siguiente, por la mañana, en un inesperado giro a contravención de tráfico, la caravana de Fidel dobló por la calle Zapata para pasar frente a la funeraria.

Los carros aminoraron la marcha. El grupito de dolientes le gritó: «¡Asesino! ¡Asesino!»

Inspirada en mis proezas literarias de cuando era promotora de la Contex, a Cachita se le ocurrió que yo despidiera el duelo en el cementerio de su hermano fallecido. Pero había que ser muy masoquista para guardarle amor en público a alguien que me había hecho tanto mal en la vida.

Cuando terminó el entierro, llevé a mi amigo Papucho de vuelta a su casa.

—Tu padre mandó matar a mi tío —dijo—. Eso mi familia no lo va a perdonar nunca.

Y me retiró el trato.

Una mañana, poco después de los fusilamientos, llegó mi vecina Estercita llorando a moco tendido.

—Estamos preocupados en el barrio. El hijo de Amadito Padrón se para todas las tardes en la esquina de la secundaria a velar a Mumín. Ella no tiene la culpa de que tu padre le haya fusilado al suyo, pero la gente es mala. No sabemos a quién denunciarlo. ¡Tienes que avisarle a alguien!

Yo tampoco sabía a quién avisarle.

Nos habíamos convertido en la familia del Verdugo. No en balde los verdugos van siempre encapuchados para ejercer su oficio.

La morfología social cambió radicalmente: la mitad de los cubanos no se repuso de ese derrumbe de héroes. Empezaron a florecer los grupos disidentes. Aquel gobierno ya no convencía a los gobernados.

A mí, menos. Quedé convencida de que en algún contubernio extraño con Fidel, la CIA había guardado todas las pruebas de la implicación de Cuba en el narcotráfico.

Imaginé el canje: «Yo les desarticulo tal y más cual guerrilla en América Latina o en cualquier otra parte del Universo. Ustedes se callan la boca en lo del narcotráfico y, por sobre todas las cosas, me mantienen el embargo.»

El embargo, señores, es el gran pretexto antiimperialista. Pero al Imperio le importa un bledo la opinión pública mundial. Lo único que le interesa es mantener a Cuba con un dirigente maleable y cooperativo. Cuba es la próxima Granada. Quedará llena de Hollydays Inn y de McDonald's.

Como si mis especulaciones fueran ciertas, tras la causa número 1 cayó Noriega, cayó Sendero Luminoso en el Perú, y cayó César Gaviria.

Fidel mantuvo su aura de prestigio internacional...

El Campo Socialista y el muro de Berlín se derrumbaron una tarde por la televisión. En la isla no hubo otra repercusión que la de prohibir la Licenciatura en Ruso en la universidad. Fidel mandó cambiar el ruso por el inglés. Y después se paró en la pantalla para explicar el Período Especial[34] y la Opción Cero. Término que no necesita explicación: cero luz, cero comida, cero transporte. Nada. Nananina.[35]

Para que la gente no se ofuscara dio como solución las «calderas populares», la primera moda francesa que entra en Cuba desde 1959. Consistía en un puchero comunitario organizado por el Comité de Defensa de la Revolución. Cada miembro iba a llevar su papa, su ajito, su media cebolla... Para complementar lo cual el CDR repartiría unas multivitaminas a domicilio a partir de la semana siguiente.

Y para que la gente no se regodeara en la desesperación, la ocupó con la crianza de pollos a domicilio. Sabía por experiencia propia que eso te ocupa las veinticuatro horas.

—El Imperialismo ha arruinado nuestras granjas avícolas. Cada habitante recibirá tres pollitos, cuyo crecimiento será de su entera responsabilidad. El Estado no puede suministrar el pienso.

La gente se lanzó a la crianza de pollos, inventando recetas como cáscara de toronja molida y secada al sol. Pero los niños desayunaban agua con un azúcar amarillo grisáceo que se fermentaba en los pomos y alejaba a las cucarachas.

Los pollitos crecieron como animales domésticos, con nombre, para amor y diversión de los niños, y resultó difícil cocinarlos y servirlos en la mesa.

Tras los pollos llegaron a La Habana los puercos y las cabras. Las cabras se adueñaron del pasto de la Quinta Avenida y los puercos de patios y bañaderas. Para evitar las delaciones, los dueños los mantenían dormidos a base de Benadryl. Algunas familias más sofisticadas les cortaban las cuerdas vocales.

Así fue como el paisaje y los olores de mi ciudad cambiaron perceptiblemente, como en la época en que Tata Mercedes me apartaba de las ventanas de las Makarenko y las Ana Betancourt para que no me cayera un desecho menstrual en la cabeza.

La ciudad olía a estercolero.

Gruñidos y cacareos acompañaban el grito feliz de las emperatrices de la Libreta:

—¡Llegó la masa cárnica! Hoy le toca a los cien primeros números del primer grupo.

—¡Ya vino el panecito de boniato!

El pan, una bolita de cuatro onzas, está hecho con harina de boniato y se llena de un hongo homicida al tercer día.

La masa cárnica es un engrudo indigerible de picadillo de soja, cartílagos y gofio. Me gustaría que alguno de los amables defensores del régimen cubano pruebe las recetas de la miseria: picadillo de cáscara de plátano hervido. Pan de boniato con colcha. La colcha de trapear el piso se deja curar en aceite unos días hasta que se ablanda la fibra. Se empaniza si se puede y se sirve. Nadie habrá probado las babosas asadas. ¿Y el civet de gato?

La gente paseaba a sus pollitos como a los perros, amarrados con una soguita para protegerlos del hambre voraz de los gatos, cuya libra se cotizaba en la Bolsa Negra.

Para colmo de mala suerte, empezó una epidemia de neuritis óptica y miles de cubanos se fueron quedando ciegos. Aunque Fidel insistió en que el virus era otro regalo imperialista, la verdad quedó oculta en un laboratorio de bacteriología del Minfar donde se cocinan las enfermedades necesarias para la buena salud política de los cubanos, que en esa oportunidad andaban simplemente envenenados por el talio de los herbicidas y pesticidas improvisados.

Pero así y todo, se le prohibía a los campesinos que vendieran libremente sus cosechas, que quedaban pudriéndose en las veredas de los campos: el Estado no las recogía a tiempo.

La gente tuvo un giro repentino hacia Dios en esas difíciles circunstancias, y el desorden religioso se agudizó cuando Fidel cambió su eslogan mambí de Patria o Muerte por el de Socialismo o Muerte.

Y como hasta el desorden es un plan del Comandante, inventó las Brigadas de Acción Rápida, que disolvían las manifestaciones religiosas en auge a golpes y palos.

A la juventud se la reunía en actos cívico-culturales, alrededor de hogueras, en ese clima que permite asar pollos en el asfalto.

Un mundo enloquecido y atribulado, de un humillante surrealismo.

Una noche, en medio de aquel extrañamiento, me llamó mami:
—Baja a la calle. Te está esperando una persona a la que quieres mucho.

Era Ezequiel *el Curandero*. Disimulados en un pasillo de la acera de enfrente nos dimos un apretado abrazo.
—¿Por qué te desapareciste así?
—Es una larga historia... —dijo, y no me la quiso contar en ese momento. Quería que fuera a verlo a cierta granja que le habían entregado para que reiniciara sus inventos—. Todavía no tiene electricidad. Vine a buscarte porque siempre creíste en mí y seguro me vas a ayudar. Llégate a verme la semana que viene. Coge el camino a la iglesia de San Lázaro. Allí pregunta dónde está el sidatorio. Y cuando estés delante del sidatorio, pregunta por la granja de gallos finos de Guillermo García. —Un terreno y una casucha sin electricidad son un comienzo para una clínica de medicina alternativa—. Y no te confundas de sidatorio. Te hablo del que está a la izquierda, del de la gente común. El de la derecha es el del Minint.
—¿Y la granja de gallos finos?
—Por allí la conoce todo el mundo. Es donde Guillermo García cría sus gallos de pelea.
—¡Pero si están prohibidas las peleas de gallos en Cuba!
—Son para la exportación.
Que Guillermo García, ex ministro del ramo inexistente del Transporte, criara gallos finos para la exportación, era un alivio nacional.
El sidatorio era un edén donde estaban recluidos los enfermos ᵗ᷉ con salida semanal o no, según su «índice de peligrosidad
porque a algunos presos a perpetuidad les había dado
ᵈᵉ sangre y contagio para morirse al aire libre y al
ᵗᵃlación, y a algunos adolescentes por autoino-
vida castigada.
ᵗʳios de la vergüenza antigua. De eso

nada: les llevaban funciones culturales y los casaban en ceremonias. Había documentales enteros sobre lo felices que estaban los enfermos, con comida buena y hasta aire acondicionado cuando se ponían terminales. Y sobre lo agradecidos que estaban a los estudiantes de medicina de primer año, cuya obligación era acompañar a los enfermos de pase el fin de semana y comer y dormir en casa de ellos, como una guardia pretoriana dulce y familiar...

—¿Y qué has estado haciendo estos dos años en el sidatorio?

—Ya te explicaré.

Y desapareció en la oscuridad del apagón y el olor a queroseno de las lámparas.

Yo no podía quejarme de aburrimiento porque la prensa no se había desanimado como pensé la noche de La Maison en que escribí para los periodistas la dirección de la calle 35 con un par de medias en la mano.

Algunos acampaban entre las miasmas fétidas de la fosa desbordada en los bajos de casa, cuando no se mecían en los sillones de hierro del portal, inalterables y entusiastas.

Un par de ellos viajó repetidamente desde Francia para pedirme al menos un pelito de la barba del Comandante. Según ellos, un análisis espectrológico podía desvelar los arcanos de su personalidad. Les entregué un par de pendejos míos; no querían creer que no guardaba semejante relicario.

Por esa época me había convertido en la única persona en la isla con libertad de expresión. Podía hablar de la falta de libertad libremente, sin que una escuadra de la policía me levantara de la cama, me diera una golpiza y me llevara presa.

Mucho miedo me costó asumir aquella responsabilidad extraña.

Gracias a ellos empezaron a llegar los biógrafos. Gracias a ellos me retornaban hasta las amistades del exilio. Recuerdo con especial cariño la tarde en que llegó un efebo enrulado con la mirada azur, rebosante de dulzura respetuosa. Venía de parte de mi amigo Osvaldo Fructuoso, hijo de un mártir de la Revolución y desafecto como mi generación toda. Traía una tarjetica: «Carlos Lumière.

Fotógrafo de Vogue.» Letras doradas sobre fondo negro. Sin dirección ni teléfono.

Igual podía yo tener una que dijera: «Alina Fernández. Asesor del presidente Reagan.» Pero impulsada por un optimismo incurable en lo que a la amistad respecta, me dejé convencer de hacer unas buenas fotografías.

—Si las vendemos, Osvaldo te hará llegar algún dinero.

Le pedí algunos trapos a mi amiga Albita.

Y no pasaron más de dos semanas hasta que me descubriera en una revista española, con la ropa más moderna que había en La Habana, comentando el precio del aceite, el de la libra de gato en el Mercado Negro, y los males de la prostitución.

Toda lánguida, tirada en las rocas frente al mar en el inolvidable Malecón, como una Lady D erotizada en body de encaje negro hablando de la miseria en el Bening...

¡Hay que ver! El texto era una pieza literaria escrita en el mejor estilo de Fernando, un amigo de mi amigo Osvaldo, y aunque ambos se mostraron muy compungidos, nunca les creí las buenas intenciones como tampoco las creí después, cuando con éxito planearon sacarme de la isla.

Pero no todas mis amistades son iguales.

Por esos días recibí una carta cifrada de mi amigo Alfredo de Santamarina. Proponía un plan de extradición con base en Suecia. Alfredo es un ser profundamente humano al que me une la ética insuperable de la infancia. Ignoro qué ingenio montó para que el gobierno sueco me canjeara. Yo tenía que darle el «sí» con una contraseña que mencionara un arco iris.

Le escribí una carta delirante en la que hablaba del arco iris como de un sueño postergable. Estaba iluminada por mi misión de portavoz. Me debía a toda mi gente silenciada. Si me lo hubieran pedido, me habría empalado en la plaza de la Revolución. Por otra parte, una úlcera galopante no me hacía merecedora de asilo. Y por más que me pasara las noches en vela con la angustia enraizada en el pecho, y cada carro que parara frente a la casa me disparase al corazón, ninguna perseguidora me llevó, como a tantos miles de disidentes, a una paliza segura en una cárcel.

Por si todos esos motivos no fueran suficientes, la visita de un militar de la nueva generación acabó de convencerme:

—Suecia está buscando un pretexto para romper relaciones con Cuba y retirar la ayuda que nos da como país del Tercer Mundo. Ya sabes, materiales escolares, ayuda técnica. Si aceptas el asilo, perjudicas a los niños cubanos. Y, descuida, que de todas maneras no vas a ir a ninguna parte.

Cuando Alfredo lanzó no obstante su campaña, un vikingo de la embajada sueca me citó en el bar del hotel Inglaterra, un emporio dos estrellas amueblado de mimbre, en pleno corazón de La Habana Vieja y centro de encuentros clandestinos para todos los *naïfs* del espionaje diplomático. Le di un rotundo «no» adornado de servil agradecimiento. Y no hablamos de lápices ni libretas, ni de los libros de cuentos animados de cuya imaginería había nacido el nombre entrañable de mi trol, Mumín.

Mi amigo Alfredo no me lo ha perdonado todavía.

Llegué a la finca de Ezequiel detrás de la procesión anual al santuario de San Lázaro, adonde la gente peregrina anualmente bajo el ojo avizor de la policía. Llevaba, además de todos los adminículos de limpieza, una botella de ron, un poco de vajilla desechable y una cafetera italiana.

La futura clínica de medicina alternativa era una casucha abandonada entre un jardín y un patio tan pedregoso que los brotes de las matas medicinales parecían milagros. Como si abuela Natica hubiera metido ahí sus manos verdes.

Ezequiel preparaba sus pócimas curativas en tres marmitas al amparo de los árboles del patio trasero, con cáscaras de coco seco por leña. Un vástago larguilucho camino a la edad viril lo ayudaba.

Un druida asistido por un elfo.

Más allá de las siete de la noche, esto fue lo que me contó:

—Ya sabes que cuando acabaron con Abrantes desactivaron mi clínica en el Cimec. Me tuvieron detenido en Villa Marista unos días...

—¿No te violó ningún interrogador?

—No. Me respetaron el culo, pero me jodieron la moral. ¡Tantos años en el Minint trabajando para la Revolución y Fidel! Lo peor es que éstos me quieren para lo mismo.

Yo estaba medio perdida. Claro está que Fidel es el primer mandatario que sobrevive al descalabro de su Ministerio del Interior y su Seguridad Personal. Nadie como él para convertir el revés en victoria y los suelos tropicales en campos de uva. Seguro, su nueva generación de sicarios sería peor que la anterior: los hijitos de la doble moral y del oportunismo ideológico.

A Ezequiel lo estaban usando de nuevo, pero en sentido inverso: en vez de mandarlo a atender narcotraficantes a domicilio, le encargaban cepas y cultivos mortales, medicinas letales para acabar con incómodos testigos del descalabro dentro y fuera de Cuba. Y por eso le habían perdonado la vida. Con lo cual estaba profundamente inconforme.

—Cuando uno se mete en una causa hasta el cuello —dijo—, hasta el cuello le llega a uno la propia mierda cuando se caga.

—¿Y dónde has estado estos tres años?

—En el sidatorio.

Con la orden de encontrar una solución. Al menos había logrado un menjunje que mantenía la inmunidad altísima. Pero no me había ido a buscar para desvelarme la fórmula secreta. El gobierno se la había vendido a Alemania Democrática.

—Es un lugar horrible. Todo el personal es de la policía. Y están cobrando un extra porque los dos años que estén ahí trabajando se los considera labor internacionalista... Te agradezco mucho la limpieza y las atenciones. Vuelve la semana que viene. Voy a preparar la fórmula para Naty.

A Naty le había salido una pelota en el lado izquierdo del cuello y me estaba castigando la ansiedad negándose fehacientemente a ir al médico. Así que cuando llegué con el palo de trapear, el detergente, los guantes y la vajilla desechable, llevaba también la súplica de una medicina contra cualquier tumor mal advenido que fuera a alterar la inquebrantable salud de mami, por si acaso.

A la semana siguiente volví a la granjita. Llevaba una colección de botellas vacías para sus fórmulas. Tenía un mal presentimiento y la sensación de dirigirme a otra catástrofe del sentimiento. Como coartada para poder irme rápido llegado el caso, cargué con una señora de la *high society* americana que había llegado a la isla con el pretexto literario de hacer una historia de las cuatro generaciones que éramos Natica, mi madre, Mumín y yo. Llegó entre la camada de biógrafos ortodoxos empeñados en contar cómo había engendrado Fidel y con quién una hija bastarda, pero ninguno como ella prometía el pago de una suculenta suma. Era una borrachona dulce y aparentemente inofensiva, que a sus cincuenta años vive para imitar a Jacqueline Kennedy.

De nada me sirvió su presencia, porque había dos individuos esperándome escondidos tras la humareda de las marmitas.

Ezequiel explicó:

—Esto viene a ser una encerrona, pero cuando hables con ellos me lo vas a perdonar.

Eran enfermos escapados del sidatorio y fueron al grano:

—Este es Oto y yo soy Reniel. Necesitamos que nos ayudes.

Oto era un negro alto como un masai, y seguro se había llamado Barbarito hasta que el Minint lo reclutó y le cambió el nombre. Reniel es el alias preferido de la Seguridad del Estado. Si un hombre en Cuba te dice que se llama Reniel, no cabe duda, es de la Policía Secreta. Ambos tenían el mal aspecto del oficio.

El negro alto, decía, había sido el hombre de confianza de Fidel en Angola. El bajito fornido estaba en la Contrainteligencia militar.

Y estaban condenados al sidatorio sin tener sida.

A ambos les hacían las pruebas trimestrales cada vez que venían a la isla, y a ambos los habían mandado regresar de tierra angolana mucho después de darles el OK facultativo. Su tesis era que, muertos los muertos, es decir, Ochoa, Abrantes, Tony y compañía, el nuevo aparato encabezado por Furri había decidido desactivarlos, sometiéndolos primero al bochorno de ser maricones y, segundo, a esa especie de prisión domiciliaria que era el sidatorio, antes de que dos años después mandaran a todos los enfermos, sin tratamiento, para sus casas.

Estaban convencidos de que Fidel no sabía nada de aquella componenda, y tras dos intentos fallidos de demostrar la limpieza de su sangre incontaminada en otras tierras con la ayuda abortada de Ezequiel, que había ido preso camino del aeropuerto por tratar de extraditar sus pruebas sanguíneas, necesitaban una persona allegada al Comandante que le dejara saber semejante estado de cosas.

Les expliqué ser la persona menos indicada para dialogar con el Comandante, puesto que habíamos roto relaciones personales gracias a una anécdota referente al turismo internacional.

Bis Jackie Kennedy, la biógrafa, daba vueltas por el lugar a bandazos, sabrosona de «saoco», ron con agua de coco fresca y limón, apurándome porque había organizado una cena para esa noche con personalidades del cine cubano y una poscena con un pepillo fabuloso.

Pero yo estaba en otro de mis caminos a la tristeza:

—Si ustedes dos fueron hombres de confianza de Fidel, no va a pasarles nada en la vida que él no sepa. Y si están detenidos en el sidatorio, acusados, como dicen, de ser maricones, ésa es su voluntad. Y más si la cosa viene a raíz de la causa número 1 del 89. Mandó matar a sus propios amigos.

Pero no los convencí. No se le puede decir que no a una tragedia humana. Regresé a La Habana determinada a hacerle llegar el mensaje al Supremo. Era la primera vez que le escribía desde los diez años: «Hay unos cuantos pacientes del sidatorio que se dicen sanos y víctimas de equivocaciones. Gente dura de la guerra de Angola. Alegan estar en el lugar sin tu conocimiento...»

Y añadí algo sobre la amenaza de volar el arsenal y la estación de gasolina, sabiendo que para el Comandante es un principio filosófico dejar que los problemas encuentren una solución en sí mismos y, puestos a ver, si los enfermos volaban su hospital, iba a tener dos problemas menos.

Para hacer llegar el mensaje se me ocurrió contactar a uno de los Cinco Vegetales, mis hermanos menores. Un enfermo[36] a la cibernética y a la carrera de maratón, que compartía ambas obsesiones con un amigo común.

Tras explicarle el asunto a mi pobre hermano en una reunión clandestina, le entregué la cartica.

Al Comandante, como supuse, el asunto le importó un bledo. Estaba ocupadísimo.

La Opción Cero anulaba la gasolina y, por ende, el transporte público o privado. Había despedido a la mitad de los empleados públicos, innecesarios en época de crisis y los había mandado a casa con un retiro, y la misión de vigilar el vecindario y denunciar irregularidades.

Y como el transporte público estaba exterminado, repartió bicicletas para que la gente siguiera yendo a las clases y al trabajo imprescindible.

Las bicicletas eran chinas, según una patente que los ingleses le habían vendido al Imperio recién terminada la Segunda Guerra Mundial, allá por el 46. Igualita a la que me habían traído los Reyes treinta años antes. Era... ¡Era el juguete básico de las ferreterías! A una tríada de generaciones se le revolvió la infancia frustrada mientras Papá Noel satisfacía al fin el anhelo repartiendo bicicletas entre el Partido y las Juventudes Comunistas.

Hay que ver las capacidades de tracción insospechada que tiene una bicicleta china de la Segunda Guerra: familias enteras en asientos añadidos, y en remolques improvisados, refrigeradores, *cakes* de boda, materiales de construcción y todos los contenedores de la Bolsa Negra.

Mami andaba feliz y admirada con la inagotable inventiva cubana. Empezó a llevar su cámara fotográfica en ristre.

A mí, la imagen de un individuo raquítico jalando como un buey a sus dos hijos y a una esposa de nalgas rebosantes, me ponía tan triste como cuando veía pasar a una novia velada camino del Palacio de los Matrimonios acarreada por un padre sudoroso al borde del infarto. A la par de ese impulso feliz floreció el crimen, porque los chinos no tenían repuestos para esas máquinas prehistóricas y la inventiva rateril se explayó en una serie de técnicas sofisticadas para el robo de bicicletas. La más común era extender un alambre de lado a lado de la calle aprovechando la complicidad de los apagones. Muchos niños murieron desnucados sin redención.

La Mumín crecía feliz, viajando entre sus dos casas. Empezaba a caminar con las punticas de los pies abiertos y tenía la cabeza llena de moñitos. Se estaba volviendo bailarina. Pero cuando terminó el segundo año, la botaron.

Dos años antes mi hermano Fidelito había impuesto a su hija —una rusita gorda y alta que se paseaba entre los niños de primaria en uniforme de preuniversitario— con la ayuda de un par de matones que amenazaron a la directora con las furias del cielo. La directora probó fuerzas con la nieta número 2 del Comandante y ganó la partida.

Tenía mi hija diez años, pero nunca es demasiado temprano para empezar a cargar culpas ajenas.

El sueño martiano de las Escuelas en el Campo acabó por convertirse en terrible realidad desde que Fidel las declaró obligatorias, y cerró todas las secundarias y preuniversitarios de las capitales de provincia.

Amparado en la falta de gasolina, declaró que los muchachos sólo podrían pasar en casa tres días al mes.

Los osados que elevaron sus protestas en las asambleas del partido fueron silenciados, y la gente acabó por resignarse.

La escasez impuso en las escuelas reglas de cárcel: había que andar como los caracoles, con el cepillo de dientes y el pedazo de jabón en el bolsillo, dormir con los zapatos puestos y saber defenderse del robo y las provocaciones con las veinte uñas.

Una convocatoria en la Escuela Nacional de Arte arregló el asunto escolar de mi hija y la Mumín cambió las zapatillas de punta por la danza contemporánea. Alta, con el cuello largo, los hombros perfectos y un empeine como una luna crecida, daba gusto verla.

El primer año pude llevarla y traerla porque a veces volvía la gasolina. El segundo año la gasolina se fue para siempre y la niña caminaba de madrugada y noche cerrada por la avenida, para irse enganchada en alguna espalda medio metro por fuera de la puerta de la guagua. El tercer año lo hizo en mi vieja bicicleta.

Ahí nos empezó la angustia.

Para ella eran veinte kilómetros. Para algunos maestros eran más de tres horas pedaleando con un poco de azúcar fermentada en el estómago y una inyección de ocho onzas de masa cárnica al mes. Empezaron a desertar del trabajo.

A todas estas tuvo Mumín su primer problema político y, quién lo diría, por culpa de la Pantera Rosa. El hábito de chillar lemas en la formación de los matutinos es una costumbre revolucionaria que se mantiene. Cada mañana la clase tiene que innovar.

A Mumín, que había visto la tarde anterior, en casa de una amiga mía, una postal de la Pantera Rosa, se le ocurrió que el texto podía servir. De modo que ella y sus compañeros profirieron a coro:

> *«De mañana no como*
> *Pienso en ti*
> *De tarde no como*
> *Pienso en ti*
> *De noche no duermo*
> *¡Tengo hambre!»*

Lo cual me costó una asamblea urgente con la dirección de la Escuela Nacional de Arte para discutir las alusiones desvergonzadas de mi hija a la hambruna nacional.

Volví a casa de mi amiga:

—Necesito urgentemente que me prestes la postal de la Pantera Rosa. Mañana te la devuelvo.

Así salvamos la Pantera y yo a la Mumín de tener una nota nefasta en el expediente académico.

Las incursiones de mi duende hasta una escuela sin maestros me pusieron el corazón en la boca y a ella el ánimo depresivo.

Mientras más bicicletas se repartían, más crímenes y más accidentes florecían.

En mi edificio se mató la novia de un vecino una noche húmeda en que al artilugio chino le fallaron los frenos y la muchacha embistió el trasero de una guagua pasándole por debajo.

—No le quedaba nada, Alina. ¡Ni las nalgas, ni el vientre, nada!—decía el muchacho.

Todos los días alguna tragedia conmovía al vecindario.

Fui a dar una vueltecita por el Cementerio de Colón. Pregunté por un muerto imaginario.

—¿Me puede decir dónde han enterrado a Mamerto Navarro?

—¿Cuándo entró ése?

—Ayer.

—¿Ayer a qué hora? ¡Es que no paran!

Allí reinaba el orden. Los fiambres entraban cada diez minutos.

—Por la tarde, creo. ¿Hay mucho trabajo?

—¡Lo nunca visto!

El viejito estaba feliz. Nunca había sido tan útil desde que empezó a llevar los registros en el año 60. Al revés que el embalsamador de la momia de Lenin, privado de su razón de ser desde que cayó el Campo Socialista.

—¿Qué, la gente se está muriendo con más ganas?

—Ni que lo digas, m'hijita. Desde el período especial y las bicicletas tenemos más de cuarenta y cinco diarios. Antes no pasaban de quince.

En mi patria, el capricho de mi padre por jugar al comunismo había triplicado las defunciones en menos de dos años. Estaba diezmando a Cuba.

Yo tomaba notas de todo en una libreta de teléfonos negra, porque estaba reuniendo datos para un libro. Los datos abarcaban la amplia gama de la estadística del desconcierto. No iba a ser la primera ni la última vez que fuera donde estaba Mumín llorando. Le rogué que pensara en dejar su escuela. No valía la pena arriesgar la vida por asistir a clases de maestros invisibles.

Caí en una época de evasión perfeccionista. Resignada a vivir eternamente en aquel loquero y sucursal de prensa de la calle 35, en homenaje de respeto a la gente que iba y venía desde sus miserias como quien transita por el cuerpo de Emergencias de un hospital, y en homenaje de respeto a Mumín, que tenía que vivir ahí más que nunca por culpa de las bicicletas y la actitud antideportiva de sus maestras, me propuse arreglar el apartamento a lo grande. No se puede dar masajes curativos, echar el tarot esotérico, recibir a los amigos y a los provocadores, sosegar la angustia de la disidencia militante, criar una hija ni hacer el amor en un sitio como ése, desgañitado de gritar desorden y amargura. Pero ésa no había sido mi intención primigenia.

Todo ocurrió gracias al inodoro tupido.

El nuestro estaba *in extremis*, no se sabía por qué. Como estos servicios no son oficiales en mi tierra, ningún inodorólogo ilegal aficionado pudo hacer un diagnóstico, hasta que llegó el Mago Alberto.

El inodoro tupido fue durante año y medio mi objeto de adoración y añoranza profundas. Después de un exorcismo con salfumán o de luz brillante con candela, me quedaba ahí mirándolo y rogándole que tragara, como a un abuelo enfermo.

Hasta que conocí a Alberto *el Plomero* y Alberto *el Plomero* me presentó a su colega Idulario y su colega Idulario a Armando, que era mecánico, y se me remendó la existencia. Todos trabajaban en la ruta 27 del transporte urbano, donde no tenían mucho que hacer porque quedaban dos ejemplares ambulantes. Les sobraba el tiempo libre. A partir del momento en que Alberto extrajo un enrejado plástico que había sido meses antes el continente de un desodorante, y descongestionó al inodoro, se me destupió el modo de vivir la vida:

—Hay que pintar de vez en cuando la casa en que se vive, que esté bonita. Y lo mejor es tener calentador y bañarse con agua caliente. Y hay que tener arreglado el carro —aconsejaba el Mago.

Era el primer ser humano que en vez de problemas, traía soluciones, Dios lo bendiga. Se puede asimilar toda la mierda ajena, pero es difícil salir de la propia sin halar la cadena. De los talleres de la ruta 27 empezaron a llegar instrumentos milagrosos: una pulidora capaz de cortar hierro y piedra, un soplete medieval y un jugoso juego de espátulas. Nunca fui más feliz que en el éxtasis de carpintero albañil, restañándome las quemaduras y las heridas. En ésas estaba cuando avanzó pasillo adelante una fragancia a libertad muy bien terminada: un playboy trascendido de edad, de lino y encorbatado impecable, melena rubia ceniza confundida de canas y las arruguitas del sol de los yates y las piscinas.

Pensé que era de la prensa y lo amenacé con la pulidora.

—*Oh! Don't worry! I didn't come for an interview. Other plans! We, friends!*

Pensaría que una señora enmascarada, de pantalón amarrado con alfileres de criandera y blandiendo una pulidora tenía que ser subnormal, y como se verá, no lo pude convencer de lo contrario.

—*My name, Marc. Me and you, food. Me here at nine.*

Apagué la pulidora y me negué con vehemencia. Estaba obsesionada. Estaba penetrada por el optimismo existencial de mi Plomero. Estaba precisamente arreglando la cárcel que era mi apartamento, porque salir de ahí me dejaba todavía más expuesta. Con más miedo. Hacía rato que no hacía nada legal, y hacía rato que me había negado un tránsito placentero por La Habana. Como hija del Lord de los apagones y el hambre y la miseria de la gente. No iba a andar por ahí comiendo en diplorestaurantes...

Pero no me hizo caso. Un mal hábito que adquirió inmediatamente.

Me llevó al Tocoloro, predilecto de Gabo y de todos los importantes que visitan la isla. Desde el chef hasta el que lava los platos es de la Seguridad, y hay micrófonos hasta en el hielo.

Marc pensó que yo era muda y oligofrénica perdida. Estaba lleno de planes: lo mismo le daba hacer un libro de recetas de langosta, cantar y producir canciones cubanas, que venderle delfines amaestrados a los hoteles del turismo en Varadero. Al parecer, surcar el agua a lomos de un delfín por cincuenta dólares ida y vuelta es el sueño erótico de todos los turistas, pero la verdad, yo poco sabía de las excelsas búsquedas de emociones de los habitantes de este mundo.

Traté de venderle a abuela Natica, la Culinaria, entre sus amplísimas facetas, con su receta de langosta al cacao amargo, y a mami, la Sabedora de Todo lo Cubano, para que le seleccionara sus canciones, pero no sabía qué hacer con los delfines. Lo cual nos llevó, una vez fuera del paraíso gastronómico, a mencionar mis inquietudes y me puse locuaz:

—¿No te gustaría hacer un libro? —preguntó.

—¡Por supuesto! ¡Tengo unas libreticas donde está anotado todo!

—¿Cómo anotado todo? ¿Todo qué?

—Pues todo, los miles de presos políticos por propaganda contrarrevolucionaria y en cuáles cárceles, los experimentos en los hospitales, los ensayos de las vacunas en los niños, todos los caminos del tráfico de la droga aquí en Cuba... Lo tengo todo apuntado en mis libreticas, con nombres y apellidos.

—Sí, sí... Pero yo pienso en algo más personal. Donde cuentes

Es por eso que habían cambiado los ruidos y los sonidos, porque La Habana era un nido desatado de pasiones nochescas, y amparadas tras las disonancias de las radios a toda voz y del ruido engañoso de los ventiladores, refugiadas en una burbuja de vacío ilusorio, las parejas solían hacer el amor tan desbocadamente que uno podía caminar por las aceras meciéndose con los gritos, los gemidos, las risas y los llantos del placer, y hasta los bancos de los parques tenían su propia historia.

Pero en el año 93 se vivía para silenciar la angustia.

Extrañando una colada fresca de café, asunto que en la isla es de vida o muerte, o un trago de aguardiente de caña, que es el otro asunto importante, la gente se sentaba a hablar de cualquier cosa con tal de paliar la infelicidad de estar a oscuras.

Había sobrevivido la mitad del año en un estado de semialienación mediativa. La úlcera me doblaba en vómitos de sangre y mami se había gastado una pierna de la *Femme Cheval* encargando las medicinas de la cicatrización, de la acidez y del dolor inútilmente.

Estaba aterrorizada por mi hija. Le había enseñado toda técnica de gurú, ya fuera indio, japonés o tibetano, para que se defendiera de la gente y del absurdo en que se le habían convertido los días con la inactividad forzada.

Aventábamos los apagones de cada noche encaramadas en la azotea de casa de mi madre, atragantándonos con luces siderales, intentando aprehender las corrientes cósmicas y polares, y extenuándonos en Respiraciones Universales de invención casera, cuando no estaba yo atormentándola con un hierro de convertirle los huesos de los empeines y de las tibias en armas defensivas, o hecha un sensei contándole los abdominales y las cuclillas, y midiéndole el endurecimiento de los nudillos.

Pero bastaba con bajar de aquellos retiros para volver a oír el rumor sordo del descontento ajeno.

Era una situación de locos y, para colmo, ninguna circunstancia me metió en el camino esperanzado de la esquizofrenia, aunque le había escupido más Coronilla a los Guerreros de la africanía que una destilería, y me había fumado al revés tantos tabacos, que acabé por echarme la culpa del fracaso de la brujería: debía tenerlos mareados o borrachos.

Estaba desesperada y casi lúcida. Quería sacar a Mumín de Cuba y quitarle de arriba todas las cargas hereditarias que a mí no me perdonaban, y, en cuanto fuera posible, alejarme de ella, restañarme las heridas y dejarla crecer tranquila hasta que yo misma estuviera curada, porque mala es la vida que se le da a los hijos en el exilio, cuando uno sale desgajado y pierde el amor por sí mismo en las travesías.

Fue un viernes de diciembre al mediodía cuando me visitó la magia, que suele tener extrañas envolturas.

Mi magia era frágil y redondita y se llamaba Mari Carmen.

Ciertas advertencias de mi amigo Osvaldo desde Miami la antecedían. Pero yo andaba con la amistad escaldada desde que Lumière me inmortalizara en las revistas reclinada en body negro a lo «sirenita de Copenhague» y rodeada de niñitos descalzos mencionando el precio de la carne de gato en la Bolsa Negra.

Sin embargo, cuando la vi emerger del turist-taxi amerizado al noroeste de la fosa séptica, supe que un advenimiento importante estaba por suceder y que a partir de esas visitas se me iban a trastocar las realidades.

Una jaba enorme de El Corte Inglés la delataba española. Fui a esperarla al borde de la escalera para hacerle el gesto del silencio obligado, con la delicadeza de una cautela que sólo se depura cuando se ha estado sometido a vigilancia y escrutinio por tanto tiempo.

La invité a sentarse en el balcón y empezamos una conversación intrascendente para uso de cámaras y micrófonos.

—Te traigo algunas chucherías que te manda Osvaldo.

—Ah, sí. Un aparato de asma, me ha mandado a decir. Y un best-séller.

—Es uno de los mejores libros que se han publicado en España últimamente. ¿Sabes?, España pertenece ahora a la Comunidad Económica Europea...

Para mí eso era esperanto.

Y así seguimos hasta que la invité a cruzar a la casa de la esquina de sombra, donde reina mi abuela Natica.

—Es una institución —dije—. Y adora a Osvaldo...

Cruzamos la calle, nos sentamos en la cocina con la radio bien alta y abrimos fuego.

—¿Cuál es el plan? —pregunté.

—Tengo que hacerte unas fotos de pasaporte...

—Ya. Me gustaría saber de quién es el plan y quién más está detrás de todo esto.

—El plan es de Osvaldo y Fernando. Lo están apoyando Armando Valladares, Mari Paz y la señora Amos.

Armando era aquel preso que había perdido la adolescencia en una cárcel política de la isla. Mari Paz resultó ser una española que había ayudado al rescate de otros presos de conciencia. La señora Amos era una cubana del exilio que había ayudado al piloto Lorenzo en una operación arriesgada en busca de su mujer y sus hijos, un año antes.

—Esto es la Operación Prima. A los efectos de la muchacha que va a prestarte el pasaporte, tú eres prima de Osvaldo.

Inicié un argumento barroco acerca de fugarse a los cuarenta años, dejar una niña atrás y haber desperdiciado la vida.

—Eso ya está cumplido. No se puede echar el tiempo atrás. Ahora tienes la oportunidad de hacer algo por tu hija.

—¿No hay nadie más detrás de esto?

No había nadie ni nada más que el tiempo que había demorado Osvaldo en encontrar financiación y apoyo.

Mari Carmen no es cristal ni hierro: es corazón y carne. Estuve más cerca de ella de lo que estaré nunca de nadie. Se arriesgaba por solidaridad, y yo estaba viendo mi primer milagro.

—Tengo que llevarme el pasaporte a México el martes. Regreso con él el viernes. El vuelo tuyo sale el domingo por la tarde. Cuando estés en el aire, la niña que está conmigo denuncia la pérdida del pasaporte y de la cartera a la policía. Como la embajada demorará en hacerle un salvoconducto, hemos pensado pedir un cambio de vuelo para el miércoles.

Un periodista de *Paris-Match* iba a ser testigo presencial. El último día, en algún punto de encuentro, me entregaría el pasaje, el pasaporte y el equipaje. Llegaríamos juntos al aeropuerto.

—¿Cómo piensas que se va a mantener secreta la noticia desde el domingo hasta el miércoles, hasta que salgan ustedes de la isla?

—*Paris-Match* lo ha prometido.

El periodista y el viaje juntos al aeropuerto me disgustaban, porque cada periodista que entra a Cuba está fichado. El Ministerio de Relaciones Exteriores que otorga las visas de permiso tiene un archivo con sus tendencias políticas y, si es posible, hasta sus inclinaciones sexuales.

Mari Carmen me dijo que tenía libertad para modificar los planes.

Mumín entraba y salía de la cocina con ese aire de lucecitas que arrastra y la mirada sabia.

Volvimos al apartamento para hacer las fotos.

Dispuse sábanas y lámparas en el cuarto de mejor luz. Saqué la peluca de la bolsa de El Corte Inglés y me estuve maquillando más de una hora. Fue cuando descubrí que hacer de extra en la filmografía cubano-española y soportar cuatro años de malquerencia y humillaciones en La Maison tenían su sentido secreto: me conocía la osamenta. Podía transformarme pintándome como un cuadro, dando luces y formas donde no las había, opacidad y relieve.

Nos despedimos en los bajos del edificio.

—El sábado que viene es el cumpleaños de la niña... ¿Vas a venir? —pregunté.

—Aquí estaré.

No quería estropearle la fiesta a mi hija con aquella trama digna de James Bond y mucho más complicada que cuando nos disfrazábamos para visitar las cárceles políticas, nos íbamos a cambiar dólares, o extraditábamos sangre prohibida. Mi hija había vivido sometida a todas las presiones de las matriarcas, sin contar con las mías. Había crecido en aquel loquero, llevando y trayendo los mensajes urgentes de una legión de oprimidos y gentes con problemas. Le guardé un secreto por primera vez, lo cual es una buena práctica.

Pero ella se encamaba conmigo todas las noches a partir de la visita. Nos dormíamos con las manos enredadas en un nudo de amor incondicional, y yo sabía que ella lo sabía todo. Mumín decidió bautizarse a los quince años, y la noche de la fiesta una caterva de adolescentes recién conversos bailaba en los altos del garaje de casa de mami, esperando el apagón anunciado.

Caímos agotadas en la cama, y cuando ya estuvimos enlazadas y acomodadas, le conté:

—Me voy mañana, Mumín. No te lo dije por no estropearte la fiesta. Pero te juro que antes de que pasen quince días vamos a estar juntas.

—Yo lo sabía.

Mumín cree en mí sin cortapisas. Se durmió con la misma paz inquieta y cansada que habría sentido el rey Arturo al descubrir el significado ignoto del Santo Grial.

Le eché arriba sin consideración la carga de disimular mi huida. Tenía que mantenerme viva entre los vecinos y doblegar la curiosidad inquisitiva de mi madre.

Me levanté callada y me senté a imitar la firma de mi donante universal y a aprenderme sus señas y sus datos, porque estaba determinada a hacerme pasar por ella en el sinfín de interrogatorios que podían esperarme en el aeropuerto.

Preparé mi salida desde días antes: con lo que me quedaba de la *Femme Cheval* hice un periplo por todas las diplotiendas. Porque quería desinformar a la policía secreta y porque estaba renuente a irme de Cuba en tenis y camiseta, disfrazada de turista providencial. La culpa fue de la peluca: aquel hirsutismo frondoso era más antinatural que las uvas tropicales. Para disimularlo necesitaba una gorra. Una gorra a juego con el impermeable marrón que Osvaldo me había mandado. Tenía una gorra en satín beige de Chanel que la biógrafa borrachona, Bis Jackie Kennedy, me había regalado en uno de sus escasos gestos de generosidad. Y para que todo combinara, necesitaba unos botines carmelitas.

Le pedí a una amiga la libertad de su apartamento.

—He conocido a un periodista y no quiero que me lo manden al espacio antes de que le dé unas listas de nombres de presos —fue el bochornoso pretexto.

A las once de la mañana siguiente estábamos Mumín y yo en el garaje de casa de mi madre, en pleno apagón, destrabando una puerta eléctrica del año 54. Yo sacaba a martillazos tornillos y poleas desde el techo del carro. Mi hija me sostenía las piernas estoicamente y vigilaba la aparición de curiosos.

Días antes había cargado el maletero del Lada con lo imprescindible para el disfraz. El apartamento prestado formaba parte de un recoveco más complicado que el laberinto del Minotauro. Parqueamos lejos y nos intrincamos en los pasadizos y escaleras del hábitat de mi amiga. Me estaba maquillando y Mumín repasaba el Rosario cuando llegó el periodista de *Paris-Match*.

Una máscara Kabuki le salió al encuentro chapurreando un francés pretérito:

—*Êtes vous mon compagnon?*

—*Oui...*

El hombre tenía el color del miedo y olía a alcohol mal digerido. Traía un maletín en una mano y en la otra unos papeles arrugados y una botella de ron.

El maletín era mi equipaje de repuesto, y los papeles viejos el pasaje para esa tarde. La botella era su estímulo necesario.

Cuando lo vi, supe que si me iba con él tenía todas las esperanzas perdidas.

—Váyase solo. Llegue quince minutos tarde y si me ve en el aeropuerto, no trate de acercarse: usted lleva rabo. Cuando estemos en el avión, si llego, quédese lejos de mí. No se me acerque hasta que llevemos más de tres horas en aguas internacionales.

El hombre estaba loco por sacarse el problema de arriba y se largó.

Acabé de maquillarme. ¡Me había hecho una boca de cine! Chanel Passion. Le pedí a Mumín que me pidiera por teléfono un turist-taxi vía aeropuerto. Tuvo que salir del edificio y arreglárselas sola porque todos los teléfonos estaban rotos.

Vigiló el taxi en los bajos y vino a buscarme.

Me acompañó hasta el carro. Le entregamos el equipaje al taxista y yo empecé a decirle en el acento más castizo que se haya escuchado nunca:

—¡Mi hermana que no ze ponga azi, hombre! ¡Qué forma de llorar! ¡Dile que antez de fin de año te mando a buzcar con beca y todo!

Y le di un abrazo a mi hija de corazón a corazón, en el que le dejé toda la energía que el amor genera.

Poco antes de llegar al aeropuerto saqué de la cartera mi última carta: un pomo de Chanel n.º 5 que iba a dejar ciegos, sordos y aniósmicos a todos los guardias de la Seguridad que custodian el aeropuerto.

El primero que reaccionó fue mi chofer: un efluvio enmudecedor lo dejó tarado e incapacitado para seguir preguntándome de qué forma iba a llegar desde Madrid hasta Vigo.

—¡Puez en tren! ¡Ez como ir dezde La Habana a eza playa maravilloza de Varadero! —iba diciendo yo, que no miro un mapa desde la infancia...

Una generosa propina en dólares lo convenció de situarme en el mostrador de Iberia. No tenía la menor idea de la disposición del aeropuerto.

Mi chofer entró a la sala de espera dando gritos:

—¡Quién es el último en la cola de Iberia!

Hubo una conmoción momentánea. Los de la Seguridad vieron y olieron a una mocetona ultrajantemente perfumada. Viraron la cara.

Gracias a llamar la atención pasé desapercibida.

Mari Carmen daba vueltas por el recinto, incapaz de irse tranquila sin verme subir al avión.

Entré a la «pecera», con un libro de Henry Miller. Me senté en el banco a esperar la última llamada.

Una hora después era libre.

Podía distinguir la silueta de Mari Carmen en la ventana cristalera. Le dije adiós con la mano.

Minutos más tarde estaba en el aire. Había dejado a mi hija en una isla calcinada por el descuido y el tiempo. Era una Cenicienta de cuarenta años cortando el aire en un vuelo de Iberia. Mi cochero era un piloto y mi carroza, un asiento en clase de fumadores...

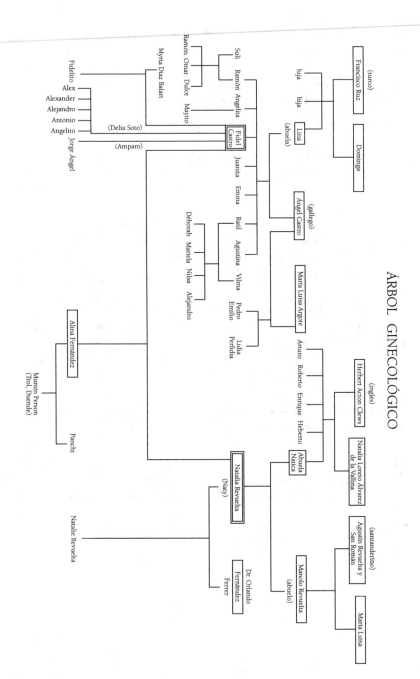

ÁRBOL GINECOLÓGICO

NOTAS DEL EDITOR

1. *Cuartel Moncada.* Antes de 1959, segunda fortaleza del Ejército en orden de importancia y sede de la comandancia militar de la entonces denominada provincia de Oriente. Situado en la ciudad de Santiago de Cuba, lleva el nombre del general mambí Guillermo Moncada (Guillermón). Fue asaltado, sin éxito, por un centenar de revolucionarios bajo el mando de Fidel Castro el 26 de julio de 1953.

2. *Entrada del Ejército Rebelde en La Habana.* El 8 de enero de 1959, en una caravana de vehículos militares, el Ejército Rebelde, con Fidel Castro al frente, entró en la ciudad de La Habana luego de atravesar la isla desde Santiago de Cuba. Tran pronto como se conoció la fuga del dictador Fulgencio Batista, elementos enardecidos asaltaron los casinos de juego, destruyeron los parquímetros y cometieron desmanes contra propiedades consideradas símbolos del antiguo régimen.

3. *Quinta de los Molinos.* Antigua residencia de los Capitanes Generales en tiempos de la colonia.

4. *Libreta de Abastecimiento.* Cartilla de racionamiento de comida, ropa, zapatos y otros productos básicos. Establecida en 1962, aún permanece vigente.

5. *Ley de Omertà.* Código de conducta de la mafia siciliana que prescribe el silencio total respecto de las actividades de esta organización.

6. *Las Makarenko y las Ana Betancourt.* Referencia a las becarias de dos contingentes pedagógicos creados por el gobierno revolucionario para muchachas de procedencia campesina y obrera. Uno lleva el nombre del educador soviético Antón Semiónovich Makarenko y el otro el de la independentista y feminista cubana del siglo XIX Ana Betancourt.

7. *La China.* Apodo con el que era conocida la directora de una «zona congelada» de La Habana. Las «zonas congeladas» son áreas residenciales reservadas para uso oficial y donde viven altos dirigentes del gobierno y sus familiares.

8. *MINFAR.* Ministerio de las Fuerzas Armadas Revolucionarias.

9. *MINCUL.* Ministerio de Cultura.

10. *MINIL.* Ministerio de la Industria Ligera.

11. *MICON.* Ministerio de la Construcción.

12. *Echeverría.* Se refiere a Luis Echeverría Álvarez, presidente de México de 1970 a 1976.

13. *Perseguidora.* Coche patrulla de la policía.

14. *MININT.* Ministerio del Interior.

15. *Gemelos.* Se refiere a los hermanos gemelos Patricio y Antonio de la Guardia Font, general el primero y coronel el segundo del Ministerio del Interior. Ambos gozaban de la confianza de los máximos dirigentes de la revolución y desempeñaron numerosas misiones encubiertas dentro y fuera de Cuba. Fueron procesados en la Causa N.º 1 de 1989 por narcotráfico, junto al general Arnaldo Ochoa Sánchez y otros oficiales. Antonio fue condenado a muerte y fusilado. Patricio fue condenado a treinta años de prisión.

16. *Visita de Fidel Castro a Chile.* En septiembre de 1970, Salvador Allende Gossens fue electo presidente de Chile. Un año más tarde, Castro viajó a ese país para realizar una visita de diez días, que se prolongó hasta casi un mes, durante la cual realizó una campaña de apoyo al gobierno de la Unidad Popular.

17. *RD-3.* Impreso mediante el cual la OFICODA certifica el cambio de domicilio de un consumidor y autoriza que éste pueda adquirir, en su nuevo barrio, los productos correspondientes a su cuota de racionamiento.

18. *OFICODA.* Oficina de Control de Abastecimientos. Departamento del Ministerio de Comercio Interior que regula y supervisa la distribución de los productos racionados.

19. *Escoria.* Denominación dada por el gobierno a los más de 120.000 cubanos que en 1990 abandonaron la isla por el puerto de El Mariel rumbo a Estados Unidos. Las autoridades cubanas aprovecharon ese éxodo para librarse de miles de presos comunes y enfermos mentales imponiéndolos en las embarcaciones enviadas desde la Florida por los exiliados para recoger a sus familiares.

20. *Osmani Cienfuegos.* Hermano de Camilo Cienfuegos, uno de los más famosos y populares comandantes de la Sierra Maestra, desaparecido en 1959 en circunstancias aún desconocidas. Desempeñó diversos cargos de importancia en el gobierno y es miembro del buró político del partido.

21. *Jesús Montané (Chucho)*. Sobreviviente del asalto al Cuartel Moncada. Compañero de Fidel Castro en todo el proceso revolucionario.

22. *Faustino Pérez*. Expedicionario del yate *Granma* y guerrillero en la Sierra Maestra. Fue dirigente de la lucha clandestina en la ciudad de La Habana. Miembro del comité central del partido.

23. *José Miyar (Chomy)*. Médico de Santiago de Cuba. Fue rector de la Universidad de La Habana y jefe de despacho de Fidel Castro.

24. *Ilegalización de los artesanos*. En la década de los 80, el gobierno cubano permitió la liberación parcial del trabajo por cuenta propia, lo cual dio por resultado la aparición de los mercados libres campesinos y las ferias de artesanos. En el rápido auge de los mercados y las ferias el gobierno vio la posibilidad de que tomara cuerpo un sector privado fuerte dentro de la economía socialista, motivo por el cual los ilegalizó. Numerosos artesanos fueron acusados de enriquecimiento ilícito y encarcelados.

25. *Botella*. Cubanismo por sinecura. Enchufe. De botella: gratis.

26. *Núñez Véliz*. Alusión al matrimonio integrado por el espeleólogo Antonio Núñez Jiménez y Lupe Véliz.

27. *Radio Bemba*. Expresión popular que se refiere a la divulgación de noticias persona a persona.

28. *Cordón de La Habana*. Fracasado proyecto de plantación de cafetales en los alrededores de la ciudad de La Habana.

29. *Zafra de los Diez Millones*. El gobierno cubano acometió en 1970 la tarea de producir diez millones de toneladas de azúcar en la que sería la zafra más grande de la historia de Cuba. Sólo se produjeron ocho millones y medio de toneladas.

30. *Pedro Tortoló*. Coronel del Ejército, designado por Castro en octubre de 1983 jefe de la misión militar cubana en Granada (un millar de soldados). Tortoló tenía la misión de resistir hasta el final si la pequeña isla era atacada por Estados Unidos. En los primeros momentos de la invasión norteamericana, llegaron a Cuba noticias que daban cuenta de la inmolación de los soldados cubanos. Poco después se supo que, tan pronto como los norteamericanos iniciaron la ocupación de la isla, Tortoló abandonó a sus hombres, que fueron hechos prisioneros sin combatir, y se refugió en la embajada soviética en Granada.

31. *Mario Chanes de Armas*. Asaltante del Cuartel Moncada y expedicionario del yate *Granma*. Combatió junto a Fidel Castro en la Sierra Maestra. Después del triunfo de la revolución fue acusado de conspirar contra Castro y condenado a treinta años de cárcel, pena que cumplió íntegramente.

32. *Armando Valladares*. Poeta, pintor y preso político. Estando en prisión, fue amnistiado gracias a la mediación del presidente francés

François Mitterrand. Fue embajador de Estados Unidos ante la Comisión de Derechos Humanos de la ONU.

33. *Arnaldo Ochoa Sánchez.* El general Arnaldo Ochoa Sánchez comenzó su carrera militar en las filas del Ejército Rebelde, en la Sierra Maestra. Dirigió las tropas cubanas en Etiopía y Angola. Tenía el título de Héroe de la República de Cuba. Fue involucrado en la Causa N.º 1 de 1989 por narcotráfico. Condenado a muerte y fusilado.

34. *Período Especial.* Nombre que el gobierno cubano ha dado a la aguda depresión económica que, con el consiguiente desabastecimiento, se ha producido en Cuba al desaparecer el campo socialista europeo —con el que Cuba mantenía la mayor parte de su comercio— y, sobre todo, al desintegrarse la Unión Soviética, país que sostenía a la economía cubana con una ayuda anual de más de cinco mil millones de dólares.

35. *Opción Cero.* Período de desabastecimiento total, en el que se supone que la población cubana tendrá que sobrevivir en condiciones primitivas.

36. *Enfermo.* En el argot popular cubano, aficionado con pasión a algo.

ÍNDICE ONOMÁSTICO

Los números en *cursiva* remiten a las páginas de ilustraciones.

Abrantes, Cachita 190, *192-198*, 200, 201, 203, 210

Abrantes, José 49, 117, 128, 130, 132-134, 137, 164, 166, 180, 191, 202, 210, 217, 219

Acevedo, Rogelio 181, 182

Aguado, Lisardo 46

Alberto *el Plomero* o *Mago Alberto* 225

Albita 192, 194, 197, 198, 216

Alí, doctor 200

Alonso (dermatólogo) 119

Alonso, Alicia 65, 137

Alonso, Laura 137, 191, 192

Allende Gossens, Salvador 117, 118, 244

Allende, Tati 118

Amos, señora 235

Amparo (madre de Jorge Ángel Castro) 95

Amyot, Jacques 75

Argote, María Luisa 11, 14, 16

Arias, Imanol 157

Ariosa, Conchita 119

Armando (mecánico) 225

Aznavour, Charles 116

Baba Yaga 51

Balzac, Honoré de 75, 152

Barbarito (véase Oto)

Barón Samedi 84

Batista, Fulgencio 19, 34, 68, 69, 243

Batman (jefe de Escolta) 194

Beatles, los 88, 102

Beethoven, Ludwig van 70

Bella Ben, Ahmed 135

Berlioz, Héctor 70

Bertica (esposa de Rogelio Acevedo) 182

Betancourt, Ana 52, 212, 243

Betancourt de Sanguily, Caridad 6

Bolívar, Simón 135, 142, 145

Bonaparte, Napoleón 75

Borgia, los 173

Boust, Von (teniente coronel) 182-184, 190

Brassens, Georges 62

Brel, Jacques 62

Brezniev, Leónid Íllich 124
Bush, George 188

Cabrera Infante, Guillermo 60
Calderón de la Barca, Pedro 166
Canán, Cundo 46
Capdevilla, Federico 69
Carlomagno 24, 75
Carter, Jimmy 160
Castro, Ángel 9-11, 13, 14, 16, 2
Castro, Angelito 161
Castro, Déborah 93, 94
Castro, Jorge Ángel 95, 100-102
Castro Argote, Lidia Perfidia 11, 13, 14, 23, 77, 11
Castro Argote, Pedro Emilio 11, 14, 16, 56, 83, 84, 18
Castro Díaz-Balart, Fidelito 17, 19, 76, 94, 96, 100, 101, 124, 158, 222
Castro Ruz, Agustina 56
Castro Ruz, Angelita 56, 84, 99
Castro Ruz, Juanita 56
Castro Ruz, Ramón 83, 84, 99, 156
Castro Ruz, Raúl 21, 33, 54, 72, 94, 111, 146, 171, 172, 181, 208, 11, 19
Catalina de Rusia la Grande 75
César, Cayo Julio César, conocido como Julio 75
Chanés de Armas, Mario 199, 245
Chaplin, Charles, conocido como Charlot 59, 65
Chaplin, Geraldine 59
Che, el (véase Guevara, Ernesto)
Chibás, Eduardo 16, 17, 68, 69, 70
China, La 61
Chomy, José Miyar, conocido como (jefe de despacho) 159, 164, 245
Chucha (cocinera) 19, 30-34, 36, 37, 39, 41, 69, 183
Cienfuegos, Camilo 176, 244
Cienfuegos, Osmani 159, 175, 176, 244
Clews, Elsie, 6
Clews, Herbert Acton 9-11, 13, 1

Clews Loreto, Bebo 35, 36, 147-149, 158, 1
Clews Loreto, Natica o Lala 11, 13-15, 24, 31, 33-36, 38, 39, 42, 44, 45, 49, 52, 56, 58, 60, 61, 71, 78, 86, 87, 93, 103, 105, 106, 110, 112, 114, 116, 118, 120, 124, 126, 130, 144-149, 172, 181, 183, 217, 219, 226, 234, 3, 6, 20
Conchita (secretaria) 140, 141

D, Diana Spencer, conocida como Lady 216
Danton, Georges Jacques 75
Delita (diseñadora) 198, 201
Díaz-Balart, Myrta 17, 19, 21, 73, 76, 77, 102
Dominga (mujer de Francisco Ruz) 12-15, 18, 20, 83, 84
Dvorak, Antón 70

Echeverría Álvarez, Luis (político mejicano) 113, 244
Eduardo 111
Egidio (industrial italiano) 60
Elegguá 30, 31, 46
Ena Lidia la Perpetua 100, 101
Engels, Friedrich 12
Espina (cocinero) 156
Estercita (vecina) 211
Evangelina 53
Ezequiel el Curandero 202, 214, 217-220, 229

Fernández (padre de Orlando) 6
Fernández, Pablo Armando 152, 168
Fernández Ferrer, Orlando 16-18, 20, 21, 24, 30, 33, 34, 39, 45, 59, 69-71, 77, 86, 159, 197, 4, 6
Fernández Retamar (escritor) 152
Fernando (amigo) 216, 228, 235
Ferrer, Antonia 6
Fidel (economista mejicano, ex marido de la autora) 170, 172, 173
Fontaine, Jean De La 62

Fouché, Joseph 102
Fox, Martín 43
Franco (jefe nacional de la Policía) 117
Furri (funcionario del Minint) 219

Gades, Antonio 143
Gadea, Hilda 96
Galbe, José Luis 152, 155, 168
García, Guillermo 158, 209, 214
García, Willy 158, 159, 162
García Márquez, Gabriel 161, 174-176, 178, 192, 195, 200, 226
Gaulle, Charles de 59
Gaviria, César 211
Gorbachov, Mijaíl 187, 188
Granados, doctor 65
Grange, Gastón de la 199
Greco, Doménikos Theotokópulos, conocido como *el* 84
Guardia Font, Antonio de la 117, 118, 207, 209, 210, 219, 244
Guardia Font, Patricio de la 117, 207, 244
Guevara, Ernesto 33, 37, 40, 54, 65, 87, 88, 96, 97, 185, 186, 208, 227
Guevara Gadea, Hildita 37, 96, 97, 112, 113, 119, 125

Hada, el (véase Revuelta Clews, Natalia)
Hidalgo, padre 71
Honduras (ex marido de Alina Fernández) 130, 132, 133, 181, *17*
Honecker, Erich 171
Hugo, Victor M. 75

Iccon (abuela de Roxana Yabur) 87
Idulario 225
Isabel 77
Ivette (compañera de colegio) 48, 56, 78, 85

Jotavich 51, 63, 92
Juana (modista) 48, 56, 110, 121
Juanito (barbero) 179

Kennedy, Jacqueline 219, 220, 237
Kennedy, John F. 50
Kodaly, Zoltán 70
Korda, Alberto 66, 79, 87
Kruschov, Nikita 50

Lam, Wilfredo 156, 158, 166, 175
Lazarita *la Jarrita* 195
Leante, César 152
Ledón (químico cubano) 137
Leivita (jefe de Escolta de Fidel Castro) 121, 138
Lenin, Vladímir Íllich Uliánov, conocido como 12, 75, 91, 155, 224
Levinson, Sandra 179, 199
Lilia (educadora) 56
Llanes (jefe de Escolta) 37, 44, 199
Llanusa (ministro de Educación) 80, 81, 104, 141
Lorenzo (piloto) 235
Loreto Álvarez de la Vallina, Natalia 11, *1*
Luis (marido de Tati Allende) 118
Luisa (amiga) 119
Luisa (secretaria) 140
Lumière, Carlos 215, 228, 234
Lumumba, Patrice 227

Macha Papa (véase García, Willy)
Madre Rana Venerada 96
Magaly (secretaria) 197, 198
Mahler, Gustav 70
Makarenco, Antón Seniónovich 52, 89, 212, 243
Mandela, Nelson 199
Manley, Norman W. 149
Mao Tse Tung 65, 89, 159, 188
Marambio, Guatón el 118, 134
Marc (periodista) 225, 226, 228-230
March, Aleida 97
Mari Carmen 234-236, 239
María *la Gorda* 10
María, Virgen 90

María Luisa (esposa de Agustín Revuelta y San Román) 10
Mario (compañero de escuela) 93
Marquetti, la 112-114, 119, 120, 141
Marta Verónica 198
Martí, José 16, 75, 88-90
Martín, Serafina 46
Martínez Nieto, Mari Paz 235
Marx, Karl 12
Masetti (compañero de colegio) 48
Mayito (hijo de Angelita Castro Ruz) 56, 84, 85, 103
Mercedes, tata 23, 29, 30, 32-34, 36, 37, 39, 41, 42, 45-47, 54, 56, 57, 60, 64-66, 78, 79, 85, 87, 91, 92, 96, 109, 165, 212, 7, 9, 15
Mercedes, Virgen de las 116
Merche (mujer de Gabriel García Márquez) 175, 178
Michèle 58
Miller, Henry 239
Mimí (madre de los gemelos de la Guardia) 130, 210
Mirabeau, Honoré G. Riqueti, conde de 75
Miranda, Carmen 182
Mitterrand, François 246
Moisés 80
Moncada, Guillermo, 243
Montané, Chucho (ministro de Comunicaciones) 159, 160, 245
Montané, Sergito 159
Mora, hermanas 36
Morgan, Henry J. (pirata) 10, 11
Mumín (hija de Alina Fernández) 144, 145, 148, 149, 155, 159, 165, 167, 171, 172, 188, 194, 211, 217, 219, 221-223, 231, 232, 234, 236-238, 17, 18, 19, 20
Murdoch, Rupert 227

Navarro, Mamerto 223
Neto, Agostinho 132, 161, 209
Niño de Atocha, Santo 30

Noriega, general Manuel A. 202, 211
Núñez Jiménez, Antonio (geógrafo) 62, 124, 134, 156, 160, 174, 245
Nureyev, Rudolf 191

Obbatalá 116
Ochoa Sánchez, Arnaldo 207-209, 219, 244, 246
Oggún 31
Ortega, Manuel 187
Oto (ex agente secreto) 219

Pacheco 111
Padrón, Amadito 209, 211
Panchi (tercer marido de Alina Fernández) 136-138, 143, 144, 146, 151, 17
Panchito 53
Papá Legbá 84
Papucho (hijo de Cachita Abrantes) 190-192, 194, 199, 211
Pardo, Arelis 192
París, Rogelio 184, 185
Parraga, Margot 43
Pascualito (jefe de la Guardia de las Tropas Especiales) 117
Pedrito 134
Pedro, tío (véase Trigo, Pedro)
Pello el Afrocán 63
Pepe, tío (véase Abrantes, José)
Pérez, Faustino 159, 245
Pérez, José Ramón 114-117, 120, 121, 124-128, 130, 176, 16
Picasso, Pablo (Ruiz) 231
Piedad (amiga) 35
Pino, Fidel 14
Plutarco 75
Pompa, Magaly 157
Popín (padre de los gemelos de la Guardia) 130, 210
Praderes, Elsa 82
Prokofiev, Serguei 70

Quino, Joaquín Salvador Lavado, llamado 100

Rabanne, Paco 193
Rafael 198
Raphael, Rafael Martos, conocido como 102
Raulito (nieto de Raúl Castro), *19*
Regoiferos 157
Reniel (ex agente secreto) 219
Revuelta, Manolo 10, 12, 13, 15, 39, 97, 172, *2, 6*
Revuelta, Natalie 16, 18, 30, 34, 44, 45, 67, 77, 121, *6, 9, 10*
Revuelta Clews, Natalia, llamada Naty 14, 15-24, 31, 35, 37, 39-45, 47-52, 54-64, 66, 67, 71, 72-74, 76-78, 81-83, 87, 91, 93, 94, 98, 102-105, 110-112, 115-117, 124, 129, 130, 138, 144, 146, 148, 151, 160, 164-166, 169, 172, 186, 199, 214, 218, 219, 221, 226, 227, 231, 237, *4, 5, 6, 8, 10, 12, 13, 20*
Revuelta y San Román, Agustín 9
Riverend, Le (historiador) 60, 62
Rives, Miguel 76
Robespierre, Maximilien 75
Rodríguez, Osvaldo Fructuoso 215, 216, 228, 234, 235, 237
Rodríguez, Silvio 126, 127
Roger (amigo) 208
Rolland, Romain 74, 75
Romanones, Álvaro de Figueroa y Torres, conde de 54
Rompehuesos (célebre torturador) 199
Ruz, Francisco 9, 10, 12, 13, *1*
Ruz, Lina 12-16, 20, 21, 23, 72, *3*

Sánchez Manduley, Celia *la Venenosa* 51, 55, 64, 65, 83, 97, 102, 103, 124, 159
Sanguily, July *6*
Santamarina, Alfredo de 216, 217
Santiago, apóstol 23
Sassoon, Vidal 193

Shakespeare, William 185
Sosa (militar) 125, 146
Suli (esposa de Ramón Castro Ruz) 83, 84, 92, 99

Tamara 59
Tasende, José Luis 71
Tetas, Tita 37, 38, 46
Timossi, Jorge 200
Tortoló, Pedro (jefe de misión) 187, 230, 245
Torralba, Diocles 207
Tota *la Gorda* 56, 66, 67, 87
Trigo, Pedro 79, 80
Turner, Ted 227

Valladares, Armando 199, 235, 245
Valle Vallejo, Tony 174, 195, 197
Vallejo, César 96
Vallejo, doctor 42, 92, 93
Véliz, Lupe 124, 174, 245
Vidal, Aimée 119
Vieta, Ezequiel 152
Vilma (esposa de Raúl Castro Ruz) 94, 101, 145, 171, 172, 176, *11*
Villapol, Nitza 41
Voisin, André 60, 63
Voltaire, François-Marie Arouet, conocido como 75

Wagner, profesor 139-141, 143, 145

Yabur (ministro de Justicia) 81, 86, 87
Yabur, Roxana 86
Yansá 31
Young, Andrew 160
Yoyi (véase Pérez, José Ramón)

Zola, Émile 166
Zweig, Stefan 167

*Este libro se terminó de imprimir en el
mes de abril de 1997 en los talleres de
Mundo Color Gráfico S.A. de C.V.
Calle B No. 8 Fracc. Ind. Pue. 2000, Puebla, Pue.
Tels. (9122) 82-64-88, Fax 82-63-56*

*Se tiraron 12000 ejemplares
más sobrantes para reposición.*